# 근대 국가 개념의 탄생:
## 레스 푸블리카에서 스타토로

# 근대 국가 개념의 탄생 :
## 레스 푸블리카에서 스타토로

### 김경희

까치

저자 **김경희**(金敬熙)

이화여자대학교 정치외교학과 교수
서울대학교 정치학과를 졸업하고, 독일 베를린 훔볼트 대학에서 마키아벨리 연구로 박사학위를 받았다. 저서로는 『공화주의』, 『공존의 정치 : 마키아벨리 군주론의 새로운 이해』, 역서로는 『군주론』(공역), 『공화주의』(공역), 그 외 다수의 논문이 있다.

* 이 저서는 2008년 정부(교육부)의 재원으로 한국연구재단의 지원을 받아 수행된 연구임(NRF-2008-812-B00080)

근대 국가 개념의 탄생 : 레스 푸블리카에서 스타토로

저자 / 김경희
발행처 / 까치글방
발행인 / 박후영
주소 / 서울시 용산구 서빙고로 67, 파크타워 103동 1003호
전화 / 02・735・8998, 736・7768
팩시밀리 / 02・723・4591
홈페이지 / www.kachibooks.co.kr
전자우편 / kachisa@unitel.co.kr
등록번호 / 1-528
등록일 / 1977. 8. 5
초판 1쇄 발행일 / 2018. 4. 5

값 / 뒤표지에 쓰여 있음

ISBN 978-89-7291-663-5   93300

이 도서의 국립중앙도서관 출판시도서목록(CIP)은 서지정보유통지원시스템 홈페이지(http://seoji.nl.go.kr)와 국가자료공동목록시스템(http://www.nl.go.kr/kolisnet)에서 이용하실 수 있습니다. (CIP 제어번호 : CIP2018009545)

# 차례

책머리에  7

서론  13

## 제1부 중세 후기 국가론 : res publica를 중심으로

제1장 중세의 유기체적 국가론 : 솔즈베리의 존의『폴리크라티
쿠스』에 나타난 res publica론  29

제2장 로마 법의 부활을 통한 법인체론과 res publica : 사소
페라토의 바르톨루스와 우발디스의 발두스를 중심으로  55

제3장 아리스토텔레스『정치학』의 부활 : 토마스 아퀴나스의
국가론을 중심으로  81

## 제2부 르네상스 시기 이탈리아의 정치위기 : 보편권력에서
세속권력으로

제1장 보편권력의 위기 : 황제권과 교황권의 몰락  111

제2장 이탈리아 국가들 : 공화국과 시뇨리아  137

제3장 피렌체 국가의 위기 : 공화국과 군주국 사이에서  165

# 제3부 마키아벨리의 국가론

제1장 정체론  209

제2장 공공선과 국가  230

제3장 공공성과 국가  252

결론 : res publica와 stato 사이에서  281


참고 문헌  287

인명 색인  301

# 책머리에

이 책은 '국가란 무엇인가?'라는 질문으로부터 나왔다. 정치사상을 공부하면서 끊임없이 드는 의문 중에 하나는 우리가 함께 사는 터전인 국가를 어떻게 이해해야 할 것인가의 문제였다. 국가는 역사상 다양한 형태를 띠고 변화되어왔다. 고대의 도시국가인 폴리스, 봉건제 국가, 영토 국가, 근대 국가 등등. 국가의 다양한 형태에도 불구하고 변하지 않는 핵심은 바로 국가는 그 구성원 모두의 것, 다시 말해서 '공공의 것'이라는 것이다.

최근 대한민국은 국정농단 사태로 촉발된 촛불시위로 인해서 현직 대통령이 탄핵되는 초유의 시대를 경험했다. 광화문 촛불시위 현장에서 일반 시민들이 외친 구호는 다양했다. 하지만 그 중에서도 "이게 나라냐!" 혹은 "대한민국은 민주공화국이다"라는 구호는 국정농단 사태의 핵심을 꿰뚫는 것이었다. 대통령과 친분이 있는 사인(私人)이 국정에 개입하고 그로 인해서 사적 이익을 취한 것에 국민들은 분노했다. 민주공화국의 '민주'는 국민이 나라의 주인이라는 의미이다. '공화국'은 그 나라는 개인이나 일부 집단의 이익이 아닌, 모두의 복리를 위해서 운영되어야 함을 뜻한다. 따라서 민주공화국의 정치인들은 나라의 주인인 국민의 뜻을 받들어 공적인 법질서에 따라 공공복리를 위해서 헌신해야 한다. 국정농단 사태를 저지른 일부 권력자들과 그 측근들과는 달리 국민들은 대한민국의 성숙한 시민임을 보여주었다. 그들은 합법적 절차를 준수했다. 국민들은 비폭력적인 시위를 통해서 의사를 전달했다. 국회는 이를 받아 탄핵을 가결했고, 헌법재판소는 탄핵을 인용했다. 공화국의 헌정질서 파괴를 국민들과 정치인들은 법적 질서를 통해서 회복했다.

이 책은 바로 대한민국 국민들이 외쳤던 '민주공화국'의 공화국에 관한 책이기도 하다. 공화국의 영어명인 republic은 라틴어 res publica에서 나왔다. 바로 '공공의 것/일'이라는 것이다. 그런데 서양의 republic을 동양에서 수용할 때 그 번역어가 공화(共和)가 되었다. '공화'는 이미 잘 알려져 있듯이 중국 주(周)나라의 려왕(厲王) 때, 그의 폭정으로 제후들이 왕을 몰아내고 공동으로 통치하던 시기를 일컫는 말이었다. 일인 통치를 하는 왕 대신 귀족들의 공동 통치를 일컫기 때문에 '함께 공(共)'과 '화할 화(和)'자가 쓰인 것이다. 그렇다면 서양의 res publica는 본디 어떤 뜻을 가지고 있었을까? 로마의 철학자 키케로는 res publica는 인민의 일들이며, 그 인민은 정의와 공동의 이익을 인정하고 동의한 사람들의 모임이라고 정의한다. 공화의 공(共)과 res publica의 public은 서로 다른 의미를 내포하고 있었다. 현대 국가의 주요 요소인 영토 등이 중요한 것이 아니라, 공동체 구성원인 인민이 핵심이다. 인민은 바로 개별자가 아닌 국가 구성원 전체를 의미한다. 다시 말해, 어디에 있든 인민 그 자체가 국가인 것이다. 따라서 서양의 공화 개념에서는 publica, 즉 public이라는 공(公)의 의미가 중요하다. 이는 동양에서 강조된 공(共)과는 다른 의미를 지닌다. 전자의 공(公)이 공변, 공평 등의 전체와 관련되는 공적인 것을 지시한다면, 후자는 같이 화합하고 함께하는 의미가 강하다. 전체를 위한 추상같은 정의의 의미가 public에 포함되어 있다면, 조화 속에 협동하는 의미가 후자의 공(共)속에 내포되어 있다.

이 책이 담고 있는 중세 중기부터 르네상스기까지 국가 개념의 역사는 res publica와 res privata 간의, 다시 말해서 공적인 것과 사적인 것 간의 긴장과 대립의 역사였다. res publica는 공동체 구성원 전체를 포괄하는 국가의 의미를 지속적으로 지니고 있었다. 하지만 그것은 또한 국가가 국가

다워지기 위해서 지녀야 하는 근본 가치를 의미했다. 그것은 바로 공공성이다. 중세부터 르네상스 초반기까지 군주제가 가장 좋은 정체로 인정받았다. 그것은 시민들의 힘이 미약했던 탓도 있지만, 기독교 유일신 사상의 모상으로서 일인 군주의 지배가 가장 좋다는 생각이 지배적이었다. 그런데 이러한 군주는 공공선을 대변해야 했다. 그렇지 못하고 군주의 사익만을 추구할 경우 가장 악한 폭군으로 명명되었다. 결국 가장 좋은 정치체제와 나쁜 정치체제의 구분점은 바로 공공성이었다. 군주는 공동체 구성원 전체와 국가의 공복이라는 것이다.

대한민국의 평범한 시민들이 국정농단 사태에 분노한 이유는 공공성의 총화인 국가를 사익 추구의 장으로 이용했기 때문이다. res publica를 res privata로 대체했기 때문이다. 그런데 이 res publica가 몰락하고, res privata가 우세해지는 현상은 비단 국정농단 사태에만 한정되어 있지 않다. 그것은 바로 빈익빈 부익부 현상으로 인한 사회적, 경제적 지위의 대물림 현상이다. 빈부격차의 심화와 사회계층의 고정화 현상을 단적으로 보여주는 말이 바로 '수저계급론'이다. 금수저와 흙수저로 대변되는 수저계급론은 본인의 노력이나 능력 여하와는 상관없이 태생에 의해서 사회적 지위가 결정되는 현상을 일컫는 것이다. 부자나 사회적으로 높은 지위를 가진 부모 밑에서 태어난 금수저는 가난한 집안에서 태어난 흙수저에 비해 훨씬 적은 노력과 능력을 보여도 더 좋은 직장을 가지거나 더 높은 소득을 올릴 수 있다는 것이다. 이는 젊은이들의 봉급으로 더 이상 감당할 수 없게 된 천정부지의 집값 및 고스펙으로도 감당할 수 없는 취업의 높아진 문턱 등이 큰 역할을 했다. 하지만 무엇보다도 중요한 것은 과거 계층상승의 사다리 역할을 했던 교육이 변했기 때문이다. 공교육이 몰락하고, 사교육이 그 자리를 대체한 것이다. 고가의 사교육을 감당할 수 없으면 좋은 학벌을 가질 기회가 박탈되는 것이다. 과거에는 학벌이 사회적 계층 상승의 통로가 되었다면, 이제는 학벌이 사회적 계층 재생산의 도구가 되었다. 여기에 큰 기여를 한 것이 사교육이다.

광범위한 공적 부분의 약화와 몰락은 비단 교육 부분만이 아니라, 사회 곳곳에서도 발견할 수 있다. 사법부의 전관예우나 재벌가문의 피고용인에 대한 사적 폭력의 사용 등은 법제도 및 공권력이 무시된 경우이다. 공금 및 기업 자금의 횡령은 신문지상에서 쉽게 접하게 되었고, 공공기관의 채용비리는 빙산의 일각이라는 느낌마저 든다. 공공선에 복무하는 시민적 덕성과 시민 의식이 약화된 곳에서 res publica는 사라지고, res privata만이 남게 되는 것이다. 대통령 취임연설에 등장한 "기회는 평등하고, 과정은 공정하며, 결과는 정의로울 것"이라는 구절은 많은 시민들의 공감을 얻었다. 이는 res privata를 극복하고, res publica를 복원해야 한다는 공감대가 형성되어 있음을 반증하는 것이다.

필자는 헬조선이라고 불리는 오늘날의 현상을 극복할 수 있는 하나의 대안으로서 res publica의 부활을 생각해본다. 최첨단의 현대사회를 조선이라는 봉건 신분제로 표현한 것은 제대로 된 나라, 즉 res publica가 확립된 공화국의 부재를 지적한 것이라고 본다. 서구 근대국가개념의 형성 시기를 res publica의 변화과정 속에서 바라본 이 연구를 기반으로 필자는 앞으로 서구 근대와 현대의 국가 개념에 관한 연구를 한층 더 깊게 진행하고자 한다. 아울러 그것은 현재 대한민국의 res publica에 대한 연구로 인도할 것이다. 이 책은 많이 부족하다. 하지만 앞으로의 연구를 위한 조그만 초석을 놓은 것으로 만족하고자 한다.

세상사가 그렇듯이 이 책이 나올 수 있었던 것은 많은 분들의 도움이 있었기에 가능했다. 한국연구재단의 인문저술 지원 사업으로 이 책의 집필을 시작할 수 있었다. 2008년 후반에 지원받은 연구를 이제야 끝낼 수 있었던 것은 어떻게 보면 행운이라는 생각이 든다. 하지만 그 행운은 다른 분들의 많은 수고와 도움의 다른 말일 것이다. 그동안 많은 일들이 있어 기한을 훨씬 넘겼음에도 기다려주신 연구재단 관계자 선생님들께 감사의 말씀을 드리고 싶다. 또한 학회와 독회에서 많은 격려와 기대를 해주신 학계의 선생님, 선배님, 동료 그리고 후배님들께도 감사드리고 싶다. 강의실에서 초롱초롱한 눈과 날카로운 질문으로 지적 자극을 선사해준 학생들에게도 고맙다. 가족들에게는 어떤 말로도 감사함을 표현할 수 없을 것 같다. 자식들에게 모든 것을 주시고자 하는 부모님께 죄송한 마음을 담아 감사드린다는 말씀을 드리고 싶다. 아내와 딸아이에게는 더욱 미안한 마음뿐이다. 가족의 배려와 도움이 없었다면 이 책은 나올 수 없었을 것이다. 그저 미안하고 감사할 뿐이다.

2018년 3월

김경희

# 서론

솔즈베리의 존으로부터 마키아벨리에게까지 이어지는 서양 근대 초기 국가 이념의 형성을 서술하고자 하는 이 책은 크게 세 부분으로 나누어진다. 그 첫 부분인 제1부에서는 마키아벨리의 국가론이 형성되기 전인 중세 후기의 국가론을 다룰 것이다. 우선 제1장에서는 12세기 솔즈베리의 존의 『폴리크라티쿠스(*Policraticus*)』를 분석할 것이다. 솔즈베리는 중세의 유기체적 국가관을 고대 "레스 푸블리카(res publica)" 개념과 결합시키는 데에 성공한 인물이다. 나아가 솔즈베리는 중세의 유기체적 국가관을 더욱 치밀하게 구성한다. 국가는 머리와 각 지체들로 구성된 몸체와 같은 것이었다. 왕은 공동체의 최상에 위치하기에 몸체의 머리와도 같은 것이었다. 왕의 자문기관인 원로원은 몸의 심장에 비유되었으며, 재판관과 지역의 행정관들은 국가의 눈, 귀 그리고 혀의 역할을 한다고 보았다. 물론 중세의 저작이기에 교회는 영혼의 역할을 담당한다고 보았다.

솔즈베리의 정체론이 중세의 다른 유기체론과 다른 점은 유기체적 사고를 국가체의 내적 구조에 일관되게 적용한 데에 있다. 다시 말해서, 기존의 중세 유기체론이 국가제도들이나 국가를 구성하는 계층들을 단순히 인체의 기관들에 비유했다면, 솔즈베리는 국가는 더 이상 그런 지절들 혹은 부분들의 합이 아니라는 사고에 도달했다. 국가의 지절들은 서로 상호작용하에 있으며, 그것들은 그 지절들을 포괄하는 더 상위의 상태, 즉 공동체 혹은 국가의 최선의 상태를 지향한다고 보았던 것이다. 국가의 각 지절들은 그것들 고유의 기능을 지니고 있다. 그런데 그것들은 항상 전체 국가의 최선의 상태에 연결되어 있는 것이다. 이제 국가라는 전체는 부분들의 단순한 합이 아니라, 지절이나 부분들과는 다른 독립된 전체 혹은 통일체로 존재하는 것이다. 이러한 논의는 res publica 혹은 국가에 탈인격적 성격을 부여하는 시초로서 작용하는 것이다.

제2장에서는 로마 법의 부활로 인해서 국가 개념의 파악에 중요한 요소로 등장한 법인체론을 살펴볼 것이다. 유스티니아누스 대제가 편찬한『유스티니아누스 법전(*Corpus Juris Civilis*)』의 부활로 인해서 법학자들은 res publica 혹은 기존의 국가 개념에 법학적이며 제도적인 통일성을 부여하게 된다. 로마 법을 수용한 법학자들이 받아들인 개념은 "법인체(universitas)" 였다. 법인체는 하나의 법학적 가상 인물로서(persona ficta, persona repraesentata) 사람들이 모인 집단을 법학적 대상으로 구성해낸 것이다. 법인격성 개념으로부터 두 가지 결론이 도출되는데, 하나는 그 구성원이 들어오고 나감과 무관하게 법인체는 지속된다는 것이다. 다른 하나는 그것은 자연인과의 유비(類比) 속에서 법적 능력이 있는 주체로 사고된다는 것이다.

법인(法人)은 법의지를 소유하는데, 그것은 구성원들의 회합에서 구성되고 다수결에 의해서 결정된다. 13세기 이래로 법학자들은 특정 법인체들을 res publica의 반열에 올려놓는다. 이것을 통해서 res publica는 법인체법의 핵심 개념이 된다.『유스티니아누스 법전』에서는 로마와 로마 제국만이 res publica로 불릴 수 있었다. 그러나 이제는 모든 정치-행정체들이 res publica의 지위로 격상되었다. 13세기 동안에 법인체론에서 res publica의 지위는 상위의 권위를 인정하지 않는 독립적인 정치 단위에만 인정되게 된다. 아울러 사소페라토의 바르톨루스가 법률과 칙령 등을 자유롭게 만들 수 있는 자유로운 인민에게 "도시는 그 스스로의 주인이다 (civitas sibi princeps)"라는 말을 부여한다. 그후, res publica는 군주국가뿐만 아니라, 동시에 자립적인 도시국가에도 적용되게 된다.

res publica의 성숙된 법인체본적 개념은 이로써 중세 후기에 두 가지의 의미를 가지게 된다. 하나는 군주제적 res publica 혹은 res publica regni, 다른 하나는 군주가 없는 res publica des populus liber 혹은 libera res publica이다. 이는 당시 이탈리아에 지배적인 국가 형태인 시뇨리아 (Signoria) 혹은 군주제와 도시공화국의 두 형태를 정확히 지시하는 것이다. 이렇듯 법인체론은 당시 이탈리아에서 실질적인 자치권을 누리고 있었던 국가들에게 독립적이고 주체적인 행동능력을 부여한 개념 틀을 제공했던 것이다.

제3장에서는 아리스토텔레스주의의 부활, 특히 그의 『정치학(Politika)』의 번역에 따라 그것이 국가론에 미친 영향을 토마스 아퀴나스의 저작들을 통해서 살펴볼 것이다. 로마 법의 부활을 통해서 법학자들이 universitas와 res publica라는 용어를 가지고 세속적 법인체들, 그중에서도 국가의 법적 통일과 세노석 행위 능력을 표현했다면, 『정치학』 번역을 통해서 나타난 아리스토텔레스 정치철학의 수용은 정치체의 생성과 목적, 나아가 그 제도적 형성에 대한 문제에 답을 제공했다. 아리스토텔레스의 정치학을 적극적으로 수용한 아퀴나스는 세속적 국가관을 반영하면서 공동선의 추구가 국가의 제일 목표임을 강조한다.

아퀴나스가 강조한 공동선은 군주의 이익도, 귀족의 이익도, 그렇다고 일반 인민의 이익도 아니었다. 그것은 단일체로서 구성된 국가의 이익이었다. 이렇게 국가의 공동선을 강조함으로써 아퀴나스는 개개인 혹은 국가의 개별 부분들의 선 혹은 이익과는 대비되는, 단일체로서 국가의 단일이익인 공동선을 강조하는 데로 나아가게 되는 것이다. 인간에 의해서 만들어진 이성적 구성물로서 국가가 사고되면서 국가 개념은 점차 세속화되어가고 있었다. 여기에 그 구성원들의 이익과는 분리되는 공동선이라는 국가 자체의 독립적인 이익 개념을 제시함으로써 국가의 탈인격화는 가속화되고 있었던 것이다.

한편, 뫼르베크의 기욤이 1260년경『정치학』을 라틴어로 번역할 때, 그는 politeia를 그리스어를 딴 politia로 번역했다. 아리스토텔레스의 taxis poleos로서 politeia의 개념 정의는 기욤에게서 Est autem politia ordo civitatis였다. 토마스 아퀴나스는 이 번역에 기대어 작업을 했지만, 이탈리아 도시국가의 인문주의자들은 달랐다. 1438년에 아리스토텔레스의『정치학』을 새로 번역한 레오나르도 브루니에 의해서 아리스토텔레스는 비로소 라틴화된다. 브루니는 politeia를 Est autem respublica ordinatio civitatis로 번역한다. 이를 통해서 res publica는 국가 일반의 의미와 함께 다수의 지배를 의미하는 공화국의 뜻도 지니게 된다.

아리스토텔레스의 정치철학을 수용하면서 점차 변화가 일어나는데, 그것은 아리스토텔레스주의에서 지배의 정당화가 전면에 등장하게 되는 것이다. politia 혹은 res publica는 주어진 제도적 장치가 아니라 구성되어야 할 형식으로 이해된다. 다시 말해서, 질료와 형상의 구분과 같이 국가의 구성원인 시민들을 어떻게 구성해서 politia 혹은 res publica를 만들 것인가를 사고하게 되는 것이다. 여기에 가장 좋은 형식인 최선의 정체(政體)는 바로 공공선을 담지(擔持)할 때에 가능한 것이 된다. 다시 말해서, 중세 후기의 아리스토텔레스주의를 통해서 국가는 최선의 형식인 좋은 정체를 어떻게 구성할 것인가를 사고할 수 있게 되었던 것이다. 그것은 군주국에서는 관료적 지배의 충실화라는 형태로 나타날 수도 있었던 것이며, 도시 공화국에서는 시민들의 통합이라는 형태로 드러날 수도 있었던 것이었다.

두 번째 부분인 제2부에서는 르네상스 시기 이탈리아와 피렌체의 정치 상황을 살펴볼 것이다. 중세에서 근대로의 이행기였던 르네상스 시기에는 이전의 권력이었던 중세의 권력과 새로 나타난 영토국가 및 도시국가의 권력이 혼재해 있었다. 중세의 보편권력이 지배하고 있던 시기와는 달리 보편권력에서 세속권력으로 주도권이 넘어가고 있었던 것이다. 우선 제1장에서는 중세의 두 보편권력이었던 황제권과 교황권의 대립과 몰락 과정을 보게 될 것이다. 이 장은 이탈리아 국가들의 모습을 설명하기 위한 전사(前史)의 역할을 한다. 서임권(敍任權) 투쟁(Investiture Controversy)에 이은 황제의 카노사 굴욕과 교황의 아비뇽 유수로 인해서 중세의 보편권력인 황제권과 교황권은 이미 심각한 타격을 받게 된다. 이는 이탈리아에서 황제권과 교황권의 약화를 불러오게 되고, 상업의 발달로 흥기하고 있던 중부, 북부 이탈리아 도시들은 그들의 명목적인 간섭하에 실질적인 통치권과 자유를 얻게 된다.

서임권 투쟁을 통해서 교황이 영(靈)과 세속의 권력을 다 지니고 있음을 확인하게 되자 다른 하나의 보편권력인 황제는 이제 세속의 영역으로 밀려나게 된다. 교황에게 영적 권위를 빼앗긴 황제는 세속군주의 하나가 되어버린 것이다. 교황 보니파키우스 8세가 1302년 11월 교서 "거룩한 하나의 교회(Unam sanctam)"를 발표하여 교회의 우월성을 주장하지만, 이는 곧 역풍을 맞게 되어 아비뇽 유수가 일어난다. 여기에 이탈리아에서는 세속권과 영적 권위를 구분하고 그 각각의 권위를 인정하여 황제, 즉 세속군주의 지위를 인정하는 단테의 『제정론(De Monarchia)』이 저술된다. 성(聖)과 속(俗)이 하나로 일치했던 중세가 흐트러지면서 세속국가의 모습들이 나타나기 시작한 것이다.

제2장에서는 "이탈리아 국가들"이라는 제목으로 마키아벨리의 사고에 중요한 영향을 미쳤던 중부, 북부 이탈리아 국가들의 상황을 살펴볼 것이다. 이들 나라들은 주로 시민들이 자치를 수행했던 공화국과 시민형 군주국의 형태였던 시뇨리아이다.

이탈리아의 르네상스 시기는 야코프 부르크하르트의 말처럼 사람의 손으로 만들어진 "예술품으로의 국가"가 나타나는 시기이다. 이에는 뛰어난 역량을 지닌 "개인들"이 큰 역할을 했으며, 그러한 개인 또한 르네상스의 산물이었다. 뛰어난 인물들이 나타나 세속국가를 강화했는데, 그 배경에는 상업의 발달과 다양한 국가들의 대두가 있다. 상업은 급변하는 세계에서 어떻게 하면 이익을 성취할 것인가라는 "이익을 계산하는 이성"의 발달을 촉진시켰다. 여기에 다양한 국가 간의 갈등과 국제관계는 냉정한 이성에 따른 국가 이익의 추구라는 또다른 계산하는 이성의 발달을 추동했다.

그런데 이러한 이성의 담지자는 바로 상업의 발달을 통해서 축적된 부와 권력을 소지하여, 토지를 기반으로 한 구(舊)귀족층을 대체한 도시 귀족층이었다. 이들 중 뛰어난 능력을 통해서 권력과 부를 독점하는 이가 도시의 군주가 되었던 것이다. 이들을 시뇨레(Signore)로 불렸고 이들이 다스리는 정부가 바로 시뇨리아였다. 14세기까지 북부 이탈리아는 대부분 시뇨레의 지배하에 있게 된다. 한편 이들은 행정과 사법 및 군대 문제를 성공적으로 조직하고 통제했기 때문에 근대 국가의 창시자로 여겨진다.

그런데 당시 이탈리아의 또다른 국가들은 시민들의 자치도시인 공화제를 유지하고 있었다. 부르크하르트와는 달리 이탈리아의 공화국들과 그것을 이루어낸 시민들에게 관심을 가진 한스 바론은 이탈리아 공화국을 대표했던 피렌체 공화국에 초점을 맞춘다. 그는 피렌체 공화국의 정치인이자 인문주의자들이었던 콜루치오 살루타티와 레오나르도 브루니의 공화주의론을 시민적 인문주의(Civic Humanism)로 명명한다. 키케로 등의 고대 로마 공화주의 이론을 받아들인 이들이 르네상스 특유의 시민적 공화주의를 발전시킬 수 있었던 것은 바로 시뇨리아였던 밀라노와 공화국이었던 피렌체 간의 전쟁을 통해서였다. 당시 이탈리아 국가들 중에서 시뇨리아를 대표했던 밀라노와 공화국을 대표했던 피렌체 간의 전쟁은 각각 시뇨리아와 공화국을 옹호하는 이론들을 만개시켰을 뿐만 아니라 전쟁을 통한 국가 시스템의 공고화를 이루게 된다.

이러한 시뇨리아와 공화국으로의 분화는 이탈리아 도시국가 내의 정치 세력 간의 불화와 대립의 결과였다. 상업과 도시의 발달로 토지와 농촌에 기반을 둔 중세 귀족과 농민층이 몰락하고 도시 내의 시민층이 정치사의 주역으로 부상하게 된다. 그러나 경제적, 사회적 불평등은 시민들을 도시 귀족과 중산 시민층으로 분화시키게 된다. 여기에 산업의 발달은 도시 노동자층의 문제도 발생시키게 된다. 이러한 다양한 계층 간의 갈등과 반목은 정치체제의 구성에 영향을 미치게 되는 것이다. 마키아벨리가『군주론 (*Il Principe*)』제9장에서 언급한 모든 도시에 존재하는 두 계층인 귀족과 인민 간의 관계 속에서 세 가지 정체, 즉 군주정, 귀족정 그리고 무정부 상태가 발생한다는 언급은 바로 이러한 이탈리아 도시국가의 상태를 반영한 것이었다. 국가가 어떤 정체 양식을 가지는가는 그것을 구성하는 계층간의 권력관계를 반영한 것이었다. 아울러 이러한 권력관계의 구성이라는 문제는 국가의 질서를 어떻게 조직하는가와 관련되게 된다.

이어지는 제3장에서는 르네상스 시기 피렌체 국가의 위기를 다룰 것이다. 공화국과 군주제 사이에서 이루어지는 피렌체 시민들의 대립과 갈등을 다루며, 그 속에서 나타나는 "국가란 무엇인가"에 대한 고민을 다룰 것이다.

이 시기 피렌체는 상공업의 발전과 도시의 발달로 인민들의 힘이 강화되었다. 전통 귀족들은 도시로 흡수되었고, 인민들은 상층, 중층 그리고 하층 시민들로 분열되었다. 동업조합 즉 길드를 구성하여 인민들은 도시 공화국의 정체 구성에 참여했다. 도시의 상공업 시민 계층은 길드 정체를 만들어 구귀족들의 권력을 제어했지만, 곧 그들은 상층, 중층, 하층으로 나뉘어 경쟁하고 대립했다. 피렌체는 귀족과 인민들이 같이 지배하는 사이, 소외된 하층의 반란을 경험하게 된다. 양모공 중심의 치옴피의 난이다.

그러나 이들의 정권은 내부 분열과 과도한 열망으로 오래가지 않아 귀족의 반격을 받아 무너진다. 이후 귀족들의 과두정체가 세워진다. 귀족들은 승리 후에 또 분열되어 대립한다. 이 싸움에서 인민들의 지지를 얻은 메디치 가문이 명실상부한 피렌체의 지배자로 등극하게 된다.

이 시기에 피렌체는 이탈리아 중부를 장악하는 영토국가로 성장하게 된다. 그러나 국내 정치적으로 피렌체는 시민들 간의 평등과 자유가 최우선시되었던 공화정에서 메디치 가문의 수장이 지배하는 군주정으로 변하게 된다. 이 과정을 매개했던 것은 정치, 사회관계를 귀족들과 일반 시민들 간의 후견-피후견 관계로 재구성한 과두정이었다. 시민들 간의 수평적 관계가 수직적 관계로 변하자 공화정은 무너지고 군주정이 들어서게 된 것이다. 이러한 변화는 시민들의 정치적 기반이 공적인 것에서 후견-피후견 관계 같은 사적인 것으로 옮겨가면서 일어난다.

귀족정체의 수립 후 피렌체 정치는 귀족 가문 중심으로 이루어지게 되었고, 가문끼리의 경쟁과 대립은 그 수장의 역할을 강화시켰다. 일인 지배자의 위상 강화가 일어난 것이다. 코시모 데 메디치는 그의 사후에 "조국의 아버지"로 칭송을 받을 정도이다. 그런데 귀족들이 자신들의 권력 기반으로 사용한 후견-피후견 관계는 관계의 사사화(私事化)를 특징으로 한다. 측근에게는 지위나 재물 등을 공적 루트가 아니라 사적으로 제공하고, 반대급부로 사적인 충성과 지원을 확보한다. 반면 반대파는 그 능력 여부에 관계없이 배제한다. 메디치 가는 이것을 더 배타적으로 강화하여 권력과 자원을 독점했던 것이다. 이러한 관계는 공과 사의 구분을 모호하게 만든다. 아니 모든 것을 사적인 것으로 환원하게 된다. 후견인과 피후견인들은 공적인 것을 자신들의 가문과 파당의 일로 생각하고, 사적인 수단을 사용하여 국가에 대한 지배를 강화한다. 국가의 공적인 시스템이 무너지면 시민들 간의 평등한 관계가 사라지고 지배와 복종 그리고 추종의 관계만이 나타날 뿐이다. res publica가 무너신 곳에 res privata가 나타난 것이다.

제3부에서는 마키아벨리의 국가론을 살펴볼 것이다. 마키아벨리의 국가론은 그의 정체론, 공공선론 그리고 공공성론이라는 세 가지 주제를 통해서 살펴볼 것이다. 제1장의 마키아벨리의 정체론을 살펴보는 부분에서는, 그의 활기 있는 공동체 구성의 관점을 고찰할 것이다. 마키아벨리는 활기 있는 공동체가 중요함을 역설한다. 활기가 없을 때는 있는 자원의 활용이 불가능하기 때문이다. 그런데 이러한 활기는 자유로운 정체에서 가능한 것이다. 그리고 자유로운 정치체제는 공동체 구성원들이 권력을 나누었을 때 가능한 것이다. 권력의 분점에서 공동체 구성원들의 힘의 응집이 가능하기 때문이다.

마키아벨리는 노예적 삶이 아닌 자유로운 삶을 강한 국가의 근간으로 본다. 자유로운 삶이 도덕적이고 윤리적으로 우월하기 때문이 아니라, 자유로운 정체 속에서 가능한 자유로운 삶만이 시민 개개인들의 역량을 계발시키고 그것을 공동체 내에서 발휘할 수 있는 환경을 만들어주기 때문이다. 그것은 활기 있고 강력한 공동체의 힘을 만들어내는 데에 필수적인 요소이기 때문이다. 위기 속에서 정치를 사고했던 마키아벨리는 힘과 권력에 대해서 사고했고, 그 귀결은 활력과 힘으로 표현할 수 있는 비르투(virtù)에 대한 주목이었다.

그런데 이러한 힘의 응집은 권력의 분점을 통해서 가능하다. 권력의 분점은 공동체 구성세력들의 대립과 반목을 제도화시킨 것인데, 그러한 제도의 핵심은 공개성, 공정성 그리고 공공선 등이다. 바로 공공성인 것이다. 반면 권력의 독점은 불평등을 가져오고, 그 불평등은 권력의 사사화를 가져온다. 권력의 독점과 사사화는 자유로운 삶이 아니라 노예적 삶을 강요하게 된다. 부패가 도래하는 것이다. 그것은 나태와 무질서 속에서 활력이 소멸되는 결과를 가져온다. 이것을 방지하고 극복하기 위해서는 자유로운 삶의 핵심인 공공성이 필요하다. 이는 우리로 하여금 마키아벨리의 국가론을 이해하는 데에서 공공선과 공공성 개념으로 인도하게 한다.

제2장에서는 마키아벨리에게서 나타나는 공공선과 국가의 문제의식을 다룰 것이다. 마키아벨리의 국가론은 그의 주저인『군주론』에 대한 국가이성적인 해석에 힘입어 흔히 국가주의적으로 해석되어왔다. 국가가 절대선이고, 개인은 국가 앞에서 그 개별 이익의 추구를 주장할 수조차 없는 것이다. 그러나 이 책에서는 마키아벨리의 국가 이익의 관점을 공공선과 공동선 간의 조화라는 관계 속에서 살펴볼 것이다.

마키아벨리는 중세의 보편적 권위였던 제국과 교황권이 무너지는 혼란의 시기에 살았다. 따라서 그는 하나의 질서가 사라지고 그것을 대체하는 새로운 질서가 태동하는 이행기의 특징을 잘 보여주고 있다. 마키아벨리는 국가의 무질서와 그로 인한 나약함 속에서 공적 질서의 무너짐을 느끼고 있었다. 질서를 유지하는 전체성으로서 공(公)이 강조되는 공공선은 개별 이익과 사적 이익에 주도권을 내주고 희미해지고 있었다. 그런데 그것을 다시 세우기 위해서는 강력하고 집중된 권력이 필요하다. 따라서 공을 세우기 위한 한시적인 강력한 권력에 대한 논의가 활발했던 것이다. 그러나 공공선이 무엇인지 그것을 해석하고 실행할 수 있는 권력을 일개인이나 한 계층이 독점할 때 그 공공선은 절대선으로 변하게 된다. 따라서 절대선은 타락한 사사화된 공공선이라고 부를 수 있을 것이다.

그런데 공공선이 사사화되는 것을 제어하기 위해서, 다시 말해서, 국가의 활력을 강화하기 위해서는 부분에 대한 배려가 필요하다. "공(公)"이 제대로 서기 위해서는 "공(共)"이 필요하기 때문이다. 전체는 부분으로 이루어져 있기에 부분들의 의지와 도움 없이 전체가 올바로 서는 것은 불가능하기 때문이다. 마키아벨리는『군주론』에서 새로운 질서를 세우기 위해서는 전체로시 공(公)을 사고해야 한다고 말한다. 그러나 마키아벨리는 신군주가 일반인들, 나아가 인민과 귀족들을 무시하고 자기만의 길을 가야함을 설파하지 않는다. 그들이 국가의 구성원으로서 전체의 부분을 담당하고 있기 때문이다. 자국민으로 이루어진 군대, 인민의 지지 등 국가의 근간은 부분들로부터 나오기 때문이다. 부분의 협력이 없으면 공공선은 불가능하기 때문이다.

로마 공화정이 공공선을 어떻게 이룩했는지를 살펴보는 『로마사 논고 (*Discorsi sopra la prima deca di Tito Livio*)』(이하 『논고』)에서는 전체보다는 구성 부분이 강조되는 공(共)의 입장에서 공동선을 다루고 있다. 전체를 강하고 풍요롭게 하기 위해서는 공동선이 강조되어야 한다는 것이다. 로마는 혼합정을 통해서 분점(分店)의 미학을 완성시킨 나라였다. 대립하는 귀족과 인민들이 서로를 견제하고 균형을 이루는 공화국을 완성시킨 것이다.

마키아벨리는 공(公, public)과 공(共, common)이 긴장관계에 있다고 본다. 전자의 공이 권력을 독점한 이에 의해서 사사화될 때, 공공선은 절대선화되어 공동의 이익을 추구하기보다는 독점으로 인한 억압과 배제의 정치를 생산하게 된다. 반면 후자의 공은 부분과 개별의 입장에 있기 때문에 전체의 관점을 간과하기 쉽다. 또한 개별이 강조되면 파당화의 경향을 낳고, 그 귀결은 혼란과 내전의 상태가 된다.

전체와 부분, 공(公)과 공(共)의 조화를 통한 공공선 논의는 국가 존망의 위기를 목도했던 마키아벨리가 전체와 부분의 조화를 통해서 국가의 역량을 극대화하려는 노력을 보여주고 있다.

제3장에서는 마키아벨리의 국가 개념과 공공성 개념에 대해서 논하고 있다. 마키아벨리의 국가(stato) 개념에 대한 기존 연구를 살펴본 후, 공공성 개념에 대한 이해를 통해서 마키아벨리의 국가 개념에 대한 이해를 한

층 더 고양시킬 수 있음을 주장할 것이다. 이것은 기존에 등한시되었던 『군주론』에 대한 공공성 개념의 적용도 포함하고 있다. 마키아벨리는 이 탈리아와 피렌체의 문제를 권력과 제도의 사사화에서 찾았다. 국가의 공 적 제도가 사적 권력에 의해서 좌지우지될 때, 국가는 제대로 설 수 없었 던 것이다. 따라서 공공성이 담보되어야 국가가 올바로 설 수 있는 것이다. 마키아벨리가 보기에 공공성의 담보는 국가 구성 세력들의 세력 균형을 이루는 것에서 시작된다. 사적 이익보다도 공공의 이익을 앞세울 수 있는 조건은 공동체의 정치가 어느 한 층에 의해서 좌우되지 않을 때 가능하기 때문이다. 권력을 사사화하는 귀족이 문제라는 것이다. 그들은 정치적, 사 회적 자본과 막강한 권세를 소유하고 있어서 항상 지배하려는 야망을 가 지고 있다. 여기에 귀족의 권력 사사화 경향은 일반 인민들을 타락시키는 핵심 요인이기도 하다. 이러한 귀족들의 힘을 제어할 수 있는 유일한 방법 이 바로 공공성의 확립이다. 그런데 이 공공성은 귀족의 대립 계층인 인민 에 의한 권력 독점을 의미하지 않는다. 객관성과 공정성을 담보할 수 없는 공공성과 공적 기관은 그 권위를 인정받을 수 없기 때문이다. 합법적인 절차와 공개성을 통해서 공공성을 지킬 수 있는 것은 그것이 여타 모든 국가의 구성 계층들로부터 자유롭기 때문이다. 그리고 그것을 통해서만이 모든 시민들의 지지를 얻을 수 있기 때문이다. 이렇게 마키아벨리는 공공 성의 강화를 통해서 한 나라의 인민이 모여 사는 국가의 공고화를 주장했 던 것이다.

   마지막으로 결론 부분에서는 중세 후기부터 마키아벨리로 이어지는 국 가관을 일별하고 마키아벨리에게서 응집되어 나타나는 국가관을 살펴볼 것이다. 그것은 공익을 대표하는 규범적 국가관인 res publica, 그 단일성 및 행동의 주체로서 드러나는 res publica, 여기에 이탈리아 도시국가의 공화국 개념으로 분화된 res publica 관(觀)이나. 마키아벨리는 이러한 res publica 관들이 공존하면서 동시에 다양한 국가들 간의 대립에서 영토와 주민을 포괄하여 단일 조직체를 형성하는 근대 국가의 원형적 모습이 드러난다. 다시 말해서, 『군주론』에서는 대외적인 위기를 극복하기 위해서 내부의 단결을 이룩해 내야 하는 stato의 단일성이라는 모습이 두드러진다면, 로마 공화정의 모범에 기대어 공화국을 칭송하는 『논고』에서는 공동선을 추구하는 전통적인 res publica의 모습이 피렌체의 공화정의 모습과 교차되며 드러나는 것이다. 이는 앞서의 장들에서 표현된 공공선과 공동선의 관계 속에서 국가가 논해지는 것이다. 그러나 앞에서 살펴보았듯이 공공선과 공동선은 상호 조화 속에서 그 제대로 된 기능을 발휘할 수 있다. 여기에 제3부 제1장에서 논한 마키아벨리의 체액정체론은 큰 역할을 수행한다. 체액론은 국가 구성원들을 세력 간의 권력관계라는 관점에서 파악할 수 있게 해준다. 아울러 그것은 그들 간의 권력관계 속에서 국가가 구성됨을 알려준다. 이는 기존 중세의 몸체와 국가의 유비나 계층의 기능적 분화론이라는 단순한 유기체론을 넘어 국가를 어떻게 구성할 것인가라는 좀더 근대적이며, 진일보한 국가관을 제시해 준다. 아울러 이렇게 구성된 국가는 구성원의 합과는 다른 단일체와 그 힘이라는 관점을 드러내 준다. 구성 세력의 각각의 합이 50과 50을 합친 100이라면, 국가라는 구성체 속에서 관계의 구성이 활력을 응집해낼 수 있다면, 국가라는 단일체의 힘은 단순 합계인 100을 넘어 200도 혹은 500도 될 수 있다는 것이다. 다시 말해서, 마키아벨리는 국가 구성원의 단순 합을 넘어 단일체로서의 국가를 사고했다는 점에서 중세의 인격적인 국가 개념을 넘어 탈인격적인 국가 개념 및 그 단일체에 주체성을 부여함으로써 법인체론적 국가 개념을 흡수했다고 볼 수 있다. 그런데 이전의 국가론자들은 res publica의 규범성만 강조했지, 그것을 어떻게 국가 속에서 구현시킬 것인가에 대한 구체적인 사고는 부재했다. 다시 말해서, stato의 구성이라는 현실적인 사고는 부재했던 것이다. 이에 마키아벨리는 규범성을 넘어 현실의 아이러니를 주목해야 함을 강조하고 있다. 도덕적인 주장을 통해서 선한 결과가 나올 수는 없기 때문이다. 의도와 결과가 일치하지 않는 현실의 정치세계 속에서 res publica를 구현하기 위해서는 효율적인 행동과 때로는 비도덕적인 행위가 필요한 것이다. 그것은 stato의 구성이 필요하기 때문이다. 마키아벨리 당시는 이미 예전의 공동선을 목적으로 하는 규범적인 의미의 res publica는 그 의미를 다했다고 보았다. 이에 마키아벨리는 stato를 구성해야 한다고 보았다. 국가가 구성되어야 공동선도 가능하기 때문이다. 그러나 구성된 stato는 res publica가 담보되지 않으면 유지가 불가능하다. 이에 마키아벨리는 res publica적으로, 다시 말해서, 공동선을 구성하는 stato를 사고했다고 볼 수 있다. 근대 국가의 기반이 확충되지 않은 피렌체의 상황에서 마키아벨리는 res publica적인 stato가 구성되기를 희망했다고 볼 수 있다. 그것은 공동체 구성원들의 활력을 res publica식으로 활성화시키고, 그것을 stato식으로 응집시키는 것이었다. 근대 국가의 기로에서 마키아벨리의 국가론은 중세 후기에 나타나 발전한, 고대의 전승으로서 res publica를 통해서 허술했던 기존 국가의 stato로의 전화를 꾀한 것으로 볼 수 있을 것이다. 귀족 엘리트들이 국가를 사사화시켜 res privata가 장악한 곳에서는 제대로 된 stato가 구현될 수 없다는 것이다. 새로운 근대적 의미의 국가로서 stato를 받아들이며 res publica를 그 안에 구현시켜야 활력 있는 부강한 국가를 만들 수 있다고 본 것이다.

# 제1부

중세 후기 국가론 :
res publica를 중심으로

# 제1장

# 중세의 유기체적 국가론

솔즈베리의 존의 『폴리크라티쿠스』에 나타난 res publica론

이 장에서는 솔즈베리의 존(ca. 1115-1180)의 주저인 『폴리크라티쿠스
(*Policraticus*)』를 통해서 그의 국가론을 살펴보고자 한다.[1] 주지하다시피
솔즈베리는 1115년에서 1120년 사이에 올드새럼에서 태어났다. 그는 피에
르 아벨라르, 콩슈의 기욤 등 당대 최고의 학자들 밑에서 공부했고, 캔터
베리의 대주교 테오발드와 토머스 베켓의 비서로 활동했다. 토머스 베켓
이 당시 영국 왕위에 올라 왕권을 강화하기 시작한 헨리 2세와 대립했을
때에는 함께 망명길에 오르기도 했다. 솔즈베리는 후에 샤르트르 대성당
의 주교가 되었다.[2] 이렇게 그는 당시의 최고 지식인들 사이에서 기독교
사상뿐만 아니라, 고대 사상에 대한 깊은 식견을 습득할 수 있게 되었다.
솔즈베리의 존은 12세기를 대표하는 인문주의자라고도 불린다. 이것은 다
음에 살펴볼 그의 주저 『폴리크라티쿠스』에서 나타나는 고대와 중세 사상
에 대한 깊은 지식에서 볼 수 있다. 특히 그는 국가를 인간의 세속적 행복

---

1) 이 장에서 인용되는 솔즈베리의 존의 *Policraticus*(Joannis Saresberiensis, *Policraticus,*
*sive de Nugis curialium et vestigiis philosophorum libri octo*)의 번역본은 네더먼의 영역본
과 자이트의 독역본을 사용했다. 영역본을 인용할 때는 *Policraticus*/E로, 독역본을 인용
할 때는 *Policraticus*/D로 표현하기로 한다.
2) 솔즈베리의 존에 대한 안내서로는 Nederman(2005) 참조.

이 구현되는 장소로서 적극적으로 인정한다.[3]

솔즈베리의 존이 1159년에 쓴 『폴리크라티쿠스』에 대해서는 수많은 연구들이 존재한다. 그것은 중세에서 처음으로 국가를 체계적으로 다룬 저술로 일컬어진다. 아우구스티누스적인 부정적 세속국가관을 넘어서 신의 질서 속에서이긴 하지만, 자연과의 유비 속에서 긍정적으로 사고된 국가관을 정초 지었다는 것이다. 이런 의미에서 솔즈베리를 "권력 및 사회 질서에 대한 세속적 이데올로기가 체계적으로 표명되는 예"로 언급하거나 (뒤비 1997, 494), "서양 정치학의 정초자"(Berman 1983, 276)로 평가하기도 한다. 또한 군주가 폭군이 되었을 때, 그것에 저항할 수 있음을 인정한 것에 대해서 솔즈베리를 "폭군 토벌론이라는 혁명적 이론을 전개한"이로 평가하기도 한다(세이빈/솔슨 1983, 386). 권력을 자의적으로 행사하는 폭군에 대한 경고는 당시 영국을 강압적으로 통치했던 헨리 2세(1133-1189)의 치세를 반영하는 것이라는 주장은 존의 저작을 당시 정치적 상황 속에서 이해하고자 하는 시도이다.[4]

그러나 솔즈베리의 『폴리크라티쿠스』에 대한 연구의 핵심은 유기체적 국가론에 있다고 해도 과언이 아니다.[5] 그의 저서는 "고대 사상에 기원을 두고 있는 유기체 비유를 성서의 가르침과 결합시켜 공동체의 구성과 운영에 관한 이론으로 체계화함으로써 이 비유를 확고한 정치사상으로" 발

---

3) 한편 솔즈베리의 존은 그의 스승 베르나르가 고전 및 고대의 지식을 거인으로 비유하며, 그 토대 위에서 더 나아갈 수 있다는 말을 차용하여 그의 인문주의적 성격을 드러내고 있다 : "우리는 거인들의 어깨 위에 앉아 있는 난장이들과 같다. 우리가 우리의 앞 시대에 살았던 사람보다 더 많이 그리고 더 멀리 내다볼 수 있는 이유는 우리의 시야가 그들보다 더 날카롭거나 키가 그들보다 더 커서가 아니라 우리가 그들의 거대한 신체 위로 들어올려져 그 위에 걸터앉아 있기 때문인 것이다"(*Metalogicon*, III. 김중기[1991]. 175쪽에서 재인용).

4) 존의 폭군론에 대해서는 Nederman(1988)과 김중기(1995) 등을 참조.

5) 존의 국가유기체론에 대한 연구 중에서 대표적인 것으로는 Struve(1978)와 Nederman (1987) 참조. 우리나라의 연구로는 김중기(1997)와 이희만(2010) 등 참조.

전시켰다는 것이다(김중기 1997, 31). 물론 그의 유기체론을 파악하는 데에서 이론이 있는 것도 사실이다. 네더먼은 기존의 연구가 유기체 내에서 군주의 지위를 강조한 엄격한 위계질서에 초점을 맞춘다고 비판한다. 다시 말해서 위계질서의 "해부학적(anatomic)" 접근 대신에 "구성원 간의 협업과 기능의 평등에 초점을 맞춘" "생리학적(physiological)" 접근방식으로 대체되어야 함을 주장한다.6)

이러한 연구 성과들에 기대어 이 장에서는 그의 유기체적 국가론이 공공선 개념과의 연관 속에서 국가로 표현되는 res publica를 어떻게 그리는지를 살펴보고자 한다. 기존의 연구들에서 존의 국가유기체설을 설명함에서 군주가 힘써야 할 가장 중요한 것으로서 공공선의 수호와 보존이 핵심임은 누차 강조되어왔다. 그러나 공공선과의 관계 속에서 국가유기체론이 국가를 지시하는 res publica의 의미를 어떻게 변화시켰는지에 대해서는 간단히 언급되어온 것이 사실이다.7) 그것은 존의 국가유기체설을 통해서 고대 이래로 res publica의 개념에 내재되어 있던 인격적 성격을 탈각화시키는 계기를 마련했다는 것이다. 그러나 이를 존의 유기체론 및 그의 공공선론과의 관련 속에서 체계적으로 서술한 글은 전무하다고 해도 과언이 아니다. 이에 이 글에서는 존의 유기체론을 살펴본 후에 그것의 핵심 개념으로서 공공선의 의미에 대해서 서술할 것이다. 이것을 통해서 그의 res publica 개념이 새로운 의미를 얻게 되는 과정을 살펴볼 것이다.


## I. 국가유기체론과 군주론

해일에 의하면 유기체론은 두 가지 원칙에 기반을 두고 있다. 첫째는

---

6) Nederman(1987), p. 215(이희만[2010], 117쪽에서 재인용).
7) 대표적인 예로 Hibst(1991)를 들 수 있다.

물활론(物活論, hylozoism)으로서 정신이나 생명이 자연계를 관통하고 있다는 것이다. 개체들은 생명 혹은 정신을 소유하고 있는데, 그것은 몸에 생기를 불어넣고, 통일을 이끄는 조화(homonoia)와 어떤 식으로든 일치한다는 것이다. 이 정신으로 인해서 자연은 규칙성을 가지게 되고 그것은 정치학을 포함한 학문을 가능하게 하는 것이다. 다른 하나의 원칙은 바로 이러한 패턴이 가장 완벽하게 표현되는 곳이 인간의 몸체라는 것이다(Hale 1973, 68).

그리스 철학자들의 폴리스 이해는 이러한 유기체론의 전통을 가장 잘 보여주는 경우라고 할 수 있다. 플라톤은 그의 『국가(Politeia)』에서 국가를 여러 개의 지절들로 구성된 전체로서의 몸체로 그리면서, 그 지절들을 이루는 각 층의 조화 속에 완벽함을 구현할 수 있음을 설파하고 있다(플라톤 1997, 242-253; 343 etc.). 아울러 국가의 세 가지 계층을 영혼의 세 부류와의 비유 속에 설명하는 것(플라톤 1997, 302-303) 등에서도 플라톤의 유기체적 국가론을 살펴볼 수 있다. 또한 유기체적 국가론의 영향이 뚜렷이 보이는 것 중의 하나는 국가의 상태를 인간의 몸의 상태와의 비유 속에서 건강한 상태와 병든 상태라는 의학적 표현을 통해서 설명하는 것이다(플라톤 1997, 155). 아리스토텔레스 또한 그의 『정치학(Politika)』에서 유기체론을 펼치는데, 그것은 플라톤의 그것과는 다른 것이었다. 『정치학』 제2권 제2장에서 아리스토텔레스는 플라톤의 국가론을 비판하기를, "분명 국가는 계속해서 점점 더 하나의 통일체가 되어가면 결국 국가이기를 그만두게 될 것이다"라고 하고 있다(아리스토텔레스 2009, 65). 아리스토텔레스에게 국가는 하나의 단일체가 아니라, "본성적으로 하나의 복합체(複合體)"인 것이다(아리스토텔레스 2009, 65).[8] 국가는 자족적인 상이한 부분

---

8) 아리스토텔레스는 같은 곳에서 국가는 구성요소들의 다양성을 보장해야 하며, 통일성을 꾀할 때 국가는 파괴될 수 있음을 경고하고 있다 ; "국가는 복합체에서 점점 더 통일체가

들로 구성뇌어 있다는 것을 설명하기 위해서 아리스토텔레스는 인체의 다양한 기관과의 유비관계 속에서 국가를 구성하는 다양한 계층을 언급한다.9) 더불어 이렇게 복합체를 구성하는 각 부분들은 복합체 전체의 과제와 목표 그리고 선을 위해서 복무해야 함을 역설하고 있다(아리스토텔레스 2009, 425-426). 이렇게 볼 때, 플라톤은 국가와 유기체와의 비유에서 오직 두 영역 간에 존재하는 유비관계만을 언급했다면, 아리스토텔레스는 유기체적인 것에서 입증되는 원칙을 국가의 건설에 적용했던 것이다.10)

이후 그리스에서 로마 제국으로 이어지는 국가의 변화에 유기체론은 스스로를 잘 적응시켰다.11) 스토아 철학은 국가, 인류 나아가 우주를 하나의 통일적 전체로 보고 그 속에서 개개 부분들이 전체와의 조화 속에서 구성됨을 주장했다. 부분 간의 조화 속에 전체와의 통합 및 전체의 선으로서 공공선에 대한 복무 등이 강조되었던 것이다. 스토아 철학의 영향 속에 키케로도 전체 인류를 하나의 유기체로 보고 각 지절들이 서로 조화를 이루어서 전체 유기체의 통합에 기여해야 함을 역설한다. 이런 의미에서 키케로는 각자의 이익만을 추구하여 타인에게 해를 끼칠 때, 그것은 인체의 각 부분이 타 부분의 건강을 빼앗으려는 것과도 같아 인체는 죽을 수밖에

---

되어갈수록 국가 대신 가정이 되고, 가정 대신 개인이 될 것이다. (……) 따라서 국가를 그런 통일체로 만들 수 있다 하더라도 그렇게 해서는 안 된다. 그럴 경우 국가는 파괴되고 말 것이기 때문이다. (……) 국가는 공동체를 형성하는 주민들이 자족할 수 있을 만큼 많고 다양해야 비로소 국가라고 할 수 있기 때문이다. 더 많이 자족할 수 있는 것이 더 좋은 것이라면, 통일성은 지나치지 않는 편이 지나친 편보다 더 바람직하다"(아리스토텔레스 2009, 65-67).

9) 아리스토텔레스가 말하는 국가를 구성하는 여러 부분은 다음과 같다. 첫째, 식량 생산 계급인 농민, 둘째 여러 기술에 종사하는 직공 계급, 셋째 상인 계급, 넷째 품팔이 계급, 다섯째 전사 계급, 여섯째는 재판 업무에 참여하는 자들, 일곱째는 재산으로 국가에 봉사하는 부유층, 여덟째는 공직자들이다(아리스토텔레스 2009, 208-209).

10) Struve(1978), 17쪽 참조.

11) 이하의 논의는 Struve(1978) 참조.

없음을 지적하고 있다.

> 만일 신체의 어느 한 부분이 가장 가까운 신체 부분의 기력을 자신에게 끌어
> 당기면 건강할 것이라고 생각하여 끌어당겼다면 신체 전부가 반드시 약해지
> 고 결국 사멸하는 것처럼, 우리들 중 한 사람이 타인의 편익을 빼앗아 자기
> 것으로 하고 자신을 위해서 얻을 수 있는 것이라면 무엇이든 차지한다면,
> 인간 사회와 공동체는 반드시 파괴될 것이다. (……) 자연은 타인에게서 빼
> 앗은 것들로부터 우리가 재산과 부, 권력을 증대시키는 것을 용인하지 않는
> 다(『의무론(*De Officiis*)』, III, 5, 22 ; 키케로 1989, 189쪽).

그런데 이렇게 국가를 유기체에 비유함으로써 국가를 유한한 생명체에,
정치인을 의사에 비유하는 관점이 나타나게 된다. 즉 국가도 생명체와 같
이 생성, 발달 그리고 소멸의 과정에 놓여 있다는 인식이 하나이며, 다른
하나는 의사가 인간 신체의 건강을 챙기듯이 정치인도 국가의 건강한 삶
을 위해서 노력해야 한다는 것이다.

아울러 사도 바울은 그리스도 교 공동체에 유기체적 비유를 적용한다.
신자(信者)들의 공동체로서 교회들, 즉 각 교구들은 전체로서 "그리스도의
몸"의 지절들이라는 것이다.[12] 그런데 여기서 표현된 유기체론은 생물학
적 의미보다는 "신비한 몸체(corpus mysticum)"의 의미를 지니고 있다. 다
시 말해서, 교회는 그리스도인 예수를 머리로 하여 모든 그리스도인들이
연합한 초자연적인 결사체를 가리키는 것이다.[13]

---

12) "우리가 한 몸 안에 많은 지체를 가지고 있지만 그 지체가 모두 같은 기능을 하고 있지
    않듯이, 우리도 수가 많지만 그리스도 안에 한 몸을 이루면서 서로서로 지체가 됩니다"
    ("로마 신자들에게 보낸 서간" 제12장 제4-6절). 또한 "코린토 신자들에게 보낸 첫째 서
    간" 제12장 제12-27절 참조.
13) 한편 로마의 국가 개념에 유기체 관념이 적용된 것은 corpus 개념을 통해서 잘 드러난

이렇게 볼 때, 유기체론의 국가에의 적용은 크게 보아 두 가지라고 할 수 있다. 하나는 자연적인 생명체나 인간의 몸체를 국가와의 비유 속에 설명한 것이고, 다른 하나는 특히 기독교 전통에서 나타나는 것으로 신비한 몸으로서 교회를 가리키는 것으로 볼 수 있다. 이러한 두 가지 적용이 그대로 나타나는 것이 바로 아우구스티누스의『신국론(De Civitate Dei)』을 통해서이다.[14] 그는 로마 국가관을 속국(俗國, civitas terrena)에 적용시키고, 사도 바울에 의해서 정초된 그리스도의 신비한 몸으로서 교회라는 사고를 신국(神國, civitas dei)에 적용시킨 것이다. 이런 의미에서 속국은 생성과 쇠퇴의 과정을 겪게 되지만, 신국은 영원히 존재하는 것이다. 물론 지절들로 이루어진 유기체로서의 국가는 부분들의 조화 속에서 안정되고 통일된 질서를 이룰 수 있다. 그리고 그것은 바로 평화였다. 그러나 속국은 원죄를 지닌 인간들로 구성되어 있기에 신국에 의지해서만 그 완전함을 누릴 수 있다고 보았다. 이렇게 속국과 신국을 구분하고 신의 영역에 인간의 영역을 종속시키는 것은 육체와 정신의 비유 속에 전자의 영역인 속국을 후자의 영역인 신국에 종속시키는, 나아가 속국의 지배자이자 정치인인 군주는 신국의 영역에 속한 교회에 복종해야 한다는 논리적 결과를 낳았다.

이제 중세의 정치세계는 세속 권력과 교회 권력 사이의 관계정립에 초점이 맞추어진다. 중세 초기에는 세속권력이 교회권력보다 우위에 서게

---

다. 이 corpus는 통일적인 유기체를 표현하는 말로, 다양한 종류와 크기의 인간 공동체에 적용되었다. 첫째로 그것은 로마 시기에 다양한 형태의 국가적 조직 즉, civitas, res publica, imperium 혹은 regnum을 가리키는 용어로 사용되었다. 둘째로는 자체 완결적인 집단을 지지하는 용어로 사용되었다. 예컨대 그것은 하나의 인민이나 부족 혹은 귀족이나 기사 계급 같은 사회 계층을 지시하는 데에 사용되었던 것이다. 국가가 통일적인 하나의 유기체로 파악되었을 뿐만 아니라, 그것을 구성하는 부분들, 예컨대 원로원이나 인민 등도 몸체로 파악되었던 것이다. 이에 대해서는 Struve(1978), 24-26쪽 참조.

14) 아우구스티누스의 유기체적 국가론에 관한 논의는 Struve(1978), 44-67쪽 참조.

된다. 여기에는 모든 신자들의 공동체로서 교회가 그리스도의 신비한 몸체라는 사도 바울의 사고 전통 속에서, 신자들로 이루어진 세속국가 또한 그리스도의 몸의 일부라는 사고가 도움을 주게 된다. 또한 구약성경에서 나타나는 기름 부음을 통해서 하느님의 인정을 받은 왕이라는 사고와 더불어 신약성경에 나오는 "세속권력의 기원은 하느님에게 있다"라는 것에 근거하여 세속국가의 지배자가 영적 권력의 일부를 담당하게 되었다.[15] 하느님의 종/하느님을 섬기는 자(minister dei)라는 사고에 더해 하느님의 대리인(vicarius dei)이라는 관념이 나타나 세속국가의 지배자는 하느님의 백성들을 정의와 공평으로 이끌고, 교회를 보호하며, 약자들을 보호해야 하는 의무를 지닌 것으로 파악되었다.

그러나 세속권력과 교회권력 간의 대립과 긴장은 결국 서임권투쟁을 통해서 새로운 전기를 맞이하게 된다. 두 권력은 서로의 관계를 근본적으로 묻게 되었으며, 그 결과는 유기체론의 서로 다른 전유(專有)로 나타나게 된다. 교회 쪽에서는 영혼과 육체를 구분하고 전자를 교회로, 후자를 세속국가로 말한다. 이런 구분 속에서 영혼이 육체에 대해서 지배권이 있음을 주장하며 세속국가가 교회에 복종해야 함을 주장한다. 반면 세속국가 쪽에서는 유기체의 통일 속에서 세속국가의 지배자 위치를 머리에 비유하며, 머리에 모든 지절들이 복종해야 함을 강조한다. 그러나 점차 교회와 세속국가를 각각 통일적인 유기체로 바라보는 경향이 나타나기 시작한다. 이는 그리스도의 신비한 몸체 내에서 최고의 권위는 그리스도와 하느님에게 있지만, 그 안에서 완결되고 자립적인 몸체들의 지배자들은 각각 병립할 수 있다는 사고가 가능하기 때문이다. 자연의 생명체라면 머리로서 우두

---

15) "사람은 누구나 위에서 다스리는 권위에 복종해야 합니다. 하느님에게서 나오지 않는 권위란 있을 수 없고, 현재의 권위들도 하느님께서 세우신 것입니다"("로마 신자들에게 보낸 서간" 제13장 제1절).

머리가 둘일 수 없지만, 신비한 몸체 내에서는 가능하기 때문이다. 물론 이는 교회 쪽에서 영혼과 육체의 비유에 기대어 국가를 아래에 두려는 노력이 멈추었다는 것을 의미하는 것은 아니다. 세속권력의 측면에서는 군주의 지배권이 오직 하느님으로부터 나오기 때문에 하느님의 모상(模像, imago dei)으로서 군주는 그리스도의 대리인인 교황보다 더 우위에 있다는 논의를 펼치기도 했다. 그러나 교회의 세속국가에 대한 끊임없는 우위권 주장에 비해 세속국가는 교회와 국가 간의 독립된 병존을 사고하기 시작했다.16)

솔즈베리의 존은 이러한 배경 위에서 저술 작업을 수행했다. 다시 말해서, 각 지절들의 협동과 조화 속에 몸체인 국가의 안정이 보장된다는 유기체적 국가론, 정신과 육체의 비유 속에 정신의 우위를 강조하는 유기체론 그리고 머리가 다른 지절들을 지배한다고 하는 위계적인 유기체관의 전통이다.

솔즈베리의 존이 1159년에 완성한 『폴리크라티쿠스』는 중세의 유기체론적 국가관이 그 첫 번째 정점에 도달한 것이라고 할 수 있다.17) 존의 유기체론은 고대 사상의 수용과 기독교 사상의 결합으로 이루어져 있다. 이미 많은 연구자들이 강조하고 있듯이 존은 인간의 소우주(microcosm)와

---

16) 여기까지는 고대에서 솔즈베리의 존의 전(前) 시기까지의 유기체론을 Struve(1978)의 저작에 기대어 간략히 저술했다. 중세 유기체론에 대한 기념비적 저작이라고 할 수 있는 Struve의 저서는 솔즈베리의 존의 유기체론을 서술함에서 이 글의 문제 의식인 유기체적 국가론과 공공선의 관계에 대해서 그리고 그것이 국가 개념의 변화에 어떤 영향을 미쳤는지에 대해서는 부족한 것이 사실이다. 그러나 Struve 본인도 지적하고 있듯이, 유기체론에는 공공선 개념이 그 핵심 역할을 수행하고 있으며 이것은 국가 개념과도 밀접한 연관을 가지고 있다. 유기체론을 설명함에서 공공선 개념의 부재는 우리나라에서 나온 논문들에도 그대로 적용된다(김중기[1997] 및 이희만[2010] 등 참조).
17) Struve(1978) 123쪽 참조.

우주 자연의 대우주(macrocosm) 간의 유비관계 속에서 세계를 사고하는 고전적 전통에 서 있었다.[18] 인간과 국가는 우주를 창조한 하느님의 조화와 협동의 원리와 같은 원리에 의해서 만들어지고 구성되었다는 것이다.

공동체 밖에 머물러 있거나 공공 생활을 알지 못하는 자는 진정한 행복이 무엇인지 알 수조차 없다. (……) 단일하며 참된 신(Deus unus et verus)이신 창조주 삼위일체께서 우주의 각 부분을 서로 확고하게 연결되고 보호되도록 정하셨기 때문에, 마치 개개의 지체가 다른 각 지체의 구성원이 되는 것처럼, 각각은 서로의 도움을 필요로 하며 한 부분의 결함은 다른 부분들에 의해서 보완된다. 그러므로 모든 존재는 만일 그들이 서로 연결되어 있지 않으면 불안정하고, 반대로 만일 서로 연결되어 있으면 완전하다. 모든 것은 상호 협조의 확고한 관계 속에서만 존립이 가능하기 때문이다.[19]

신에 의해서 창조된 자연의 일부로서 세속국가는 이제 원죄 속에서 행복의 추구가 불가능한 영역이 더 이상 아니었다. 존은 서로의 협동과 조화를 통해서 행복의 추구가 가능한 영역으로서 세속국가를 유기체와의 비유를 통해서 설명하기 시작한다. 이는 국가의 구성원리를 이성의 힘으로 설명할 수 있음을 의미한다. 『폴리크라티쿠스』제6권 제21장에서 존이 베르길리우스에 기대어 꿀벌 사회의 비유를 인용하는 것 또한 자연의 원리를 통해서 인간 공동체로서 국가를 설명하고자 하는 것뿐만 아니라 자연과

---

18) 존은 특히 당시 신 플라톤주의를 수용한 샤르트르(Chartres) 학파의 영향을 받은 것으로 알려져 있다. 그의 스승이기도 한 콩슈의 기욤 등은 마크로비우스에 대한 주석과 플라톤의 『티마이오스(Timaios)』에 대한 주석 등을 집필한 것으로 유명한데, 이러한 작업들을 통해서 대우주와 소우주와의 유비관계 속에서 인간과 국가가 같은 구성 원리에 의해서 창조되었다는 입장을 개진한다. Struve(1978), 116-122쪽 참조.

19) *Metalogicon*, I, i(김중기[1997], 43쪽에서 재인용).

국가의 구성 원리를 인간의 이성을 통해서 이해 가능하다는 것을 보여주는 것이다.

"궁정인들의 허영과 철학자들의 발자취(De nugis curialium et vestigiis philosophorum)"라는 부제를 가진 『폴리크라티쿠스』는 여덟 권으로 이루어져 있는데, 그것은 크게 두 부분으로 나눌 수 있다. 첫 번째 부분은 제1권에서 제6권까지로, 귀족들의 삶의 변화를 그리고 있다. 두 번째 부분은 제7권에서 제8권까지로, 그러한 변화의 기초를 이루는 인간의 심리에 대한 기술을 포함하고 있다. 첫 번째 부분은 다시 두 부분으로 나눌 수 있다. 그 첫 번째 부분은 제1권에서 제3권까지로, 귀족들의 사적 쾌락을 다루며, 두 번째 부분인 제4권에서 제6권까지는 그들의 공적 영역에서의 행위들을 다루고 있다. 이 부분이 『폴리크라티쿠스』의 핵심적인 내용을 이루는 부분으로서, 유기체적 국가론 및 군주의 역할 등에 대한 내용이 서술되어 있다.[20] 존은 그의 책에서 국가는 유기체이며, 그것은 정의와 이성에 의존하는 것으로 설명한다.

> 국가(res publica)란 신의 은총에 의해서 생명을 부여받은 일종의 몸으로 최상의 정의(aequitas)가 고무하는 바에 따라 움직이며, 이성(ratio)의 적절한 힘의 지배를 받는다(Policraticus/D, V, 2, p. 165).[21]

이렇게 몸체와도 같은 국가는 상이한 집단들에 의해서 그 기능이 적절히 분배되고, 그들 간의 협동을 통해서 국가의 조화로운 상태가 유지된다. 이때 존은 국가의 각 집단과 조직을 인체의 각 기관에 비유하며 설명을

---

20) Sivers(1969), pp. 58-59 참조.

21) 물론 존은 이 다음 구절에서 "우리에게 종교 생활을 구성하고 조직화하며 하느님에 대한 공경을 가능케 해주는 것이 국가라는 몸체(corpus rei publicae)에서 영혼의 위치를 차지한다"고 말하고 있다(*Policraticus*/D, V, 2, p. 165).

이어나간다.

군주는 국가(res publica)의 머리에 해당한다. (……) 원로원은 심장에 해당하며 옳은 일이든 그른 일이든 모든 일이 이들에 의해서 추진된다. 재판관이나 각 지방의 통치자들은 눈, 귀 그리고 혀의 직책을 수행한다. 관리와 군인들은 손의 임무를 감당하며, 군주의 시종들은 인체의 양 옆구리의 기능을 맡는다. 재정을 담당하는 자들은 위나 내장에 비유할 수 있다. 만약 그들이 과도한 탐욕을 부려 음식을 쌓아놓는다면 (……) 수많은 불치병에 걸리게 되며 그 실수로 인해서 몸 전체는 파멸에 이르게 된다. 농민은 항상 땅에 굳건히 딛고 서 있는 발과 같다.[22]

그런데 존의 유기체론은 이전의 유기체론보다 진일보한 측면을 지니고 있다. 중세 초기의 유기체적 국가론의 특징적인 모습은 지배자 개인에게 모든 국가의 중요 기능이 집중된다는 것이다. 성경의 "로마 신자들에게 보낸 서간" 제13장 제1절, 즉 "사람은 누구나 위에서 다스리는 권위에 복종해야 합니다. 하느님에게서 나오지 않는 권위란 있을 수 없고, 현재의 권위들도 하느님께서 세우신 것입니다"라는 구절에 의지해서 군주는 지상에서 신의 대리인으로 군림한다. 이에 따라 진정한 군주는 올바른 통치를 위해서 시민들의 조화와 공공선을 추구해야 하는 것보다 군주로서 자신의 덕이나 특별한 자질이 중요했다. 이런 의미에서 중세 초기에는 특별한 유기체론의 발전이 이루어질 수 없었다. 그러나 교황과 황제 간의 세력 다툼 속에서 이제 유기체론은 서로 다른 해석을 거치게 된다. 영혼과 육체의 구분 속에 교회는 영혼을 담당하는 성스러운 영역, 즉 전자에 속하며, 속세의 영역인 왕국은 후자, 즉 육체에 해당한다는 것이다. 그리고 육체는 영혼의

---

22) *Policraticus*/D, V, 2, pp. 165-167(김중기[1997], 44쪽에서 부분 수정하여 재인용).

인도와 지배를 따라야 한다는 것이다. 반면 세속의 지배자 입장에서는 국가라는 유기체적 몸체에서 머리로서 국왕의 지위를 강조하면서 모든 지절들이 머리에 종속되어야 함을 강조한다.[23] 나아가 교회가 영혼과 육체의 관계를 기반으로 하여 국가가 교회에 종속적인 위치에 있음을 꾸준히 강조했다면, 이제 왕이나 왕국의 입장에서는 유기체의 통일이라는 모범하에 왕국과 교회의 조화로운 통일을 사고하는 데로 나아가게 된다. 서임권 투쟁으로 촉발된 교회와 왕국의 대립으로 인해서 이제 왕국은 스스로의 정체성에 대해서 사고할 기회를 가지게 된 것이다. 솔즈베리의 존은 이런 의미에서 과거에 인체의 기관과 국가의 각 계층 간의 단순 유비관계를 언급하는 것을 넘어서 몸체로서 국가의 내적 구조를 이성에 입각하여 일관되게 사고할 수 있게 된 것이다.[24]

이러한 진일보한 유기체론에 입각해서 국가를 파악하는 솔즈베리에게 군주는 국가의 머리(caput)이자 국가의 의사(medicus rei publicae)로 나타난다. 우선 존에게 군주는 국가의 머리로서 중요한 역할을 수행한다.[25] 군주의 중요한 역할은 정의와 법률에 입각해서 공동체의 복리를 추구해야 하는 것이다. 그것은 자신의 이익이 아니라 인민의 이익을 살피고 보호하는 것으로서, 그럴 때만이 유기체로서 국가의 안녕이 보장되는 것이다. 물론 중세 시기의 군주는 초법적인, 다시 말해서, 법을 자신의 의지대로 제정하는

---

23) 이상의 논의는 Struve(1978), pp. 88-97 참조.

24) Struve(1978), p. 129 참조.

25) 존은 제4권 제1장에서 군주를 "지상에서 신적 최고권의 모상(in terris quaedam divinae maiestatis imago)"이라고 말하면서 신에 의해서 정당성을 인정받은 존재로서 이야기하고 있다(*Policraticus*/D, IV, 1, pp. 59-60). 아울러, 자연적 질서를 기반으로 하여 그 지배권을 인정받고 있음을 다음과 같이 언급하고 있다 : "그리하여 우리는 삶의 최상의 안내자인 자연을 따른다. 왜냐하면 모든 구성원들이 머리의 지침을 따르고 머리가 제정신인 한, 자연은 모두가 기능을 적절히 수행할 정도로 매우 지혜롭게 소우주 내지 작은 세계인 인간의 모든 감각을 모두 머리로 모으고 모든 구성원들을 머리에 복속시켰기 때문이다"(*Policraticus*/D, IV, 1, pp. 59[이희만, (1997), 6쪽에서 재인용]).

자이다. 이런 의미에서 군주는 "법률의 모든 구속으로부터 자유로운 자(legis nexibus absolutus)"이다. 그러나 존은 그것의 올바른 의미에 대해서 다음과 같이 부연설명하고 있다 : "군주는 법률의 구속으로부터 자유로운 자라는 말이 있다. 그러나 그것은 그가 부당한 행위를 해도 된다는 것이 아니다. 오히려 그는 처벌의 두려움보다는 정의에 대한 사랑을 통해서 형평을 보존하고 공동체의 이익(utilitas rei publicae)을 살펴야 하는 것이다"(*Policraticus*/D, IV, 2, p. 65). 이렇듯 군주는 공동체 전체를 책임져야 하기 때문에 자신의 사익보다는 타인들과 공동체의 이익을 먼저 생각해야 한다. 이런 의미에서 군주는 공공선의 봉사자(minister utilitatis publicae)이자 정의의 공복(servus aequitatis)인 것이다.

한편, 법률은 군주의 통치에서 핵심 역할을 수행한다. 존에게 법률은 신법에 기초하며 그것에 의존해야 한다. 따라서 비록 군주의 의지에 의해서 만들어진 것이라고 하더라도, 그것은 누구에게나 적용되는 보편타당하며, 공평무사한 성격을 지닌 것이다. 이런 의미에서 그는 "네가 싫어하는 일은 아무에게도 하지 마라"라는 성경 외경의 「토빗기」 제4장 제15절과 "남이 너희에게 해주기를 바라는 그대로 너희도 남에게 해주어라"라는 「마태오 복음서」 제7장 제12절의 황금률에 의지하고 있다.[26] 실재로 군주는 법 아래에서 그것을 통해서 형평과 정의를 구현해야 하는 것이다. 이런 의미에서 솔즈베리는 법률을 다음과 같이 정의하고 있다.

신의 선물인 법률은 형평의 모델이고, 정의의 척도이자, 신의 의지의 형상이며, 안전을 수호하고, 그 속에서 인민의 통합과 유대를 가져오며, 의무를 규정하는 규범이며, 악덕들을 몰아내며, 폭력과 부정들을 벌주는 것이다.[27]

---

26) *Policraticus*/D, IV, 7, p. 113.

27) "Porro lex donum Dei est, aequitatis forma, norma iustitiae, divinae voluntatis imago,

이렇게 불편부당한 법률에 입각해 공동체의 이익을 위해서 통치를 행해야 하는 군주는 더 이상 자신의 개인적인 이익을 추구하는 사적 개인이 아니라, 오직 공동체에 대해서 사고하고 행동해야 하는 공인(公人, persona publica)으로 나타나게 된다.[28] 사익이 아니라 공익을 추구해야 하는 공인으로서 군주에 대한 상은 존이 군주와 폭군을 비교한 데에서 잘 드러난다. 군주는 법에 복종하는 데에 비해, 폭군은 그의 인민들을 그의 종복으로 여기며 마음대로 지배한다.[29] 또한 폭군은 인민들을 폭력적인 지배를 통해서 억압하는 자들이다.[30] 군주는 법의 편에서 인민의 자유를 위해서 싸우지만, 폭군은 법률을 무력화하고 인민을 노예 상태로 떨어뜨리는 데에만 관심이 있다. 이에 따라 존은 군주는 신의 형상과도 같지만, 폭군은 악마의 형상이라고 말한다.[31] 폭군의 근원은 바로 불의(iniquitas)에 있는 것이다.[32] 이런 점에서 이희만은 폭군의 특징들을 다음 세 가지로 정리한다. 첫째, 사회적 정의와 형평의 산물인 법률의 무시. 이로 인해서 자의를 법률

---

salutis custodia, unio et consolidatio populorum, regula officiorum, exclusio et exterminatio vitiorum, violentiae et totius iniuriae pena"(*Policraticus*/D, VIII, 17, p. 303).

28) "군주는 공공선의 봉사자(publicae utilitatis minister)이자, 정의의 공복(aequitatis servus)이다. 그리고 그가 모든 침해와 잘못들 그리고 모든 범죄들을 적절한 형평을 가지고 처벌할 때, 그는 공인이 된다"(*Policraticus*/D, IV, 2, p. 65).

29) *Policraticus*/D, IV, 1, p. 59.

30) *Policraticus*/E, VII, 17, p. 163.; *Policraticus*/D, VIII, 17, 303.

31) *Policraticus*/D, VIII, 17, p. 305. 존은 같은 장의 조금 뒤에 다음과 같이 자세히 언급하고 있다 : "국가의 머리인 폭군은 악마의 형상이다. 국가의 영혼은 이단적이고 분열적이며 신성을 모독하는 성직자이다. 플루타르크의 표현을 빌리면, 이들은 신법에 대해서 전쟁을 도발하는 종교를 선호한다. 불의한 조언자로 구성된 국가의 심장은 불의의 원로원에 대비된다. 국가의 눈, 코, 입 및 비무장한 손은 악한 재판관이자 불법을 자행하는 악한 공직자이다. 국가의 무장한 손은 키케로의 표현에 따르면 비적으로 폭력을 행사하는 군인이다. 비천한 직업을 가진 국가의 발은 신의 가르침과 적법한 신적 제도에 대항하는 자들이다"(*Policraticus*/D, VIII, 17, pp. 311-313, 이희만[2010], 124쪽에서 재인용).

32) *Policraticus*/D, VIII, 17, 305.

보다 우선시한다는 것이다. 둘째, 자유의 억압. 신성하고 본성적인 가치인 자유를 허용하지 않고 지배자 개인의 자의에 따르는 것이 폭군이라는 것이다. 셋째, 폭력 사용의 정당화. 외부의 침입과 내부의 질서 보호를 위해서 필요한 공권력을 폭군 개인의 이익을 위해서 남용한다는 것이다.33)

군주가 법률에 기반하여 공익을 위해서 지배하지 않고 자신의 사익을 위해서 폭력을 자의적으로 행사할 때, 그는 폭군이 되는 것이다. 군주는 공익을 위해서 복무하는 공인(公人)인 반면, 폭군은 사익을 추구하는 사인(私人)이었던 것이다. 그리고 이렇게 군주가 사사화되는 데에는 욕망의 분출에 그 원인이 있다. 솔즈베리는 그것을 다음의 네 가지로 언급한다. 첫째, 과도하게 가지려고 하는 탐욕 등의 소유욕, 둘째, 사치욕, 셋째, 과도한 권력욕, 넷째, 명예욕.34) 이중에서도 권력욕은 가장 파괴적인 것으로 언급된다.35) 이러한 과도한 자기애와 욕구로 인해서 공익 대신 사익을 추구하게 되는 폭군은 국가에서 머리를 차지하는 자신의 위치로 인해서 몸체인 국가를 혼란에 빠트리게 된다. 솔즈베리는 이것을 질병의 상태로 비유한다. 수장이자 머리인 군주가 모범을 보이지 못하고 폭력과 자의를 통해서 자신의 사익만을 추구할 때, 다른 몸체의 부분들도 자신들의 이익만을 추구하게 된다. 군주가 법을 무시하고 폭정을 일삼을 때, 측근인 신하들은 직언보다는 아첨에 몰두하게 될 것이고, 몸체의 각 부분들인 국가의 각 계층들은 공익보다는 자신들의 안전과 이익만을 추구하게 될 것이다. 그리고 그 귀결은 혼란과 무질서가 될 것이다. 협동이 깨지고, 조화 대신 부조화가 생기게 되는 것이다. 그것을 통해서 몸의 건강은 깨지고 질병이 나타나는 것이다.

---

33) 이희만(2008), 279-280쪽.

34) *Policraticus*/E, VIII, 16, p. 188.

35) *Policraticus*/E, VIII, 16, p. 189.

이러한 의미에서 솔즈베리는 군주를 국가의 의사로 표현했던 것이다. 공동체의 의사(medicus rei publicae)라는 표현은 유기체의 비유 속에서만 나타날 수 있는 개념이다. 의사는 몸 전체의 건강을 신경 쓰는 사람이다. 그리고 그 건강은 몸체의 각 부분의 협동과 조화 속에서 나타날 수 있다.

국가 전체의 건강(salus reipublicae)이 확고하고 빛나게 되는 것은, 더 높은 지위에 있는 구성원들이 낮은 지위에 있는 이들에게 봉사할 때, 그리고 낮은 지위에 있는 이들은 높은 지위에 있는 이들의 법적 권한에 똑같이 응대하여, 각 개별 부분들은 다른 부분들의 상호 일부 같고, 모두가 그들 자신에게 이익이 되는 것은 다른 이들에게 가장 유용한 것이라고 인정하는 것에 의해서 결정된다는 것을 믿을 때이다.36)

몸의 건강이 부분들의 협동과 조화 속에서만 유지될 수 있다면, 머리로서 군주는 각 부분의 조화를 꾀해야 한다. 다시 말해서, 몸체로서 국가 전체의 안전과 번영을 위해서 군주는 전체의 관점인 public, 즉 공(公)의 관점을 유지하며 통치를 해야 한다는 것이다. 여기서 public과 common의 관계를 염두에 두어야 하는 군주의 역할이 나타나게 된다. 의사가 몸 전체와 부분의 관계를 염두에 두어야 몸의 건강을 책임질 수 있듯이, 군주는 몸 전체를 구성하는 부분들의 관계를 잘 조율할 수 있어야 한다. 몸 전체의 건강은 부분들의 협동과 조화에서 나오기 때문이다. 이때 전체는 public의

---

36) *Policraticus*/D, VI, 20, pp. 287-289. 또한 존은 자신의 다른 글에서 조화와 협동에서 인체의 건강이 확보된다고 적고 있다 : "인체의 구성원은 상호 봉사하고 모든 직책은 전체의 이익을 위해서 할당된다. 인체의 규모에 따라 크고 작은 조직이 있다. 그러나 이들 조직은 몸의 건강을 확보하기 위해서 결합되었다. 이것들의 영향력은 상이하나, (……) 모두가 동일한 목적을 위해서 일하고 있다"(Salisbury [1955], p. 111. 이희만[2010], 122쪽에서 재인용).

관점이고, 부분은 common의 관점이다. 이에 대해서 포스트는 법학자들의 구분을 빌려, 비록 utilitas communis와 utilitas publica의 의미가 종종 동일하게 사용되더라도, common 즉 communis는 개개 구성원들의 복리나 이익을 지시하는 데에 사용되는 것에 반해, publica는 개개 구성원과는 분리되어 사고되는 전체로서 국가라는 집합체의 이익을 지시한다고 말한다.37) 이렇게 볼 때, 솔즈베리의 군주는 common, 즉 부분의 조화 속에 public, 즉 전체 국가의 안녕이 구현될 수 있다고 보는 것이다. 그러나 군주는 국가의 public의 관점을 더 옹호하고 있다. 이는 단일체로서 공동체의 건강을 먼저 고려해야 한다는 입장에서 드러난다. 즉 솔즈베리는 몸체의 한 부분이 몸의 건강에 해로운 영향을 미칠 때 온화한 방법을 통해서 그것을 치유할 수 없다면, 그 부분을 도려내거나 제거해야 할 필요성에 대해서 언급한다.38) 전체를 위해서는 부분의 희생이나 제거가 용납될 수 있는 것이다.

## II. 솔즈베리의 존의 res publica와 공공선

근대 이전까지의 국가 개념은 그 인격성(personality)을 특징으로 한다.39) 고대 그리스 국가 개념의 인격성은 아리스토텔레스의 국가론에서 핵심적인 역할을 수행하는 그의 정체 유형론에 잘 나타나 있다. 아리스토텔레스에 의하면, 국가는 그것을 구성하는 일정한 영토와 주민들로 이루어지는 것이 아니라 정체에 의해서 규정되는데, 정체는 권력을 장악한 사

---

37) Post(1964), p. 20와 p. 379 참조.

38) *Policraticus*/D, VI, 8, p. 121 참조.

39) 맨스필드는 근대 국가의 특징을 비인격성과 중립성에서 찾고 있다(Mansfield [1983], p. 852).

람들에 의해서 그 성격이 결정된다. 아리스토텔레스의 유명한 정체 구분에서 그 기준을 차지하는 한 축은 바로 권력의 소유자로, 즉 1인인 군주, 소수인 귀족 혹은 다수인 민중으로 구성된다. 폴리스를 구성하는 폴리테이아는 군주정, 귀족정, 혹은 민주정 등으로 이루어지는 것이다.[40] 이러한 국가 개념의 인격성은 로마 시대의 국가 개념인 res publica로 이어진다. 키케로는 그의 유명한 국가 개념을 다음과 같이 구성한다.

국가는 인민의 것입니다. 인민은 아무렇게나 모인 일군의 사람들을 뜻하는 것이 아니라 법에 대해서 동의하고, 공동의 이익을 인정하고 동의한 사람들의 모임입니다.[41]

국가(res publica)는 인민의 것이라는 것이다. 한정되어 있는 특정 영토와 거기에 거주하는 주민들이 주권을 가지고 구성하는 국가가 아니라, 인민들의 일 혹은 이익이 res publica, 즉 국가라는 것이다. 따라서 로마에서는 국가 명칭이 res publica가 아니라 "누구의", 즉 그 주체를 명시하는 "로마 시민" 혹은 "로마 인민"인 populus Romanus였다. 따라서 res publica는 혼자서 쓰일 수 없었고, 다른 부가어와 같이 쓰이게 되었다. res publica Romana 혹은 그 상태를 의미하는 status와 같이 쓰였던 것이다. 특히 status rei publicae는 인민, 즉 populus의 어떤 상태가 아니라, 그것의 좋은 내적, 외적 구성을 말하는 규범적인 특성을 띠게 된다.[42] 그리고 이러한 좋은

---

40) 법사학자(法史學者) 베젤은 "그리스의 폴리스는 무엇보다도 시민들의 공동체였는데, 그것은 영토적(territorial)으로 이해되는 것이 아니라, 인격적(personalistisch)으로 이해되는 것이었다"라고 말하고 있다(Weber-Schäfer[2000], p. 622).

41) "res publica res populi, populus autem non omnis hominum coetus quoquo modo congregatus, sed coetus multitudinis iuris consensu et utilitatis communione sociatus"(*De re publica*, 1, 25, 39; Cicero[1977], 131).

42) 고대에서 중세 초기까지의 res publica 개념에 대해서는 Mager(1992), pp. 858-878 참조.

것 혹은 선의로서의 규범적인 의미는 res publica와 동의어로 사용된 salus publica, utilitas publica, bonum commune 등에서 잘 드러난다. 이것은 앞에서 언급된 res publica의 핵심으로서, populus의 구성이 공공선(utilitas commune)에 의존하기 때문이다.[43] 이러한 로마의 국가공동체를 공공선과 연결하여 사고하는 방식은 샤를마뉴 대제를 통해서 카롤링거 왕조로 계승된 Imperium Romanum의 부활을 통해서 중세에 다시 부활하게 되며, 그것을 잘 보여주는 것이 바로 솔즈베리의 존의 『폴리크라티쿠스』이다.[44] 그러나 솔즈베리는 자신의 유기체론을 통해서 이전의 국가론과는 조금 다른 것을 만들어낸다. 그것은 국가를 몸체로 파악하고 군주 등 사회의 각 부분들의 협동과 조화 속에 국가라는 통일체의 건강으로서 공공선을 사고하는 것이다. 이것은 인격주의적 국가관을 넘어 탈인격적인 국가 개념으로 나아가는 데에 중요한 기여를 한 것으로 평가받을 수 있다.

기독교적 세계관 속에서 고대 사상의 전통을 이어받은 솔즈베리의 존의 국가관은 앞에서 언급했던 로마적 사고의 영향을 받았다고 할 수 있다. 앞에서 보았듯이 로마의 res publica는 전체로서 인민의 일이기에 그것은 부분의 일이나 사익의 추구, 즉 res privata와 대비된다.[45] 이러한 res publica와 res privata의 대립은 『폴리크라티쿠스』에서도 그대로 나타난다. 그것은 군주와 폭군의 대립 구도로서, 이는 전자인 공인(persona publica)과 후자의 사적 자의(privata voluntas) 간의 대결로 나타나는 것이다. 군주는 법률에 스스로 복종하며, 공익과 형평의 수호자가 되어야 한다. 이것은

---

43) Mager(1992), pp. 858-856.

44) 세이빈은 솔즈베리의 이상이 키케로의 res publica의 이상이었다고 적고 있다(세이빈, 조지/솔슨, 토머스[1983], 395쪽).

45) 키케로는 그의 『국가론』에서 "도당의 권력 아래 있는 것은 국가라고 부를 수 없다"라고 말하고 있다(키케로, [2007], 244쪽).

자연인으로서 군주 개인의 사적 이익의 추구를 철저히 배제하는 것이다.

　개인들은 단순히 각자의 일에 신경을 쓰지만, 군주는 전체 공동체의 일에
　관심을 가진다.46)

　공공선의 봉사자(publicae utilitatis minister)이자, 정의의 공복(aequitatis servus)은 오직 국가를 위해서 존재하는 공인이었다. 이런 의미에서 존은 군주로부터 사적 이해관계를 불러일으킬 수 있는 재산마저 박탈한다. 다시 말해서, 군주는 자신이 소유하고 있는 부(富)를 군주 본인의 것이 아니라, 인민의 재산으로 보아야 한다고 말한다. 군주의 재산은 곧 국가 재정의 일부인 것이고, 국가 재정은 군주의 사적 재산이 아니라, 공적 재화인 것이다. 그것은 군주 개인의 것이 아니라, 인민들에게 귀속된 것이기 때문이다.47) 이제 군주는 사인(私人)으로서의 모든 것을 버려야 한다. 자신의 이해관계 대신 타인, 특히 낮은 위치에 있는 사람들을 포함하여 인민들의 보호와 그들의 이익 증진에 모든 노력을 경주해야 한다. 본인의 사적 소유물도 없고 그것은 모두 국가의 것이다. 아울러 통치를 하는 데에 있어서도 자신의 의지(voluntas)가 개입되면 안 된다. 오직 형평과 법률에 따라 통치를 해야 한다. 공공선과 형평을 위해서 사적인 것은 무엇이든 비워야 하는 순전한 공인으로 다시 태어나야 한다. 반대로 형평과 법률에 따르지 않고 자신의 사적 의지대로 자신만의 쾌락과 이익을 위해서 지배하는 자는 군주가 아니라 폭군이 된다. 그리고 그는 공공의 적(publica hostis)이 되는 것이다.48)

---

46) *Policraticus*/D, VI, 1, p. 59.
47) *Policraticus*/D, VI, 5. p. 93.
48) *Policraticus*/E, III, 15. p. 25.

그런데 이러한 국가, 나아가 공공선에의 복무는 군주에게만 요구되는 것은 아니다. 군주의 조언자들이나 측근들의 경우, 그들은 권력자, 즉 군주의 옆에 있기 때문에 권력을 남용하여 부와 그들의 탐욕을 채울 수 있는 위치에 있다. 그리고 이것은 낮은 지위에 있는 인민들을 착취하게 만드는 것이다. 존은 군주의 조언자나 관리들 같은 권력자들이 부패해서 탐욕적이 되는 것을 방지하기 위해서 국가가 공적으로 급여를 지불할 것을 제안한다.[49)]

아마도 이런 연유로 해서 가장 성실한 부모인 자연은 갈비뼈를 통해서 내장을 보호하고 속살의 외부 노출을 방지했을 것이다. 그리하여 이들 기관은 외부의 모든 공격으로부터 보다 안전하게 보호받게 되었다. (……) 이와 마찬가지로 자연의 창조의 의도를 보존하기 위하여 국가가 공공 기금에서 생계비를 지급하는 것은 필수적이다.[50)]

군주뿐만 아니라 군주의 조언자나 측근 관리 등도 공인이 되어야 한다. 그것은 사적 이익을 추구하는 것이 아니라 국가 전체의 공공선을 위해서 일해야 하는 것이다. 그런데 위의 인용문에서 언급된 내장 등 장기의 보호는 권력자의 전횡으로부터 국가유기체의 여타 구성원들의 보호를 꾀하는 것이라고 볼 수 있다. 공적 기금이나 국가의 급여 제공을 통해서 권력자를 사적 개인이 아니라 공공의 이익에 봉사하는 공인으로 만드는 것은 관리나 군주의 조언자 같은 국가 구성원 일부의 타락과 부패뿐만 아니라, 다른 계층에 대한 전횡 행사나 착취를 제어하는 역할을 한다고 볼 수 있다. 여기서 솔즈베리의 국가 전체를 하나의 유기체로 보는 사고를 엿볼 수 있다.

---

49) *Policraticus*/D, V, 10. p. 251.
50) *Policraticus*/D, V, 9. p. 237(이희만[2010], 130쪽에서 재인용).

『폴리크라티쿠스』에 나타나는 국가관의 특징은 몸체와의 비유 속에서 국가를 사고한다는 것이다. 그 몸체는 다양한 기능을 지닌 각 지절들로 이루어져 있다. 그중에서도 군주는 국가라는 몸체를 지배하는 머리의 역할을 하고 있다. 그러나 심장의 위치를 차지하는 원로원에서부터 발에 해당하는 농민층에 이르기까지, 그들은 그들 고유의 기능을 지니고 있다.51) 국가로서의 몸체(corpus rei publicae)가 그 좋은 상태로서 건강(salus)을 얻을 수 있는 것은 각 부분들 간의 협력과 조화 속이다. 그리고 그 협력과 조화는 각 부분의 이해관계만을 앞세우는 것이 아니라 전체, 즉 국가의 공공선을 우선시하는 데에서 나올 수 있는 것이다. 사익을 앞세우는 탐욕과 권력욕 등을 제어하고 타인과 인민에 대한 배려 그리고 관심에 대한 강조는 바로 공공선의 구현이라는 관점에서 이해할 수 있는 것이다. 이렇게 볼 때 몸체로서 국가의 건강은 부분의 건강의 합이 아니라, 각 지절들의 협동과 조화 속에서만 나올 수 있는 단일 몸체로서 국가의 건강인 것이다.

부분의 이익이라는 관점으로는 전체의 이익이라는 관점을 이해할 수 없는 것이다. 부분의 이익의 합이 전체의 이익이 될 수 없기 때문이다. 이로 인해서 국가라는 몸체를 책임져야 하는 군주는 스스로 부분의 관점을 버려야 한다. 그것은 사적 인간이나 사익의 관점을 철저히 버리고, 공인이자 의사의 관점과 능력을 지녀야 한다는 것이다.52) 이러한 의미에서 솔즈베리는 군주에게 서로 다른 두 가지의 행위를 소화할 수 있는 중용의 덕을 지녀야만 함을 강조한다. 그럴 때만이 조화와 균형을 이룰 수 있기 때문이다. 다시 말해서, 그것은 어느 때는 관용을 모르는 정의의 엄격함을, 그러나 다른 때는 자비로운 용서를 발휘할 줄 알아야 한다는 것이다. 이런 의

---

51) 이에 대해서는 *Policraticus* 제5권 및 제6권 참조.
52) 의사는 자기의 몸을 돌보는 자가 아니라 타인의 몸을 돌보는 자이며, 몸의 일부분이 아니라 몸 전체의 건강이라는 관점에서 진료를 하는 자이다.

미에서 군주는 엄격한 법집행과 관용을 잘 조율할 줄 아는 현악기의 조율사와도 같아야 하는 것이다.

그는 어떤 사람의 손톱이 너무 날카로우면, 이를 뽑을 것이 아니라 깎아야만 한다고 주장했다. 왜냐하면 만일 류트 연주자나 다른 현악기 연주자가 조율이 안 된 현을 교정하는 방법을 열심히 찾을 수 있고, 그 현을 다른 현들과 다시 조화시킬 수 있다면, 그러면 현들을 부수지 않고서 적절한 비율에 따라 현들을 조이거나 늘임으로써 가장 감미로운 화음을 얻을 수 있기 때문이다. (……) 하지만 현을 너무 팽팽하게 감는 것보다는 현을 느슨하게 하는 것이 확실히 안전하다. 왜냐하면 느슨한 현은 조율사의 기술에 의해서 팽팽해질 수 있으며, 그래서 그 현은 원래의 감미로운 음을 다시 낼 수 있으나 일단 부러진 현은 조율사가 고칠 수 없기 때문이다.[53]

솔즈베리의 존이 사고한 국가는 몸체로서 누구의 국가도 아니었으며, 공공선은 한 계층의 배타적 이익도 아니었다. 국가는 부분들의 상호관계 속에서 그것들을 포괄하는 다른 하나의 몸체로 나타나게 되며, 그 속에서 부분들의 이익과는 다른 국가의 공동선 개념이 나타난다. 이런 의미에서 솔즈베리의 유기체론에서 도출된 국가와 공공선 논의는 탈인격적인 국가 개념의 발전에 분명한 기여를 한 것으로 볼 수 있다.[54]

솔즈베리의 존이 생각한 국가는 하나의 몸체이다. 그리고 그것은 다양한

---

53) *Policraticus*/D, IV, 8. pp. 125-126(이희만[1997], 18쪽에서 재인용).
54) 캐닝은 탈인격적 국가 개념의 발전에 존이 기여한 바를 굉장히 제한적으로 인정한다. 그것은 존의 중세적 한계 때문인데, 존은 교회와 국가의 구분도 명확히 하지 않았을 뿐만 아니라, 성직자가 몸체인 국가의 영혼이라고 말했기 때문이다(Canning[1996], p. 113).

기능을 가진 지절들로 구성되어 있다. 위로는 군주부터 아래로는 농민까지 속해 있는 것이다. 군주부터 농민까지에 이르는 각 부분들은 국가의 구성요소일 뿐이다. 이들의 협동과 조화 속에 전체 공공의 이익이 산출되고, 그 공공의 이익은 거꾸로 부분들에게 행복과 이득을 가져다준다. 그러나 부분의 이익의 합이 전체의 이익은 아니다. 몸체로서 국가의 공공선은 부분들의 협동과 조화 속에 산출되는 독립적인 것이기 때문이다. 그런데 이러한 협동과 조화 속에서 나오는 공공선과 그러한 상태를 만들고 보전하기 위해서는 그럴 만한 자격과 능력이 있는 자가 필요하다. 이러한 역할을 부여받은 인물이 몸체의 머리로서 군주이다. 군주는 사인이 아니라 공인이어야 한다. 자신의 이해관계가 아니라 타인의 그리고 국가의 일을 먼저 생각해야 하는 자이다. 군주가 법을 무시하고 자의대로 사익을 추구하는 통치를 할 때, 국가는 혼란의 상태에 빠지게 된다. 그렇기 때문에 공인으로서의 군주는 공공선의 봉사자이니, 평평의 수호자여야 한다. 국가라는 통일체를 지배해야 하기 때문에 군주는 또한 그 공공복리(salus publica)라는 건강(salus)을 다루는 국가의 의사와도 같다. 그런데 그 건강은 부분이 아니라 전체를 다루는 것이다. 따라서 군주는 어느 한 입장이 아니라 전체의 입장에서 부분들의 조화를 가져와야 하는 조율자의 입장에 서야 한다. 그것은 법률 적용의 엄격함과 종교적 관용사이에서 중용의 능력을 필요로 한다. 솔즈베리의 존은 로마적인 res publica 개념과 공공선 개념을 국가유기체설에 접목시켜 고대의 인격적인 국가 개념에서 벗어나 탈인격적인 국가 개념의 발전에 공헌을 했다. 아울러 몸체의 머리로서 군주는 사적 이해관계가 부재하는 공인이 되었다. 국가의 모든 짐을 어깨에 짊어지게 된 군주는 이제 공공선의 이성으로서 국가 이성의 담지자가 되었다.[55] 아울러 군주는 한편으로 공공선의 논리에 제한을 받게 되었다. 다시 말해서, 공공

---

55) Post(1961), p. 22.

선이 군주의 올바른 지배를 판단하는 정당화의 논리가 된 것이다. 다른 한편으로, 군주는 공공선이 무엇인지 판단하고 결정할 수 있는 능력을 지닌 유일한 인물이 된 것이다.56)

---

56) Eberhard(1986), p. 245.

# 제2장

# 로마 법의 부활을 통한 법인체론과 res publica
## 사소페라토의 바르톨루스와 우발디스의 발두스를 중심으로

이 장에서는 중세에 로마 법의 수용을 통해서 일어난 국가관의 변화에 대해서 다룰 것이다. 특히 후기 주석학파(post-glossator) 혹은 주해학파(commentator)로 불리는 사소페라토의 바르톨루스와 그의 제자인 우발디스의 발두스의 논의를 중점적으로 살펴볼 것이다.

세이빈에 따르면, 로마 법에 나타난 국가 이론은 키케로의 res publica에 대한 정의에 잘 나타나 있다. 국가는 인민의 것인데, 그 인민은 아무렇게나 우연히 모인 집단이 아니라, 법과 권리 나아가 공동의 이익에 대한 합의를 전제로 모인 집단이라는 것이다. 이런 의미에서 "국가는 하나의 법인체(corporate body)"라는 것이다. 이러한 논리는 세 가지 결론을 낳는데, 그것은 "첫째, 국가와 그 법률은 인민의 공동 재산이므로 국가의 권위는 인민의 집단적 힘으로부터 생겨난다", 따라서 "인민의 복지는 통치에 우선한다"는 것이다. 둘째는 "진실로 정당하고 합법적으로 행사될 때의 정치권력은 인민의 집합적 권력"이라는 것이다. 마지막으로는 "국가 자체와 그 법률은 항상 신법 또는 도덕법 내지 자연법에 복종한다"는 것이다.[1] 그런데 로마 법의 집대성은 기원후 533년에 유스티니아누스 황제에 의해서 편찬

---

[1] 이상의 논의는 세이빈, 조지/솔슨, 토머스(1983), 277-278쪽 참조.

된 『유스티니아누스 법전』을 통해서이다.[2] 이 법은 시민법(Ius civile), 만민법(Ius gentium) 그리고 자연법(Ius naturale)이라는 각기 다른 세 가지 법을 인식하고 있었다.[3] 그런데 통치권과 관련하여 "학설휘찬"의 한 구절은 앞에서 보았던 키케로의 정치사상이 그대로 담겨 있다. 그것은 통치자의 권위는 인민으로부터 나온다는 것이다.

> 황제의 의사는 법적 강제력을 가지고 있다. 왜냐하면 수권법(授權法, lex
> regia)을 통과시킴으로써 인민은 그 자신의 권력과 권위를 모두 이양하여 황
> 제에게 그것을 부여했기 때문이다(*Digest*, 1.4.1).[4]

이는 황제의 권한과 그것의 기반으로서 인민의 동의를 동시에 언급하고 있는 것으로, 이후 중세에 정치적 변화에 따라 서로 다른 해석의 근거로 작용하게 된다.

로마 법의 전격적인 수용과 연구는 12세기 초 이탈리아 중북부, 특히 볼로냐 대학교를 중심으로 이루어졌다.[5] 이 시기에 로마 법 연구에 전념

---

2) 『유스티니아누스 법전』은 1. "칙법휘찬(Codex Constitutionum)", 2. "학설휘찬(Digesta, Pandectae)", 3. "법학제요(Institutiones)", 4. "신칙법(Novellae Constitutiones Post Codicem)" 으로 구성되어 있다(브리태니커 사전 참조 http://preview.britannica.co.kr/bol/topic.asp? article_id=b17a1534a). 『유스티니아누스 법전』이 Corpus iuris civilis로 불리게 된 것은 16 세기부터로, 중세에는 Corpus iuris로 불렸다고 한다(Canning[1996], p. 188).

3) 시민법은 로마 시민권을 가진 시민들에게만 적용되었던 법으로서 "특정 국가의 제정법이나 관습법"과도 같은 것이다. 반면 만민법은 로마가 영토를 확장해가면서 이민족에 적용시킬 법의 필요성으로 만들어진 것이다. 모든 민족에게 적용시킬 수 있는 법이기에 공통의 원리에 기반한다는 측면에서 이성과 자연에 근거하는 것으로 여겨졌다. 반면 자연법은 "인간 본성에 부합하는 하나의 궁극적 원리"에 기반하며 "모든 형태의 실정법의 정당성의 근거"가 되는 법이라고 할 수 있다(세이빈, 조지/솔슨, 토머스[1983], 280-282쪽 참조).

4) 세이빈, 조지/솔슨, 토머스(1983), 285쪽.

5) 로마 법에 대한 연구는 1050년경 아말피에서 "학설휘찬"이 발견되고 나서 획기적인 전기를 맞이했다. 물론 그 이전 시기에도 로마 법에 대한 지식이 전무했던 것은 아니다. 관습법이나

한 이들을 주석학파(註釋學派, glossator)라고 부른다. 이들은 "로마 법 원문을 해석하면서 법전의 행간이나 여백에 주석을 달거나 단어를 설명하는 방법을 채용했기 때문에" 주석학파라고 불린다. 스키너에 의하면 "소위 주석학파를 규정하는 특징은 『유스티니아누스 법전』의 자구에 절대적으로 충성하는 것이었다."6) 이르네리우스로부터 시작하여 『표준 주석(*Glossa ordinanaria*)』을 편찬한 아쿠르시우스에서 절정에 도달한 주석학파는 로마 법의 재해석을 통해서 현재의 문제를 해결하려고 하기보다는 전문용어의 단순한 설명이나 법원(法源)의 개별적인 부분들을 상호 결합하고 모순을 해소하려고 하는 시도 등을 통해서 주로 학문적인 연구에 치중했다.7)

주석학파의 로마 법 해석에서, 당시의 정치적인 상황과 관련해서는 왕의 권위에 대한 해석이 주를 이루었다. 이것은 로마 법에 나타난 "왕은 법의 지배를 받지 않는다(princeps legibus solutus est)"(*Digest*, 1.3.31) 혹은 "왕의 마음에 드는 것이 법률이 되다(quod principi placuit legis habet vigorem)"(*Digest*, 1.4.1) 같은 구절들의 해석과 관련이 되는 것이었다. 법학자들은 로마 법에 명시된 "왕의 권력이 법에 의해서 제한받지 않음"과 "왕은 법의 구속을 받지 않음"을 침해하지 않았다. 그러나 이는 자의적 지배로 인해서 왕이 폭군으로 변할 수 있음을 뜻했기 때문에 왕은 법의 구속을 받지 않지만 더 높은 가치이기도 한, 실정법보다 상위의 법인 신법이나 자연법의 지배하에 있으며, 법을 지키고자 하는 이성과 의지가 있음을 천명했다. 즉 "왕은 법의 지배를 받지 않는다"라고 하는 구절을 건드리지 않은 채 왕을 법에 구속시키려고 하는 입헌주의적 노력을 경주했던 것이다.8)

---

교회법 혹은 게르만 법 등에 고대 로마 법의 흔적들이 남아 있었기 때문이다. 그러나 원전의 발견은 로마 법 연구에 새로운 활기를 불어넣었다(김영희[2007]. 235-236쪽).

6) 스키너(2004), 89-90쪽.

7) 코잉(1981), 337-338쪽 참조.

8) Pennington(1993), pp. 84-85 참조.

이런 의미에서 이르네리우스는 "법률의 제정에 있어서는 황제가 반드시 원로원과 상의하여야 한다고 믿었"던 것이다.[9] 아쿠르시우스 또한 군주는 자발적으로 법에 복종해야 함을 명시하고 있다.[10]

주석학파의 작업에 기대어 로마 법을 더 이상 주석에만 한정하지 않고 현실의 문제에 적용시키려고 한 법학자들이 나타났다. 주석학파들은 주석이라는 작업의 한계에 머물러 로마 법과 현실의 상황이 대립할 경우 현실에 맞게 법을 적용시키려고 하기보다는 로마 법에 맞추어 현실을 설명하려는 한계를 가지고 있었기 때문이다. 이런 맥락에서 현실의 문제에 더 주목한 이들이 나타났다. 그들은 "법과 사실이 충돌한다면 법이 사실에 맞도록 수정되어야 한다는 생각을 기본 바탕으로 삼았다."[11] 이들은 후기 주석학파 혹은 주해학파라고 불린다. 이들이 의지할 수 있는 자료는 이제 로마 법뿐만 아니라, 주석학파의 작업들도 있었다. 주석학파의 주 활동 무대가 볼로냐 대학교였다면, 주해학파의 활동 무대는 페루자였는데, 그 중심에는 바르톨루스와 그의 제자 발두스가 있었다. 이하에서는 법학자들이 국가 개념의 형성에서 수행한 중요한 기여 중의 하나인 법인체론(universitas; corporation)을 중심으로 바르톨루스와 발두스의 국가론을 살펴볼 것이다.

법인은 인간 사회의 발달로 자연인으로서 인간 개개인뿐만 아니라, 인간들이 모여 상업 및 여타 군집 활동들을 하면서 나타나는 집단이나 단체들의 활동을 법률 영역에 포함하기 위해서 고안된 개념이다. 즉 법인은 "법률에 의하여 권리 능력이 인정된 사람의 집합[社團] 또는 재산의 집합[財團]"인 것이다. 이때 "권리 능력이 인정된다는 것은 어떤 단체나 재단 그 자체가 권리, 의무의 주체가 된다는 의미이지 단체의 구성원이나 관리자 개인

---

9) 모랄(1983), 73쪽.

10) Pennington(1988), p. 431 참조.

11) 스키너(2004), 92쪽 참조.

에게 권리, 의무가 귀속된다는 의미는 아니다."12) 다시 말해서, 자연인에게만 귀속되는 권리와 의무의 주체 자격을 단체에 부여하는 것이다. 이런 의미에서 법인은 법에 의해서 그 권리와 의무가 부여된 의제(擬制)적 인격, 즉 persona ficta인 것이다. 법인체나 조합의 영어 단어인 corporation이나 독일어 표현인 Korporation에서 볼 수 있듯이, 그 어원은 전부 라틴어 corpus에서 온 말이다. 이런 의미에서 법인이라는 법적 표현도 인간이 군집을 이루는 정치, 사회 집단을 표시하는 정체론과 깊은 연관이 있다.

로마의 정치가이자 철학자였던 세네카는 corpus를 다음의 세 가지 의미로 나누었다.13) 첫째, 단일의 연속적인 몸체로서 인간의 몸을 들 수 있다. 둘째, 결합체로서 배나 가옥처럼 여러 가지 구성물이 결합된 것이다. 셋째, 군대, 인민, 혹은 원로원처럼 구분되고 분리되어 존재하는 구성 부분들이 뭉쳐 만들어진 몸체이다. 이는 후에 "학설휘찬"에 다음과 같이 정리되어 나타난다.

물체에는 세 가지 종류가 있다. 그 하나는 하나의 영에 의하여 유지되고 그리스어로 단일체라 불리는 것으로 사람, 목재, 돌 등과 같은 것이다. 그 둘은 결합한 것들로 이루어지는, 즉 상호 부착하는 다수의 것들로 이루어지고 합성체라 불리는 것으로 건물, 배, 장롱과 같은 것이다. 그 셋은 분리된 것들로 이루어지는 것으로, 즉 결합되지는 않았으나 하나의 명칭에 복속하는 다수의 물체로서, 예컨대 국민, 군단, 축군(畜群)과 같은 것이다(Digest. 41.3.30).14)

---

12) 브리태니커 온라인, "법인" 항목 참조(http://preview.britannica.co.kr/bol/topic.asp?article _id=b09b1547a).

13) 이하의 언급은 Najemy(1995), p. 239 이하 참조.

14) 최병조(1995), 194쪽 참조.

첫 번째 것은 분리 불가능한 단일체(unitum)라고 할 수 있다. 두 번째 것은 건물이나 배같이 함께 묶인 것들로 구성된다. 세 번째 것은 인민이나 군단처럼 분리된 것들로 구성되나 전체로 하나의 이름으로 불린다. 법인과 관련해서 연관되는 것은 세 번째의 corpus이다. 이것은 중세와 르네상스 시기에 전형적으로 나타났던 다음의 두 가지 현상과 관련된다. 그 하나는 이탈리아의 상인회사를 지시하는 것이다. 상인회사들은 서로 다른 자본을 가지고 투자한 사람들로 구성되었다. 지분들의 양이 서로 다르고 그 회사가 자신들의 공동 재산이 아님에도 불구하고 그들로 구성된 회사는 그것을 외부에 대해서는 하나의 법적 인격체로서 내세워야 했다. 각 투자자가 아니라, 회사가 계약의 주체가 되는 것이다. 두 번째는 길드(Guild)들과 그 연합들이다. 그것은 법적 인격체(juridical person)라는 측면에서 가상적인(fictive) 것이었다. 중세에 결사체들을 지시하는 일반적인 용어로는 universitas가 있었다. 이 universita의 개념은 법학자들에 의해서 신체 개념을 통해서 설명되었다. 이는 "학설휘찬"에 나타나는 "universitas는 하나의 신체를 가지도록 허용된 결사체"(Digest, 3.4.1)라는 언급에 근거하는 것이었다.[15] 이러한 법인체론을 통해서 인간들의 모임인 집단은 독립된 주체로서의 권리를 부여받았을 뿐만 아니라, 그 구성원을 대표하는 권한도 가지게 된 것이다.

## I. 바르톨루스의 국가론

로마 법에 기대어 당시 사회를 파악하고자 했던 로마 법학자들에게 가장 중요한 정치적 문제 중의 하나는 로마 황제권에 대한 것이었다. 당시 실제로 신성 로마 제국의 황제가 존재했을 뿐만 아니라 그들이 로마 법에

---

15) Najemy(1995), p. 240 참조.

기대어 실질적 지배권을 주장하고 있었기 때문이다. 황제는 세계의 주인 (dominus mundi)이었던 것이다. 그러나 이탈리아 북부와 중부 지역의 도시국가들은 이미 실질적인 독립권을 유지하고 있었고, 신성 로마 제국 내의 문제로 인해서 이탈리아까지 신경을 쓸 여력이 없던 황제는 이 지역에서 이미 지배권을 상실한 지 오래였다. 그러나 법률상으로 존재하는 로마의 황제권과 실질적인 독립을 유지했던 이탈리아 도시국가의 상황 속에서 법학자들은 문제를 해결할 열쇠가 필요했다.16)『유스티니아누스 법전』에 명시된 바에 의하면 자유도시(municipia)의 지위를 누릴 수 있는 것은 그들의 법적 권리를 인정하는 황제의 승인이 있어야 했다.17) 따라서 주석학파나 초기 주해학파의 법학자들은 황제권과 이탈리아 자치도시의 문제를 해결하는 데에 큰 어려움을 겪고 있었다. 이에 바르톨루스가 사용한 논리는 de jure와 de facto의 논리이다. 즉 '법률상'과 '실제상'의 차이를 인정하는 것이다. 다시 말해서, 법률상으로 자치도시들은 더 높은 권위인 황제에게 종속되어 있다는 것이다. 그러나 실질적으로 독립권을 누리고 있다면, 그것은 사법권 및 정당한 통치권을 행사할 수 있는 정당성이 있다는 것이다. 실제상으로(de facto) 진정한 주권, 즉 merum imperium을 행사해왔다면 주권이 그들에게 있다는 주장은 타당하다는 것이다.18) 이는 법적 권리나 의무 그리고 권위가 실재 사실에서 도출됨을 적극적으로 인정하는 것이다. 제국이라는 보편적 영토 안에서 그동안 특수 혹은 개별 권력을 인정하지

---

16) 바르톨루스 또한 중세 성기(盛期)부터 후기까지 이어지는 중세 정치 지형의 핵심 문제에 대해서 침묵할 수 없었다. 그것은 그 지배권이 유일자인 하느님에게서 유래했다고 보는 중세의 두 보편권력들인 교황과 황제 간의 대립이었다. 바르톨루스는 교황과 황제는 서로 다른 통치 영역과 그 속에서 각각 통용되는 서로 다른 사법권을 가진다고 말한다 (Woolf[1913], 제2장 제1절 참조). 중세 보편권인 교황과 황제의 대립에 대해서는 이 책의 제2부 제1장 참조.

17) Canning(1996), p. 168 참조.

18) 스키너(2004), 95쪽.

않던 전통에서 이제 벗어나고 있음을 의미하는 것이다.

이에 바르톨루스는 예전에는 로마에만 적용 가능했던 res publica의 의미를 확장하여 네 가지로 구분한다. 첫째, 보편 제국 전체로서의 res publica, 둘째, 로마 국가(res publica romanorum)로서 res publica, 셋째, 도시국가(civitas) 그리고 마지막으로 자치도시(municipium)로서 res publica이다.[19] 그런데 이렇게 res publica로 불릴 수 있으려면 다른 무엇보다도 자치권을 입증할 수 있는 것이 중요했다. 그것은 재정권(財政權)을 소유하는가 그리고 스스로 법을 만들 권한이 있는가 등과 관련이 되어 있었다. 이를 위해서는 더 높은 권위자에 의지하여 도시의 통치가 이루어지지 않음을 주장해야 했다. 이런 의미에서 이탈리아 도시국가의 자치권을 옹호하기 위해서 법학자들은 프랑스 왕이 이미 예전부터 황제로부터의 독립권을 정립하기 위해서 사용한 "왕은 그의 왕국에서는 황제와 같다(rex in regno suo est imperator)"라는 논리에 기대게 된다. 그런데 이탈리아의 도시국가에서는 프랑스와는 달리 왕이 존재하지 않고, 인민들의 자치가 이루어지고 있었다. 더 높은 권위체인 황제나 왕에 의지하지 않는 자립체로서 civitas sibi princeps인 것이다.[20] 다시 말해서, 더 높은 권위를 인정하지

---

19) Woolf(1913), p. 119 참조.

20) 바르톨루스는 법제정의 기반으로서 최고권자, 다시 말해서, 황제의 "의지" 대신에 도시국가의 인민들의 "동의"를 주장한다. 이러한 법제정의 기반으로 의지 대신 동의를 가져올 수 있었던 것은 로마 법에 이미 그러한 조항이 있었기 때문이다 : "성문법률이 없는 사안들에 있어서는 mores와 consuetudo에 의해서 확립된 규칙을 준수하여야 한다. 그리고 어떤 경우에 이것이 결하는 때에는 그것에 가장 가깝고 또 그것에 합치하는 규칙을 준수하여야 한다. (……) 고래의 consuetudo는 상당한 근거를 가지고 법률로서 지켜지는 것인데, 이것이 mores에 의해서 확립된 법이라 불리는 것이다. 왜냐하면 법률들 자체도 다른 이유가 아니라 그것이 국민의 결정에 의해서 승인되었기에 우리를 구속하는 것이므로, 또한 어떠한 성문규정 없이 국민이 승인한 것도 모두를 구속하는 것이 정당할 것이다. 왜냐하면 국민이 표결로서 자신의 의사를 선언하는 것과 행위와 행동 자체로서 하는 것 사이에 무슨 차이가 있는가? (……)"(D. 1.3.32. 최병조[1995], 84쪽에서 재인용)

않는 도시국가(civitas quae superiorem non recognoscit)에서는 자유로운 인민(populus liber)들의 지위가 인정되는 것이며, 이는 황제가 소유했던 입법적 권력을 일정 지역 내에서 독립적 지위를 누리는 도시국가의 인민들에게 부여하는 것이다.[21]

그런데 바르톨루스 같은 법학자들은 실질적으로 자치권을 가지고 있었던 당시 이탈리아의 도시국가를 아리스토텔레스의 폴리스(polis)적인 의미에서 파생하는 국가가 아니라, 법인체(universitas)로 파악한다. 법인체는 다양한 인간들로 구성된 하나의 몸체로 그 집단을 파악한다는 것이며, 또한 그것은 오직 지성으로만 인지할 수 있는 추상적인 통일체이다. 사실 법인체론은 로마 법에서 사람들의 집단으로서 단체의 법적 구성 요건이나 법적 행위를 표현하는 것이었다.

동업조합도, 직업단체도, 또 이들과 유사한 단체(corpus)도 구별 없이 모두에게, 이를 결성하는 것이 인정되는 것은 아니다. 즉 법률과 원로원의결과 원수의 칙령들에 의하여 이 일이 규제되는 것이다. 아주 적은 경우에만 이러한 종류의 단체들이 인정되었다. 가령 징세수급조합의 구성원들 또는 금광, 은광, 동광의 동업자들에게 단체를 결성하는 것이 허용된 것처럼, 또한 로마에는 그들의 단체가 원로원의결 및 원수의 칙령들에 의하여 확인된 일정한 직업단체들이 있다. 예컨대 제빵업자 기타 및 선박업자들의 것과 같은 것인데, 이것들은 또한 속주들에도 존재한다. (1) 그런데 직업단체, 동업조합 또는 동종의 어떤 다른 단체의 명목으로 단체를 결성하는 것이 허용된 자들에게는 공공단체(도시)를 본떠서 공통의 재산을 가지는 것이 고유한 것이다. (……)(D. 3.4.1. pr/1)[22]

---

21) Canning(1988b), p. 471 참조.

22) "Neque societas neque collegium neque huiusmodi corpus passim omnibus habere

이러한 법인체론은 주석학파들에게도 그대로 전해지는데, 주석학파의 경우 법인체를 그 구성원들과는 다른 하나의 법적 단일체로 파악하기보다는 그 구성원들과 동일시하는 경향이 있었다. 그러나 주해학파의 일원인 바르톨루스에 와서는 법인체를 구성원들 및 그들의 합과는 다른 하나의 단일체이자 법적 주체로서 법적 권한을 지닌 것으로 파악된다.[23]

이때 법인체로서 도시국가는 법률적 행위주체가 되는데, 그 구성원들을 매개로 행위하며 그 자연인들로서 생로병사라는 유한성을 지닌 구성원들과는 다르게 법인체는 멸하지 않고 지속적이라고 상정되어진다. 도시국가의 정부 구조에 대한 묘사에서 법인체로서 도시국가에 대한 바르톨루스의 생각이 가장 잘 나타난다. 그는 인민들의 총회에서 도시의 지배기구로서 평의회를 선출해야 하며, 평의회는 도시의 관리를 선출하는 것으로 이해했다. 이런 의미에서 바르톨루스는 "평의회는 인민의 마음을 대변한다"라고 말했던 것이다.[24]

독립적인 지위를 지니는 법인체로서 도시국가에 대한 바르톨루스의 관점은 그의 『도시국가 정부론(*Tractatus de Regimine Civitatis*)』에 잘 나타나 있다. 정부 형태를 일곱 가지로 구분하는 바르톨루스는 아리스토텔레

---

conceditur: nam et legibus et senatus consultis et principalibus constitutionibus ea res coercetur. paucis admodum in causis concessa sunt huiusmodi corpora: ut ecce vectigalium publicorum sociis permissum est corpus habere vel aurifodinarum vel argentifodinarum et salinarum. item collegia romae certa sunt, quorum corpus senatus consultis atque constitutionibus principalibus confirmatum est, veluti pistorum et quorundam aliorum, et naviculariorum, qui et in provinciis sunt. ∫ 1. Quibus autem permissum est corpus habere collegii societatis sive cuiusque alterius eorum nomine, proprium est ad exemplum rei publicae habere res communes, (……)"(D. 3.4.1. pr/1)(최병조[1995], 197쪽에서 재인용).

23) 이러한 법인체론은 "법인은 단지 그곳에 있는 구성원들에 지나지 않는다(universitas nil aliud est nisi homines qui ibi sunt)"라고 말한 아쿠르시우스 같은 주석학파의 법인론보다 진일보한 것이라고 볼 수 있다(Canning[1988b], pp. 473-474 참조).

24) "Consilium repraesentat mentem populi"(Canning[1988b], 475쪽에서 재인용).

스의 정체 구분에 의존한다. 따라서 정체 구분의 기준은 지배자의 수와 그들이 무엇을 위해서 지배하는가, 즉 지배자들만의 사익인가 아니면 공공선인가이다. 이에 따라 좋은 정부는 1인이 공공선을 위해서 지배하는 왕정(regnum), 소수의 뛰어난 인물이 공공선을 위해서 지배하는 귀족정(aristocratia; regimen senatorum), 다수의 인민이 공공선을 위해서 지배하는 정부(regimen ad populum)이다. 나쁜 정부는 1인이 자신만을 위해서 지배하는 폭군정(tyranni), 소수가 그들의 안위만을 위해서 지배하는 과두정(oligarchia) 그리고 다수가 그들만의 이익을 위해서 지배하는 중우정(democratia)이 있다. 이러한 전통적인 여섯 가지 정체 구분에 더해 바르톨루스는 아리스토텔레스도 알지 못했던 일곱 번째의 가장 나쁜 정부를 추가한다. 그것은 바로 당시의 로마에 존재하는 도시국가로 교황이 부재하여 질서가 부재하는 괴물과도 같은 정부(regimen monstruosum)인 것이다.[25] 이렇게 나쁜 정부는 전부 폭군정이라고 부를 수 있다고 말하는데, 한 사람의 폭정이건, 소수 혹은 다수의 폭정이건 문제는 지배자의 개별 이익이 아니라, 공동의 이익을 추구해야 함을 강조하고 있다. 좋은 정부들과 나쁜 정부들을 구분하는 기준은 바로 공공선(bonum commune)의 추구에 있다.

> 우리는 통치자가 개인의 복지보다 공공의 복지에 더 관심을 가질 때, 그의 정부를 좋은 정부이며 폭정이 아니라고 말하고, 통치자 개인의 이익에 더 관심을 둘 때, 우리는 그것을 폭군의 정부라고 부른다.[26]

한편 바르톨루스는 좋은 정부 형태들 중에서도 최선의 것을 왕정, 그

---

25) Bartolo da Sassoferrato(1983), p. 152참조.
26) 사소페라토의 바르톨루스(2003), 53쪽 참조.

다음은 귀족정 그리고 마지막으로 인민의 정부를 들고 있다. 그런데 바르톨루스는 그 정부의 형태를 고대 로마의 정체 변화의 과정을 예로 들면서 설명하고 있다. 로마의 초기 도시국가 시기에 왕이 내쫓기고 나서 세 개의 정부 형태가 있었다는 것이다. 그 첫 번째는 인민에 의한 정부로 아리스토텔레스의 용어를 빌리면 policratia로, 인민을 위한 정부라는 것이다. 그리고 두 번째 정부가 바로 원로원에 의한 정부이다. 사려 깊고 뛰어난 귀족들의 지배체제였고, 본인들만의 이익이 아니라 공동선을 목표로 했다. 그리고 세 번째 정부 형태가 한 명에 의한 지배체제로, 왕정이라 불렸으며 보편적 지배권을 가졌을 때 그것은 제국이 되었던 것이다. 그런데 이 세 가지 좋은 정부체제 중에서 왕정이 가장 좋은 이유는 그것이 평화와 시민들의 통합을 가져오는 데에 가장 적합하기 때문이다. 복수의 사람들보다는 한 사람의 의지에 의해서 인도될 때 더 쉽게 통합에 다가갈 수 있다는 것이다. 그런데 바르톨루스가 단일 의지에 의한 인도가 최선임을 주장할 때 사용하는 유비관계가 바로 법인체론의 몸체 비유이다. 그는 "전체 도시는 하나의 인물 혹은 인격이며, 단일의 인위적이며 상상된 인격"이라는 것이다27). 자연인의 몸이 하나의 머리와 다양한 지절들로 구성되는 자연의 이치가 그러하듯이, 도시도 그렇게 통치되면 좋다는 것이다. 왕정에서 하나의 완벽한 통합이 가능할 수 있기에 최선의 정치체제라는 것이다.

그런데 바르톨루스는 이러한 가장 좋은 정치체제라는 일반론에 이어 좀 더 구체적이고 상황에 맞는 정치체제에 대한 설명을 이어나간다. 그는 도시 혹은 인민을 크기에 따라 세 가지로 나누고, 그것에 적합한 정치체제를 언급한다. 우선 규모가 큰(magna in primo gradu) 도시국가, 두 번째는 규모가 보다 큰(maior in secundo gradu) 도시국가 그리고 세 번째로 규모가

---

27) "Sed tota civitas est una persona et unus homo artificialis et ymaginatus,(……)"(Bartolo da Sassoferrato, "Tractatus de Regimine Civitatis", in Sassoferrato[1983], p. 154).

가장 큰(maxima in tertio gradu) 도시국가이다. 첫 번째의 규모가 큰 국가에는 왕정이 어울리지 않고, 다수의 인민을 위한 정치체제가 더 적합하다고 말한다. 왕정이 이러한 규모의 도시국가에 생기면 그 규모의 부족함으로 인해서 왕은 그 씀씀이로 인한 재정 수입이 부족하게 되어 폭군이 될 수밖에 없다는 것이다. 이런 점에서 로마는 도시국가 초기에 왕들을 몰아낼 수밖에 없었다는 것이다. 반면에 이러한 규모의 도시에서 대부분이 부자들인 귀족들이 지배하게 되면, 당시 이탈리아 중부의 도시인 시에나에서처럼 인민들의 분노를 사기 쉽게 되거나, 피사에서처럼 음모와 모함 등으로 인한 내전상태가 발생할 것이다. 하지만 로마에서는 이러한 크기일 때 그에 적합한 인민을 위한 정치체제가 들어와서 국가가 성장할 수 있었다. 이는 당시 페루자에서도 볼 수 있는 것으로, 인민을 위한 정치체제 덕분에 페루자가 평화 속에 통합을 누리면서 발전과 번영을 누릴 수 있었다고 쓰고 있다.[28]

두 번째로 규모가 좀더 큰 도시국가에서는 한 사람의 왕이나 다수에 의한 지배는 어울리지 않는다고 말한다. 왕정의 부적합성은 앞에서 이야기된 것과 동일한 이유에서이고, 다수에 의한 지배가 적합하지 않은 것은 그 수의 사람들을 통합하는 것이 무척 어렵기 때문이라고 말한다. 때문에 소수의 선하고 부유한 사람들에 의한 귀족정이 적당한데, 이는 로마 도시국가가 성장하면서 원로원이 생기고 그것에 모든 권력이 주어졌다는 것을 통해서 입증된다고 말한다. 당시 이탈리아의 도시국가 중에서는 베네치아와 피렌체가 이에 적합하다고 바르톨루스는 보고 있다.[29]

세 번째로 규모가 가장 큰 도시국가는 그 안에 이미 하나의 제국을 만든 국가이며, 다른 많은 도시국가들과 지방들을 지배하고 있는 국가로, 이에

---

28) Sassoferrato(1983), pp. 162-164.
29) Sassoferrato(1983), pp. 164-165.

는 왕정이 적합하다고 말한다. 이는 로마 제국이 좋은 예인데, 로마는 광대한 영토를 확장하고 나서 한 사람, 즉 황제에 의한 지배체제로 변화했던 것이다.[30]

지금까지의 논의를 정리해보면, 바르톨루스는 당시 그가 살고 있던 중북부 이탈리아의 도시국가라는 문제 속에서 사고했다. 법률상의 최고권자인 황제와 실제로 자치권과 최고 권력을 행사하고 있었던 도시국가의 상황 속에서 법학자로서 둘 사이의 모순을 "법률과 실제(de jure-de facto)"를 분리함으로써 해결하고자 했다. 이로 인해서 당시 이미 실제로 자치권과 주권적 힘을 가지게 된 도시국가를 법학 및 정치학적으로 인정하는 결과를 가져오게 했다. 또한 법학자로서 도시국가를 법인체로 파악하고, 그 구성원들을 대표하여 하나의 단일체 및 통일체로서 법적 권한을 가진 주체로 파악할 수 있는 길을 놓았다. 로마 법의 전문적인 주해학자답게 바르톨루스는 res publica와 공공선 간의 관계에 주목하여 법인체로서 도시국가의 좋은 정치체제는 공동선의 추구에 있음에 주목했다. 이를 통해서 res publica에 법인체의 성격을 부여하게 되었고, 인민들의 집합인 법인체로서 도시국가의 행동에 정당성을 부여하는 것은 공공선의 추구에 있음을 근거 지웠던 것이다. 그런데 이러한 논의는 바르톨루스의 제자인 우발디스의 발두스에 의해서 좀더 심화 발전하게 된다.

## II. 발두스의 국가론

### 1. 법인체론

중세의 위대한 법학자로 불리는 바르톨루스의 제자로서 발두스는 그의

---

30) Sassoferrato(1983), pp. 165-166.

스승의 논의들을 발전시켰다. 그중에서도 중요한 것은 법인체론이라고 할 수 있다. 발두스는 그의 스승을 따라 중부, 북부 이탈리아의 자립적인 도시국가들을 정치적 법인체의 중요한 형태들 중 하나로 파악했다. 이러한 도시국가들을 구성하고 있는 것은 시민들로 구성된 인민(populus)이었고, 이들은 법인체 구성의 핵심 요소였다. 당시 인민은 보통 다음의 세 가지 의미를 지니고 있었다. 첫째, 시민들의 조합, 둘째, 시민권을 얻기 위해서 거주하는 외국인과 단순 외국인들을 포함하는 특정 지역 거주민들, 셋째, 귀족과 구분되는 도시의 한 계층이었다. 이 셋째 경우에서 발두스는 인민이 정부권력을 잡을 때 인민은 전체로서 시민공동체와 일치한다는 것을 명확히 한다. 다시 말해서, 인민이 그러한 위치에 있을 때 시민들의 통합된 몸체를 구성할 수 있다는 것이다. 그러나 발두스는 시민의 구성에 대한 자세한 설명을 수행하지는 않는다. 그는 정확한 개념 규정 없이 "인민"을 지시하는 일반적 의미로서 populus를 사용하고 있는 것이다.[31]

그러나 시민들로 이루어진 법적 단일체로서 인민에 대한 규정은 주해학파와 발두스의 공헌이라고 할 수 있다. 그들 이전의 중세법학자들은 조합을 하나의 단일체로 파악했으며, 그것은 조합의 실제 구성원들로 이루어진다고 보았다. 따라서 universitas는 두 가지의 측면을 지니고 있는데, 하나는 단일체이며, 다른 하나는 다수의 사람들로 구성되어 있다는 것이다. 이는 법인체를 그 구성원들과 구별되는 하나의 법적 실체이자 그것을 구성하는 사람들로 볼 수 있게 만들었다. 그러나 주해학파 이전에는 엄밀한 규정에 어려움을 겪고 있었고, 실제로 주석학파 같은 경우는 법인체를 그 구성원들과 동일시하는 경향을 보이고 있었다.[32] 그러나 발두스는 법적 구성체로서 populus에 대한 개념 규정을 명확히 내리고 있다. 즉, 그는 추

---

31) Canning(1987), pp. 185-186.
32) Canning(1980), p. 12.

상적인 법적 단일체로서 법인체와 그 실제 구성원들 간의 관계 속에서 populus, 즉 인민은 그것을 구성하는 개별 인간들과 단순히 동일시될 수 없다는 것이다. 인간들이 하나의 단일체로 집합적으로 구성된 것이다.

"학설휘찬"의 3.4.7 조항에 대해서 "인민은 사람들 이외의 다름 아니다"라는 주석을 단 것은 중요하지 않다. 왜냐하면 그것은 사람들을 집합적으로 이해해야 하기 때문이다. 따라서 분리된 개인들은 인민을 구성할 수 없다. 정확히 말하면 인민은 사람들이 아니라, 신비적이고 추상적인 몸체화된 사람들의 집합이다. 따라서 그것의 의미는 지성에 의해서 발견되어온 것이다.[33]

인민(populus)은 단순히 한 공동체의 개별 구성원들이 아니라, 하나의 신비화된 몸으로, 집합적으로 구성된 사람들(hominum collectio in unum corpus mysticum)인 것이다.[34] 그런데 발두스는 이러한 인민은 단일체로서 법적 행위와 그것을 수행하는 의지를 지니고 있다고 본다. 이것은 앞에서 바르톨루스에 대한 설명에서 이미 언급했듯이, 자립적인 도시국가가 더 높은 권위체를 인정하지 않고 스스로 법률을 제정할 수 있는 능력이 있는지에 대한 고민에서 나온 것이다.

이탈리아 도시국가의 자립성과 주권적인 위치는 그들이 스스로 법을 제정할 수 있는지와 세금을 부과할 수 있는 재정의 자립성을 가지고 있는가에 달려 있었다. 스스로 법을 제정할 수 있는지는 인민들이 법을 제정할 권한을 가질 수 있는지의 여부에 달려 있었다. 왜냐하면 이탈리아 중북부의 도시국가들은 법적(de jure)으로는 최고권자인 황제의 지배하에 있지만

---

33) Baldus, ad C. 7.53.5, in Commentaries on the Digesta and Codex, 1-9, Pavia, 1495 (Canning[1987], p. 187에서 재인용).
34) Kantorowicz(1965), pp. 319-320.

실질적(de facto)으로는 자립적인 도시국가의 인민들이 법률을 스스로 만들고 있었기 때문이다. 그런데 바르톨루스를 비롯한 주해학파가 보여주고 있듯이 인민의 암묵적 동의(tacito consensus populi)에 의한 법률제정권에 대한 인정은 이미 "학설휘찬" D. 1.3.32에도 나온 것이다. 이와 더불어 로마뿐만 아니라 모든 민족은 그들의 고유한 법과 그것을 제정할 권한을 가지고 있다는 "학설휘찬"의 구절 또한 로마가 아닌 이탈리아 중북부 도시국가의 법률제정 권한을 인정하는 중요한 근거로 작용한다.

> 법률과 관습의 규율을 받는 모든 민족들은, 한편으로는 자기들의 고유한 법률을, 다른 한편으로는 모든 인간에 공통되는 법을 가지고 산다. 왜냐하면 어떤 민족이든 스스로에게 법을 제정했기 때문에, 그것은 그 시민들의 고유한 법이며 시민법이라 이른다. 말하자면 그것은 그 시민들의 고유법과 마찬가지이다. 한편 자연적인 이성이 모든 인간들 사이에 제정한 것은, 모든 인간들 사이에서 동등하게 준수되며 만민법이라 이른다. 말하자면 모든 민족들이 이 법을 가지고 사는 것과 같다.35)

만민법에 의하면 이제 인민들은 자신들의 법률을 제정하기 위해서 다른 더 높은 권위를 필요로 하지 않는 것이다. 그러한 권한은 인민들에게 내재해 있는 것이나 마찬가지이다 : "따라서 인민들이 스스로를 위해서 법률들을 제정할 수 있는지 알아보자. (……) 이제 그러한 법률에 더 높은 권위가

---

35) "Omnes populi, qui legibus et moribus reguntur, partim suo proprio, partim communi omnium hominum iure utuntur. nam quod quisque populus ipse sibi ius constituit, id ipsius proprium civitatis est vocaturque ius civile, quasi ius proprium ipsius civitatis: quod vero naturalis ratio inter omnes homines constituit, id apud omnes gentes pereque custoditur vocaturque ius gentium, quasi quo iure omnes gentes utuntur"(D.1.1.9 [Canning(1987), p. 99에서 재인용]).

필요한지 알아보는 것이 남아 있다. 인민들은 만민법에 의하고, 한 인민의 정부는 만민법에 적용되기에 더 높은 권위가 필요치 않은 것처럼 보인다. 그러나 정부는 법률과 법규 없이 존재할 수 없다. 따라서 한 인민은 그 이유로 존재하고, 그 존재의 일부로 정부권력을 가지고 있다. 이는 모든 동물이 자신의 정신과 영혼에 의해서 지배되는 것과 같은 이치이다."36) 만민법을 기반으로 하여 스스로 법률을 제정할 수 있는 권위와 권력을 가진 인민을 인정한 발두스는 거기서 멈추지 않고 더 나아간다. 그는 정부가 인민의 존재에 필수적인 부분을 구성한다고 말한다. 인민의 존재와 정부를 분리하는 것은 상상할 수 없다는 것이다. 그리고 그러한 정부 구성의 정당성은 바로 만민법에서 나오는 것이다. 이제 인민은 더 이상 더 높은 권위를 인정할 필요가 없게 되고 스스로를 통치할 수 있게 되는 것이다.

만민법에 의해서 권한을 인정받은 인민은 이제 발두스의 법인체론을 통해서 법의 제정 권한을 지닌 주체로 나타나게 된다. 다시 말해서, 법적 권리를 지닌 하나의 인격체로 나타나게 되는 것이다.

"학설휘찬" D. 35.1.56에 나오듯이 모든 인민 집단은 하나의 단일 인격으로 간주되어야 한다. 그것은 또한 법인체적 인격이며 한 인격으로 이해되지만, "학설휘찬" 46.1.22에서처럼 인민 같은 다수의 몸체들로 구성되어 있다. 그리고 이 인격은 한 인간에 상응하며 개별 몸체로 생각될 수 있다. (……) 따라서 "인격"이라는 단어는 때로는 개인에게, 때로는 법인체에게, 때로는 수장이나 수도원장 등에게 사용된다.37)

이러한 인격체는 두 가지 성격을 가진다. 하나는 다수의 사람들에 의해

---

36) Baldus, ad. D. 1,1,9 (fol. 9r-9v)(Canning[1987], pp. 104-105에서 재인용).
37) Baldus, Ad C.6.26.2 (Canning[1987], p. 189에서 재인용).

시 구성되는 하나의 인격, 즉 법인체적 인격이나. 다른 하나는 이러한 추상적인 인격은 죽지 않는다는 것이다. 그것은 생몰(生沒)하는 자연인으로서 시민들로 구성되어 있지만, 그 시민들이 자손들을 통해서 계속 이어나가는 한 그 공동체는 존속하기 때문이다. 법인체로서 도시국가는 법인체적인 단일 인격(a persona univeralis)이며, 영속적인 인격(a persona perpetua)인 것이다.38) 그리고 이러한 자치도시의 인민들은 법의 제정 권위를 가진 주권자로서 나타나며, 그 구성원들은 법인체로서 인민들을 대신하여 통치에 참여하게 되는 것이다. 법인체로서 입법권력을 가진 인민 아래에서 행정장관이나 행정관들은 인민의 관료로서 행동하고, 인민의 의지를 구성하는 역할을 수행하는 것이다. 행정관들은 인민의 통치기구인 것이며, 그들은 궁극적으로 인민의 권위에 의해서 임명된 관리들인 것이다.

## 2. res publica론

발두스는 이렇게 완벽히 자립된 구조를 갖춘 공적 법인체를 res publica로 부른다. 입법적 권위를 더 이상 공동체 외부의 더 높은 권위에 의존하지 않는 것이 그 중요한 전제조건 중 하나라면, 다른 하나는 재정적 독립이라고 할 수 있다.

발두스는 대체로 그의 스승인 바르톨루스를 따라 res publica를 국가 일반에 적용시키려고 하고 있으며, res publica의 등급을 나누는 데에도 동의를 하고 있다. 그러나 바르톨루스는 4분화하는 데에 비해, 발두스는 바르톨루스의 네 번째 res publica인 자치도시(municipium)를 res publica에서

---

38) 그런데 더프에 의하면 로마 법에 나타난 "인격(persona)"이라는 개념은 법률적 인격이라는 의미로 쓰이지 않았다고 한다. 그럼에도 몇몇 구절에서 인격 개념이 법인체에 적용되어 나타나기에 중세 법학자들은 이런 해석을 할 수 있었다고 한다. 따라서 발두스에 의하면 이 점은 중세 법학자들의 독특한 해석이라고 한다(Duff [1983][Canning (1980), p. 15에서 재인용]).

제외시킨다. 따라서 발두스에게 res publica는 다음의 세 가지로 나타난다.

res publica라는 개념은 세 가지 방식으로 사용된다. 첫째, 제국의 신앙심 있는 자들의 총 결합, 혹은 제국 전체 ; 둘째는 로마 도시의 res publica ; 셋째는 도시국가 일반이다. 따라서 res publica는 때로는 그 머리와 지절들을 같이 의미할 때도 있고, 때때로 그 머리만을, 즉 도시 로마를 홀로 지시할 때도 있다. 그리고 때로는 다른 지절들만을 의미하기도 한다.[39]

발두스는 주권적인 위치에 있는 공동체를 res publica의 반열에 포함시키고 있는 것이다. 이때 주권적인 공동체는 국고, 즉 fisc를 소유하느냐의 여부에 따라 결정된다. 이에 따라서 발두스는 단순한 municipium을 res publica에서 제외시키고 있다 : "국고는 황제 혹은 왕 혹은 도시국가의 재원과 같다. 자치도시들은 비록 그들의 공동 재원을 가지고 있다고 할지라도 국고라고 할 것을 가지고 있지 않다."[40] 여기서 또 주목할 점은 발두스는 자치와 주권성을 구분하는데 후자는 세금을 징수할 수 있는 권한이 있는 경우에 국한된다. 세금징수권 같은 국고를 유지할 수 있는 권한은 법인체의 주요한 권력 중의 하나이고, 이는 법인체로서 도시국가이자 res publica의 특징을 나타내는 것이다.

법인체로서 res publica를 바라보는 것은 주권적 정치공동체를 바라보는 것으로 확장되고, 이는 res publica를 도시공화국이 아니라 왕정에서도 찾아볼 수 있게 만든다. 왕정보다는 도시공화정에 대해서 좀더 많은 관심을 기울인 바르톨루스와는 달리 발두스는 왕정에 대해서도 그의 논의를 전개한다. 왕정은 만민법에 의해서 그 고유의 지위를 가진다는 것이다.[41] 아울

---

39) Baldus, Ad D.V., Const. "Omnem"(fol. 2r)(Canning[1987], p. 124에서 재인용).
40) Baldus, Ad C.7.73.Rubr. (fol. 283r)(Canning[1987], p. 124에서 재인용).

러 왕은 그 지역의 인민들에 의해서 뽑힌 것이기 때문에 만민법에 의해서 정당성을 가진다는 것이다. 여기에 더해 발두스는 왕국에 대해서 그의 법인체 이론을 적용시킨다. 왕정은 단순히 그 영토로만 이루어진 것이 아니라, 그것을 구성하고 있는 인민들로 이루어져 있다는 것이다. 그리고 이러한 인민들의 구성물로서 왕국은 그 구성원들과는 다른 추상적 측면을 지니는데, 그것은 그들의 생몰과 관계없이 계속해서 유지된다는 것이다. 나아가 왕국의 권위를 가지고 있는 왕은 그의 자연적 육체의 죽음과 관련 없이 대를 이어 전수되는 직위로서 왕위라는 것을 가지고 있게 된다. 왕은 자연적 몸과 더불어 비자연적인 왕위라는 지위를 가지고 있는 것이다.

하나의 왕국에서 죽지 않는 직위와, 왕들이 죽었을 때조차도 살아남는 왕국이라는 법인체 혹은 국가(res publica)는 고려되어야만 한다. 왜냐하면 국가는 죽을 수 없기 때문이다 ; 그리고 이 이유로 국가는 스스로 영원히 살기 때문에 계승자를 가지지 않는다고 말해진다.[42]

발두스는 여기서 왕의 두 가지 신체들에 대해서 이야기하게 된다. 왕이라는 하나의 인격체에 전혀 다른 두 가지 종류의 인격이 구현되는 것이다. 그 하나는 인간이자 생몰하는 인격이고, 다른 하나는 그의 권위와도 일치하는 추상적이고 영원히 존재하는 법적 인격이다.[43]

---

41) 법학자들이 각 정치공동체, 특히 왕국의 자치권을 주장하기 위해서 인용한 로마의 만민법(Ius gentium)이 나타난 구절은 다음과 같다 : "이 만민법에 의하여 전쟁이 도입되고, 제 민족들이 구분되고, 왕국들이 창건되고, 소유권이 분별되고, 토지의 경계가 설정되고, 건물들이 건축되고, 통상권, 매매, 계약, 채권채무가 창안되었다"(D.1.1.5. 최병조[1995], 130쪽에서 재인용).

42) Baldus, Cons., I.359, (fol. 109v)(Canning[1987], p. 215에서 재인용).

43) 왕의 두 신체에 관한 논의는 Kantorowicz(1957) 참조. Baldus에 관해서는 pp. 397-400 참조.

두 가지 것들이 왕에게서 동일하게 나타난다 : 그의 인간적 인격과 그가 의미하는 것(즉 그의 권위)이다. 그리고 지성과 연결되는 어떤 것인 그러한 의미화는 육체적인 방식이 아니라 신비적인 방식으로 영원히 유지된다. 비록 왕이 숨을 거두더라도 그것은 중요할까? 왕은 확실히 두 인격체의 장소이다.[44]

이제 육신을 가진 왕은 왕의 권위 혹은 지위를 수행하기 위한 수단이나 기구에 다름 아닌 것이 된다. 그것은 추상적이며 공적인 왕이 왕의 행동의 주요 기반이 되는 것이다. 그는 왕의 직위를 행할 때 더 이상 개인적이고 육신을 가진 사적 인간이 아니라, 왕의 권위를 지닌 왕위의 인격화로서의 왕으로 행동하는 것이다. 이때 왕이 행동의 제일 원리로 삼아야 하는 것은 그가 대변하는 법인체로서 불멸하는 왕국(respublica regni)인 것이다. 왕을 왕으로 만드는 것은 바로 그에게 왕의 권위를 부여하는 왕국이 있기 때문이다. 주권적인 자치도시국가의 경우, 국고가 중요한 문제였던 것처럼 왕국의 경우에도 그것은 res publica의 핵심을 이루는 것이었다. 왕국에서 국고는 왕의 개인적인 사금고(私金庫)가 아니라, 법인체로서 왕국(respublica regni)의 일부였던 것이다. 영원히 존재하는 법인체의 일부로서 국고도 지속적으로 존재하는 것으로 파악되는 것이다. 따라서 발두스는 국고를 "국가의 영혼"이라고 부르며, 법인체로서 국가에서 한시도 부재할 수 없는 것이기에, "동시에 어디에나 존재하는 것"이기 때문에 그것은 "신을 닮았다"고 적고 있다.[45]

이런 점에서 공적인 것으로서 국고의 존재는 res publica 개념의 탈인격적 성격을 드러내고 있다.[46] 국고는 개인적인 신체를 가진 왕에게 속한

---

44) Baldus, Cons., III.159,n.5, fol.45v(Kantorowicz[1957], p. 400에서 재인용).

45) Kantorowicz(1957), p. 184.

46) Walther(1976), p. 118.

것이 아니다. 그것은 왕권이나 왕위라는 직위를 구현하는 왕을 가능하게 하는 법인체로서 국가에 속하는 것이다. 국고의 존재는 탈인격적인 국가의 존재를 가능하게 하는 것이며, 탈인격적인 국가가 있어야 공적인 제도로서의 국고는 존재 가능한 것이다. 아울러 이것은 국왕에게 공공선의 추구가 제일 목표가 되도록 할 수 있었다. 개인으로서의 국왕이 아니라, 법인체로서 국가를 대리하는 국왕은 자신의 사적인 재화가 아닌 국가의 금고로서, 즉 공공선의 상징으로서 국고를 위해서 일해야 하는 의무를 가지게 되는 것이다.

이처럼 발두스는 res publica를 법인체 이론과 결합시켜 자치권과 주권을 행사하는 국가공동체에 적용한다. 이탈리아 중북부 지역에서 정부를 장악하고 자치권 및 법률제정권뿐만 아니라 자체적인 세금 부여를 통해서 스스로의 국가 재정을 운영하고 있었던 도시국가를 res publica로 파악한다. 여기에 법인체론을 적용하여 인민의 단체로서 도시국가를 파악하여 그 법적 주체성과 권리를 인정하게 한다. 이러한 법인체로서 도시국가의 통치는 인민의 의지를 대행하는 정부 관료들에 의해서 수행된다. 그들은 인민들의 단일체로서 법인체를 대행하여 행동하는 것이기 때문에 관리들의 사적 이익이 아니라, 법인체로서 국가의 이익을 위해서 행동해야 하는 것이다. 그들은 대표하고 대리하는 것이기 때문에, 법인체로서 국가를 대리하여 행동하는 첫 목표는 공공선의 추구이다.

이러한 논의는 발두스가 또다른 주권적인 공동체로 본 왕국에까지 적용된다. 왕국은 사적인 왕, 개인의 것이 아닌 것이다. 왕국은 왕국의 인민들로 구성된 법인체인 것이다. 이러한 왕국의 인민들은 그들 고유의 법을 통해서 왕을 임명한 것이다. 다시 말해서, 그들을 대표하도록 동의를 통해서 권력을 위임한 것이다. 로마 법학자인 발두스가 보기에 이는 만민법에 근거한 것이기에 정당한 것이다. 법인체로서 왕국을 대표하는 왕은 두 가지의 신체를 가지는 것이다. 하나가 자연적인 신체라면, 다른 하나는 왕권에 의지하는 법률적이고 추상적인 신체이다. 전자는 생몰하는 반면 후자는 법인체와 같이 영속적이다. 이렇게 법인체 이론에 근거해 왕의 두 가지 신체를 논한 발두스는 왕을 자연적인 신체보다는 왕권에 의존하여 왕위를 수행하는 인격으로 본다. 사적인 왕은 공적인 왕에 전적으로 종속되어야 하는 것이다.

> 왕이라는 사람은 지성적으로만 인지 가능하고, 공적인 인격의 기관이자 수단이다 ; 그리고 그 지성으로 인지 가능한 공적인 인격은 행동의 주요한 원천이다.[47]

따라서 공적인 인격으로서 왕은 자신의 사적인 이익이 아니라 국가의 공적인 복리(salute reipublicae)를 위해서 복무해야 하는 것이다.[48]


법학자들로서 바르톨루스와 발두스는 자신들이 살고 있었던 이탈리아 중북부 도시국가의 법률제정권에 대한 문제를 해결하는 것이 가장 큰 과제였다.[49] 로마 법학자들인 그들에게 법률상으로는 여전히 황제의 권력이 그들의 도시국가를 지배하고 있었기 때문이다. 그러나 이들은 실제와 법률상을 구분한다. 오랫동안 부재하고 있었던 황제의 권력은 더 이상 의미

---

47) Baldus, Cons., 3.159, ed. Venice, 1575(Canning[1996], p. 173에서 재인용).
48) Canning(1987), p. 219.
49) 바르톨루스와 그의 제자 발두스는 여러 가지 측면에서 공통점을 가지고 있다. 예컨대 "법률상(de jure)-실제상(de facto)"의 논리를 사용하는 점은 공통점이라고 볼 수 있다. 그러나 바르톨루스는 당시 이탈리아 도시국가의 군주정 형식을 지닌 시뇨리아를 폭군정으로 보고 비판했지만, 발두스는 그렇지 않았다. 실제로 1390년에는 밀라노의 군주인 잔갈레아초 비스콘티의 부름을 받기도 했다. Walther(1990), p. 128 참조.

가 없기 때문이다. 법률상으로는 황제권을 인정하지만 실제로 자치권과 법률제정권을 누리고 있었던 자치도시국가의 권리 또한 인정했던 것이다. 이렇게 도시국가의 자치권을 인정하면서 바르톨루스와 발두스는 도시공동체 전체에 법적 권리와 행위 능력을 지닌 지위를 부여할 필요가 있게 되었고, 그 이전까지 자치권과 최고 권력을 누리는 국가에 부여하는 res publica 개념을 도시국가에도 적용했던 것이다. 한편 자체적인 법률제정권 및 최고권을 지닌 법적 주체로서 도시국가를 파악하기 위해서 도시국가에 법인체 이론을 도입하게 된다.

이렇게 바르톨루스와 발두스는 res publica에 대한 파악에 법인체 이론을 도입함으로써 중세 후기 국가 개념에 새로운 전기를 마련했다고 볼 수 있다. 법인체 이론을 통해서 국가는 이제 그 구성원들의 합을 넘어서는 단일체로 나타나게 되었다. 아울러 국가는 법적 그리고 추상적 구성물로서 단일 의지를 가지고 법적 행위를 할 수 있는 주체로 나타나기 시작했다. 이것을 통해서 이전의 국가를 그 구성원의 단순한 집합으로 바라보거나 권력자의 부속물로 바라보던 인격적인 규정을 탈피하는 계기를 마련했다. 아울러 법인체로서 국가는 법제정 권력과 국고를 다루는 재정권을 가진 대내외적인 주권체로서 나타나기 시작했다. 또한 res publica로서 법인체 이론을 도시공화정뿐만 아니라 왕정에도 적용시켜 왕의 두 가지 신체라는 논의를 만들어내게 된다. 사적 개인으로서 왕이 아니라, 국왕은 왕권과 왕위를 지닌 공적인 인물이라는 것이다. 그리고 이러한 공적 인격으로서 왕은 자신의 사익이 아니라, 공익을 위해서 복무해야 한다. 도시 전체 인민의 법인체인 도시국가와 왕국 전체 인민의 법인체인 왕국을 공히 res publica로 파악하여, 그 핵심을 공공선의 추구로 파악했던 것이다. 대외적인 자립권과 대내적인 법률제정권 및 정치제도 그리고 독립적인 국고와 재정 시스템을 갖춘 res publica는 그 공동체 구성원의 합이 아닌 하나의 단일체이면서 탈인격적인 성격을 띠게 된다. 공화정 성격을 띠는 도시국가의 행정관이나 관료 혹은 왕국의 국왕도 단일체이며, 법인체인 국가를 대표하여 일하는 일부이며, 그 일꾼일 뿐이다. 그들은 사적인 이익이 아니라 국가 전체의 공공선을 추구해야 한다. 공공선은 행동과 판단의 지침이 되는 것이다. 이렇게 법적 능력을 지닌 단일의 행동체로서 법인체 개념의 국가 적용과 그것의 행동지침으로 공공선을 부여함으로써 바르톨루스와 발두스는 국가 개념의 탈인격화에 기여했다.

# 제3장

# 아리스토텔레스 『정치학』의 부활

## 토마스 아퀴나스의 국가론을 중심으로

13세기 중반 이후 라틴어로 번역되어 중세 유럽에 본격적으로 소개된 아리스토텔레스의『정치학』은 중세 후기 정치사상에 결정적 영향을 미치게 된다. 우선 아우구스티누스의 전통 속에서 세속국가를 부정적으로 바라보던 것을 넘어서 국가를 적극적으로 인정하게 된다. 이는 국가가 인간 세계에서 가지는 역할을 인정할 뿐만 아니라, 단순한 인정을 넘어서 그 지배체제의 구조에 대한 적극적인 사고로 나아갈 수 있게 했던 것이다. 아울러 아리스토텔레스의『정치학』의 다양한 번역본의 출간과 함께 정치체 일반과 다수가 공익을 위해서 지배하는 특수 정치체를 가리키던 politia 라는 용어가 res publica로 대체되게 된다. 이를 통해서 res publica는 이전의 자치권과 최고권을 누리던 정치공동체 그리고 인민이건 군주건 공공선을 위해서 복무해야 하는 규범적 지향점으로서 국가라는 일반적 의미를 탈각화시키며, 일인 지배체제로 왕정과 대비되는 공화정의 의미를 지니기 시작한다. 이하에서는 중세에 아리스토텔레스 정치사상의 수용과 그 전파에 결정적 역할을 수행한 토마스 아퀴나스(1224/1225-1274)의 국가론을 살펴볼 것이다. 그것을 위해서 우선 아퀴나스 이전의 중세 국가론을 아우구스티누스를 중심으로 간단히 살펴보고, 이후 아리스토텔레스의 정치사상과 국가론에 대해서 간략히 언급할 것이다. 그러고 나서 아퀴나스의 국가론을 그의 『군주 통치론(*De regimine principum ad regem Cypri*)』을 중심으로 그의 다른 저서들과 함께 살펴볼 것이다.[1] 『군주 통치론』의 논의를 통해서 아리스토텔레스 정치학이 중세 후기 국가론에 미친 영향을 살펴본 후, 아리스토텔레스 정치학의 서로 다른 번역을 통해서 나타난 res publica의 의미 변화를 간략히 살펴볼 것이다.

아리스토텔레스의 발견 이전까지 중세의 국가론을 규정했던 것은 아우구스티누스의 『신국론』의 국가관이었다. 그의 세속국가관은 한마디로, 국가는 죄의 산물(産物)(propter peccatum)이라는 것이다.[2] 지상의 국가는 "저급한 인간 본성의 지상적이고 탐욕적이며 소유적인 충동에 기초하는" 것이기 때문에 유한하며, 멸망할 수밖에 없다.[3] 죄로 인한 타락으로 인해서 인간이 인간을 지배하게 된 것이 바로 세속국가라는 것이다.[4] 신의 말씀과 신의 도시로부터 멀어진 지상의 국가는 "자기애(self-love)에 이끌리며 성서가 육신(flesh)이라고 부르는 것을 좇아" 살아가는 것이다. 사유재산, 노예제, 정부 등 국가의 전형적인 제도들은 죄로 인해서 타락한 인간들을 억압하고 강제하기 위한 제도들인 것이다.[5] 이렇듯 아우구스티누스

---

1) 일반적으로 『군주 통치론』은 저자가 두 명으로 알려져 있다. 토마스 아퀴나스와 루카의 톨로메오(1236-1327)가 그들로, 아퀴나스가 제2권 제4장 제7절(II, 4.7)까지 저술했고, 루카의 톨로메오가 그 뒤를 이어서 나머지를 저술했다고 인정되고 있다. 이에 대해서는 Aquinas(1997), 참조.

2) 아우구스티누스의 국가론에 대해서는 세이빈, 조지/솔슨, 토머스(1983), 311-318쪽 및 박의경(2011) 참조.

3) 이러한 세속국가의 유한성은 로마에도 적용되는 것이다. 사실 『신국론』의 저술은 410년 알라리크가 이끄는 서고트족에 의해서 로마가 약탈당하자 로마인들이 그 원인을 기독교에 돌리는 것에 대한 대응으로 시작되었고 볼 수 있다. 아우구스티누스가 보기에 로마의 멸망은 기독교 때문이 아니라 오히려 좀더 기독교적이지 못한 데에 문제가 있었던 것이다.

4) 『신국론』 제19권 제15장.

에게 세속국가와 그 정치 제노는 본질적으로 부정적인 것이었다. 그것은 그 자체로 인정되고 긍정되는 것이 아니라, 단지 원죄로 인해서 타락한 인간들이 이 세상에서 그나마 질서를 수립하고 살아가는 데에 도움이 되는 부수적인 것일 뿐이었다.

그런데 이렇게 하느님의 나라 혹은 신국에 부수적이며, 단지 부정적인 의미만을 지니고 있던 세속국가에 적극적인 의미를 부여하게 된 것이 바로 아퀴나스를 통해서였다. 이러한 과정이 물론 아리스토텔레스의『정치학』의 재발견만을 통해서 이루어진 것일 수는 없다. 13세기에는 이미 유럽에서 사회, 경제적인 발전을 통해서 새로운 사상의 기반이 마련되었기 때문이다. 이를 김병곤은 다음과 같이 간략하게 표현하고 있다.

사회의 안정과 그에 따른 인구의 증가 및 경작지의 확대는 잉여 생산물을 낳게 하고 이것은 교환경제와 상공업을 꽃피우게 했다. 상업의 발달과 함께 도시도 성장했고, 상인, 수공업자들이 핵심이 되어 형성된 도시를 통해서 새로운 사회계층이 형성되었다. 새로운 도시에서 상공업에 종사하는 사람들은 봉건제도로부터의 해방을 위해서 서약으로 단결하고, 코뮌(commune)을 형성했다. 당시 대부분의 도시가 12세기 중엽까지 자유와 자치권을 획득했고, 신분과 경제활동의 자유가 주어졌으며 영주재판권이나 교회법으로부터도 해방되었다. 중세 상인과 수공업자는 길드 조직을 형성하고 이를 통하여 경제활동에 종사했다. (……) 당시의 사회적 변화에 있어 또 하나 중요한 것은 대학의 등장이다. 대학은 12세기 후반부터 13세기 초에 걸친 시기에 학생 혹은 교사조합으로부터 출발하여 중세의 지적생활을 담당하는 새로운 중요한 조직이 되었다.[6]

---

5) 포르틴(1992), 288-289쪽.
6) 김병곤(1995), 313쪽.

안정된 사회 상황 속의 정치, 경제, 사회 제도의 발달은 인간의 사회를 긍정적으로 바라볼 수 있게 하는 계기를 마련했고, 대학과 도미니코 수도회 같은 탁발 수도회를 통한 학문 연구 풍토의 발달은 아리스토텔레스의 수용을 가능하게 하는 배경을 마련했던 것이다. 그러면 아퀴나스의 국가론을 살펴보기 전에 이전의 중세적 국가론과는 전혀 다른 기반을 제공한 아리스토텔레스의 정치사상에 대해서 잠깐 살펴보도록 하자.

아우구스티누스에게 세속적인 것, 나아가 세속국가가 신적인 것과의 관계 속에서 그 의미를 가지는 부수적이고 종속적인 것이라면, 아리스토텔레스는 국가공동체를 인간 본성에 자연스러운 것이고, 그 자체로 자립적인 것으로 파악했다. 아리스토텔레스에게 지상의 모든 사물은 그 완성태를 지향하게 마련이다. 그런데 인간 공동체의 완성된 상태는 자족하는 상태일 때 가능하고 그것은 국가에 의해서만 이루어질 수 있다. 따라서 국가는 "자연의 산물이며, 인간은 본성적으로 국가공동체를 구성하는 동물"인 것이다.[7) 인간을 정치적 동물로 파악한 것은 국가를 인간의 자연적 본성의 발현이자, 그 본성의 실현 공간으로 파악한 것이다. 인간은 정치공동체를 떠나서는 살 수 없는 존재이며, 그 속에서만 자신의 목적인 행복한 삶을 찾을 수 있는 존재인 것이다. 아울러 이러한 행복한 삶은 시민들의 덕의 함양과 정치공동체에의 적극적인 참여를 통해서 이루어 질 수 있는 것이다. 이렇게 아리스토텔레스는 정치공동체와 인간의 필연적인 관계와 그 속에서 사는 시민들의 행복한 삶과 덕 있는 삶의 관계를 논했다고 볼 수 있다.

이와 더불어 아리스토텔레스 국가론의 또다른 중요한 주제는 바로 정

---

7) 아리스토텔레스(2009), 20쪽. 이 밖에도 아리스토텔레스의 정치사상에 관해서는 세이빈, 조지/솔슨, 토머스. (1983), 165-212쪽 ; 김동하(2011), 177-216 ; 페터 베버-셰퍼(2008), 42-68쪽 참조.

| 목적<br>지배자의 수 | 공익 | 사익 |
|---|---|---|
| 일인 | 왕정(basileia) | 참주정(tyrannis) |
| 소수 | 귀족정(aristokratia) | 과두정(oligarchia) |
| 다수 | 혼합정(politeia) | 민주정(demokratia) |

치체제론이다. 즉, 인간의 행복한 삶의 필수적 기반으로서 정치공동체를 어떻게 구성해야 최선의 정체를 만들어낼 수 있는가이다. 아리스토텔레스는 정치체제를 분석함에서 지배자의 수(數)와 지배자들이 무엇을 위해서 지배하는지, 즉 지배의 목적에 따라서 올바른 정체와 타락한 정체를 구분한다. 전자는 일인, 소수, 다수로 나누어지며, 후자는 사익과 공익으로 나누어진다. 즉, 지배자(들)가(이) 공익을 위해서 지배하면 올바른 정치체제이고, 사기를반의 사익을 위해서 지배하면 잘못된, 즉 타락한 정치체제이다. 이를 정리하면 다음과 같다. 한 사람의 지배자가 공익을 위해서 지배하면 왕정, 소수의 뛰어난 능력을 가진 자들이 공익을 위해서 지배하면 귀족정, 다수의 인민이 공익을 위해서 지배하면 혼합정이다. 반면에 그 각각의 타락된 형태는 참주정, 과두정, 민주정이다. 이것을 표로 정리하면 위와 같다.[8]

그런데 아리스토텔레스는 이러한 정체들의 지배자들을 이루는 소수와 다수의 구분은 사회경제적인 계층의 개념으로 파악한다. 즉, 소수는 부자일 수밖에 없으며, 가난한 자들은 다수일 수밖에 없다는 것이다. 이런 의미에서 "민주정체와 과두정체의 진정한 차이는 가난과 부"라는 것이다.[9]

---

8) 아리스토텔레스(2009), 151-152쪽. 아리스토텔레스 정체론에 대한 간략한 정리는 김경희(2011), 244-245쪽 참조.

9) 아리스토텔레스(2009), 1279b 34.

그런데 가난한 자와 부자의 갈등은 정체의 변동을 수반하게 된다. 이러한 계층 간의 갈등으로 인한 정체 변동을 제어하고, 안정적인 정치체제를 구축하기 위해서 아리스토텔레스는 혼합정론을 주장한다. 한 계층이 권력을 독점하고 그들만의 사익을 추구할 때, 정치체제는 타락할 수밖에 없는 것이다. 그리고 이는 여타 계층의 불만을 사고, 반란과 정변을 불러일으킬 수밖에 없다. 따라서 아리스토텔레스는 혼합정론을 내세운다. 이는 부자와 가난한 자를 공히 정치체제에 참여시켜, 서로의 과도함을 상호 견제시키는 것이다. 또한 그들을 대표하는 과두정과 민주정적 요소를 혼합시키는 것이다. 예컨대 관료의 선임에 민주정적 요소인 추첨과 과두정의 요소인 투표의 방식을 혼합하는 것이다. 또 법정에 출두하지 않는 부자들에게는 벌금을 물리고, 가난한 자들이 출석하면 수당을 제공함으로써 전자의 과두정적 요소와 후자의 민주정적 요소를 결합하는 것이다. 이렇게 부자와 가난한 자들이라는 사회계층에 주목하여 그들을 참여시키고, 그들의 정체적 요소를 혼합시켜 상호 극단이 아니라 서로의 중간으로 수렴하도록 만드는 것이다. 이것이 중용의 덕을 실현시키는 아리스토텔레스의 혼합정의 이념인 것이다.[10]

> 제대로 혼합된 '혼합정체'는 민주정체의 요소와 과두정체의 요소를 모두 포함하는 것처럼 보이면서 동시에 그중 어느 쪽 요소도 포함하지 않는 것처럼 보여야 한다.[11]

이 혼합정체는 폴리테이아(Politeia; πολιτεία)라고 부르는데, 아리스토텔레스에게는 폴리테이아가 두 가지 의미로 쓰인다. 하나는 도시공동체로

---

10) 아리스토텔레스의 혼합정론에 대해서는 Blythe(1992), pp. 18-24 참조.
11) 아리스토텔레스(2009), 1294b 34.

시 폴리스 내의 시민들의 생활양식 일반을 가리키는, 정치체제로서 폴리테이아이며, 다른 하나는 과두정과 민주정의 혼합으로서 특수한 정치체제인 혼합정을 지시한다. 이 폴리테이아의 번역에서 아퀴나스와 피렌체의 인문주의자이자 도시공화국의 수장이었던 레오나르도 브루니(c.1370-1444)는 차이를 보이게 된다. 아퀴나스는 뫼르베크의 기욤의 번역을 따라 그리스어를 그대로 라틴어화한 politia를 사용하나, 브루니는 제대로 된 라틴어 번역을 주장하며 res publica로 옮기게 된다. 이에 대해서는 결론 부분에서 다시 다룰 것이다.

요약하면, 아리스토텔레스는 자유로운 시민들의 공동체로서 폴리스를 인간의 자연적이고 필연적인 삶의 터전으로 파악했다. 인간은 폴리스를 이루고 살 수밖에 없는 존재라는 것이다. 그리고 그 속에서만 행복한 삶을 추구하고 영위할 수 있으며, 덕이 있는 삶을 살 수 있다는 것이다. 그런데 이러한 행복한 삶은 시민들의 정치적 삶의 방식을 규정해 주는 정치체제에 달려있다. 그리고 그 정치체제는 좋고, 나쁜 것으로 구분할 수 있는데, 그 구분의 기준은 정치권력을 행사하는 지배자들의 동기 혹은 목적에 있다. 즉 그들이 공익을 추구하면 그것은 훌륭한 정치체제이다. 그러나 그 반대로 그들만의 사익을 추구하면 그것은 타락하고 나쁜 정치체제이다. 지배자들의 "수"뿐만 아니라, 정치의 목적을 명시하고 그것을 공익 혹은 공공선으로 규정함으로써 차후 정치체제의 판단에 중요한 영향을 끼치게 된다.

## I. 토마스 아퀴나스의 국가론

1260년경 도미니코회 수도사인 뫼르베크의 기욤(c.1215-c.1286)에 의해서 아리스토텔레스의 『정치학』이 라틴어로 번역되고 나서, 아리스토텔레스의 정치학은 이제 중세의 국가관을 바꾸기 시작했다.[12) 그 선두에 선 인물이 바로 토마스 아퀴나스이다. 안토니 블랙에 의하면, 아퀴나스의 국가론은 아리스토텔레스의 정치사상에 힘입어 두 가지 중요한 점들을 중세 후기의 정치사상에 추가한다. 그 하나는 사회가 하나의 도덕적 그리고 지적 기능을 가지고 있다는 것이다. 다시 말해서, 인간은 삶을 유지하기 위해서 뿐만 아니라, 인간으로서 완성되기 위해서 서로를 필요로 한다는 것이다. 사회 속에서 인간의 덕이 실행되고, 도덕적 덕목이 발전하는 것이다. 다른 하나는 정부가 없는 사회는 있을 수 없다는 것이다. 아퀴나스는 두 가지 지배관계를 구분하는데, 하나는 노예적 종속이며, 다른 하나는 자신들의 이익과 선을 위한 자유민들의 경제적 혹은 시민적 복종이다. 전자가 오직 인간의 원죄에서 비롯된 것이라면, 후자는 죄 이전에도 존재했을 수 있다. 이것은 국가가 신의 원래 계획의 일부라는 것이다.[13)

사람이 인간사회에서 사는 것이 자연스럽다면 사람들 사이에서 그룹이 보존될 수 있는 어떤 방편들이 있을 필요가 있다. 왜냐하면 많은 사람들이 같이 있고 그리고 각자가 자기 자신의 이익을 추구하는 곳에서는 국가에 속한 것들을 보호할 어떤 기관이 또한 없이는 대중은 파손되고 흩어져버릴 것이기 때문이다.[14)

이는 아리스토텔레스의 정치사상의 영향을 잘 보여주는 것이다. 인간은 정치적이고 사회적인 동물로서 공동체에서 군집을 이루고 사는 것이 자연

---

12) 뫼르베크의 기욤이 아리스토텔레스의 『정치학』을 라틴어로 옮긴 이후 번역이 활기를 띄었다. 예컨대, 니콜 오렘은 1371에서 1374년 사이에 『정치학』을 프랑스어로, 레오나르도 브루니는 1438년에 인문주의적 라틴어로 번역했다(Black[1992], p. 21).

13) Black[1992], pp. 21-23.

14) Summa. Theol., I, q. 96, a. 4(크로프트[1981], 387쪽에서 재인용).

스러운 것이라는 것과 국가는 "인간의 타고난 기질에 뿌리를 둔 질서"라는 것이다.15)

그렇다면 사회적이며 정치적인 동물(animal sociale et politicum)인 인간이 공동의 터전으로 국가를 만드는 이유는 무엇일까? 그것은 자연적 필요 때문이다. 동물은 자급자족의 기술과 무기를 자연으로부터 제공받았지만, 인간은 그러지 못했다. 따라서 혼자서 사는 것은 충족한 삶을 영위하기에는 미흡하다는 것이다. 따라서 같이 모여 군집생활을 해야 한다.16) 그런데 이러한 국가 속에서 인간생활의 목표는 단순히 생활의 물질적 필요를 충족시키는 것을 넘어 나아간다. 그것은 인간의 덕이 있는 삶을 완성시키기 위한 것이다.

> 같이 모여 사는 인간들의 집단의 목적은 덕에 따라 사는 것인 것처럼 보인다. 인간이 혼자 살아서는 그렇게 할 수 없기 때문에 같이 살기 위해서 군집을 하는 것이다. 훌륭한 삶은 덕에 따라 사는 삶이다 ; 따라서 덕이 있는 삶은 인간 군집의 목적이다. (……) 인간이 오직 살기 위해서 같이 모인다면, 동물들과 노예들도 시민적 군집의 일부일 수 있다. 인간이 부를 얻기 위해서 모인다면, 같이 사업을 하는 모든 사람들은 한 도시의 부분들이다. 그러나 같은 법과 같은 정부에 의해서 잘 살기 위해서 인도되는 이들만이 하나의 공동체에 속한다고 할 수 있다.17)

아퀴나스가 비록 세속국가의 적극성을 인정했지만, 중세의 신학자였던 그에게 기독교적 가치는 지고의 가치였다. 그는 위에서 인용한 구절의 조

---

15) 벨첼(2001), 93쪽.

16) Aquinas(1997), p. 61

17) Aquinas(1997), p. 99.

금 앞부분에서 "인간이 죽을 수밖에 없는 한에서 그에게 외적인 선이 있다"고 말한다. 그것은 인간이 사후(死後)에 기대하게 되는, 신과의 만남에서 이루어지는 궁극의 행복이자 축복이다. 따라서 공동체에서 인간이 추구해야 하는 것은 덕에 따라 사는 것뿐만 아니라, 궁극적으로는 덕이 있는 삶을 통해서 신과의 조우 및 성스러운 기쁨으로까지 나아가는 것이다. 그러나 이것은 인간의 덕을 통해서는 도달이 불가능하다. 따라서 신적 덕목이 필요하다. 이를 위해서는 인간의 정부가 아니라, 구원의 사명을 위해서 영적인 사업을 도맡아 하는 교회가 필요한 것이다.[18] 이렇게 볼 때, 아퀴나스는 아리스토텔레스의 목적론적 자연관을 기독교 세계관과 결합시켜 목적의 위계를 세우고 있는 것이다.[19] 그리고 그것은 서로 다른 공동체를 통해서 가능한데, 정치공동체에서는 같이 살아가기 위한 물적 필요의 충족과 덕이 있는 삶의 추구를, 교회공동체에서는 궁극적 행복으로서 신과의 조우를 목표로 한다고 볼 수 있다.[20]

## 1. 아퀴나스의 정체론

이성을 가진 사회적, 정치적 존재로서 인간이 구성해낸 정치공동체는 인간의 자족적인 삶을 위해서 만들어진다. 그러나 그 외에도 인간의 여러 가지 사회관계가 존재한다. 이를 아퀴나스는 그 필요의 충족에 따라 가족(familia), 소규모 지역공동체(vicus) 그리고 도시공동체(civitas) 및 영토공동체(provincia)로 구분한다. 가족은 생필품의 조달이나 아이를 낳는 등의 활동 속에서 자족을 누린다. 소규모 지역공동체는 특정 교역(交易)에 속하

---

18) Aquinas(1997), pp. 98-99.

19) Berges(1952), p. 206 참조.

20) 울만은 아퀴나스의 이런 측면들을 다음과 같이 표현하고 있다 : "한 개인은 두 시각에서 파악될 수 있었다. 즉, 인간 및 정치적 영역에서의 시민에 대한 자연적 시각 그리고 그리스도교 신도에 대한 초자연적 시각이 그것이었다"(울만[2000], 205쪽).

는 모든 것들에서 자족한다.21) 도시공동체나 영토공동체는 완벽한 공동체로서 전자에서는 삶의 필요가, 후자에서는 더 나아가 외적에 대해서 같이 싸우며 서로 도움을 주는 필요가 충족된다.22)

그런데 이러한 완벽한 정치공동체는 통치기구를 필요로 한다. 그것은 정치공동체가 각기 자신들의 개별적인 이해관계를 가지고 있는 수많은 사람들로 이루어져 있기 때문이다. 이들이 각자의 개별 이익만을 추구한다면 군집의 모임인 전체는 깨질 수밖에 없을 것이다. 이를 아퀴나스는 몸체의 비유를 들어 설명한다.

인간이나 동물의 몸에서 각 지절들의 공동선에 주의를 기울이는 어떤 일반적인 지배하는 힘이 없다면, 그 몸은 분해될 것이다. 이를 생각해서 솔로몬은 "통치자가 없으면 백성은 흩어진다"고 말했던 것이다.23)

공동체의 유지를 위해서 공동선이 추구되어야 하며, 그것을 위해서 필요한 것이 통치하는 행위인 것이다. 이어 아퀴나스는 아리스토텔레스의 정체 구분에 의지해 통치 행위를 하는 정치체제에 대해서 설명한다. 이때 그것을 구분하는 기준은 통치자의 수와 그들이 사익을 추구하는가 아니면 공동선을 추구하는가이다. 이를 도식화하면 다음과 같다.24)

---

21) 이렇게 교역에 의한 소규모 지역공동체를 정치공동체보다 하위에 위치시키고, 완전하지 않은 것으로 평가한 것은 상인들의 사익 추구 욕구에 대한 경계를 표시한 것으로, 이는 다음에 설명될 공동선의 추구에 방해가 될 수도 있기 때문이다. 이에 대해서는 Struve(1978), pp. 155-156 참조.
22) 아퀴나스의 이러한 provincia에 대한 인정 속에서 당시 태동하고 있었던 영토국가에 대한 성찰을 볼 수 있다고 하는 주장은 Berges(1952), 201쪽 주 1 참조. 또한, 미트케(2008), 117쪽 참조.
23) Aquinas(1997), p. 62.
24) Aquinas(1997), pp. 64-65 참조.

| 목적 / 지배자의 수 | 공익<br>(bonum commune)<br>(좋은 정치체제) | 사익<br>(bonum proprium)<br>(나쁜 정치체제) |
|---|---|---|
| 일인 | 왕정(regia) | 참주정(tyrannia) |
| 소수 | 귀족정(aristocratia) | 과두정(oligarchia) |
| 다수 | 혼합정(politia) | 민주정(democratia) |

아퀴나스는 이러한 여섯 가지의 정치체제 중 가장 좋은 것으로 왕정을 들고 있다. 왕정이 최선의 정체임을 설명하는 데에 아퀴나스는 먼저 유기체론에 의지하고 있다. 다시 말해서, 인간의 경우에 정신이 육체를 지배하고, 육체의 각 지절들 중에서 하나의 중요한 핵심 부분이 있어서—이에는 심장이나 머리가 해당한다—다른 부분들을 추동하듯이, 정치공동체에서도 하나의 구심체가 있어야 하며 그것이 왕이라는 것이다.25) 이어 아퀴나스는 그의『군주 통치론』제1권 제3장에서 국가유기체론에 더해 왕정이 최선인 이유를 평화(pax) 상태로서 통일(unitas)을 유지할 필요성, 자연과의 비유 그리고 경험을 들어 설명하고 있다. 국가의 목적은 평화라는 통일의 유지인데, 그것을 가져오기 위해서는 다수보다는 한 사람이 더 수행하기 적절하다는 것이다. 아울러 신과 자연의 섭리를 볼 때, 꿀벌들도 하나의 여왕벌을 모시듯이 그리고 우주에도 한 분의 신이 존재하는 것처럼, 인간공동체도 한 명에 의해서 통치되는 것이 적합하다는 것이다. 여기에 아퀴나스는 마지막으로 경험의 논리를 들고 있는데, 분열과 혼란 속에 있는 국가들은 모두 다수에 의해서 통치되고, 평화 속에 있는 국가는 한 사람에 의해서 통치되기에 왕정이 좋다고 역설한다.26) 따라서 한 사람의 왕

---

25) Aquinas(1997), pp. 62-63. 아퀴나스의 유기체론적 정체관에 대해서는 Struve(1978), pp. 149-165 참조.

이 공동선을 위해서 통치를 하는 왕정이 가장 좋은 정체이며, 그 반대로 한 사람의 왕이 자신만의 사익을 위해서 통치를 할 때 그 정체는 폭군정으로 변하며 가장 나쁜 정치체제가 된다는 것이다.

아퀴나스는 정치공동체에서 선한 삶을 영위하기 위해서 필요한 것으로 첫째, 덕이 있는 삶, 둘째, 평화 상태로서 통일, 셋째, 물질적 필요조건의 충족을 언급하고 있다.27) 여기서 가장 중요한 것은 평화 상태로서의 통일이라고 할 수 있는데, 이것이 전제되지 않으면 정치공동체의 형성 자체가 불가능하기 때문이다. 다수의 개별자들이 싸우는 상태는 혼란과 분열의 상태로 이러한 상태에서 정치공동체는 무너지기 때문이다. 그렇다면 이러한 통일로서 평화 상태를 가져올 수 있는 것은 개별 이익들을 억제하고 공동선으로 이끄는 것이다. 이것이 왕을 비롯한 통치자들에게 주어진 과제라고 한다면, 공동선에 대한 고찰이 중요해지게 된다.

## 2. 왕정, 혼합정 그리고 공동선

아퀴나스의 공동선은 정치공동체에 대한 이해와 맥이 닿아 있다. 그의 국가유기체론에서 볼 수 있듯이 국가는 다수가 하나의 단일체로 통합된 것으로 볼 수 있다. 이 단일체는 본디 다수로 이루어졌기 때문에 항상 분열의 위험이 상존하고 있다. 그래서 이 다수를 하나의 통일체로 유지하기 위한 원리나 힘이 필요하고, 그것을 담지하는 단일자로서 왕이 필요한 것이다. 따라서 왕은 자신의 이익을 포함한 그 어떤 부분의 이익도 대변해서는 안 된다. 그것은 분열의 원심력을 작동시키기 때문이다. 공동선은 공동체의 선이지, 그 구성원들의 개별선이나 그것의 합은 아닌 것이다. 그러나 공동선의 추구를 통해서 공동체를 유지한다는 측면에서 공동선은 그 공동

---

26) Aquinas(1997), pp. 65-67.

27) Aquinas(1997), pp. 102.

체 구성원들의 개별선과 연계되어 있다.28)

　그런데 아퀴나스의 공동선에 대한 사고는 신의 최고선(summum bonum)
과 연관관계에 놓여 있다.

　지고복지(地高福祉), 즉 하느님은 공익이니, 모든 것의 유익은 그에게 의존
　하기 때문이다. 매사가 유익이 되게 하는 그 지복(至福)은 매사의 특수한
　유익이며 또 거기에 의존하는 것들의 유익이기 때문이다. 그러므로 모든 것
　은 그 목적이 되는 하나의 복, 곧 하느님을 바라고 가는 것이다.29)

　신은 보편적 목적으로서 모든 창조물들의 목적이다. 또한 모든 개별자
들의 개별선과 더불어 정치공동체의 공동선까지를 포괄하면서 그 목적이
되기 때문이다. 이런 의미에서 아퀴나스의 공동선 개념은 세 가지 차원으
로 나눌 수 있다. 첫째는 신의 "신학적, 초자연적 차원"이다. 신은 우주 전
체를 아우르는 공동선이자 최고선이며, 인류의 궁극적 목적이자 최고의
선이다. 둘째는 인간의 덕이 있는 삶을 기반으로 한 윤리적 공동선이다.
그것은 인간의 군집 생활에서 공동의 선과 덕이 있는 삶을 지향한다. 셋째
는 정치공동체 차원의 공동선이다.30) 개별 이해관계를 가진 다수로 이루
어진 정치공동체를 유지하기 위해서는 단일 공동체의 공동선이 추구되어
야 하고, 그것은 엄연히 개별선과는 다른 것이다. 그러나 신의 공동선으로
서 최고선에 각 개별선이 포함되어 있듯이, 정치공동체의 공동선에도 그
구성 시민들의 개별선이 내재해 있는 것이다.

---

28) 이에 대해서 이환구는 다음과 같이 적고 있다 : "공동선이란 '모두가 욕구하는 것(what
　all desire)'을 의미하며, 그의 관점에서 보면 어떠한 개인의 선이나 덕도 정의의 대상인
　공동선(bonum commune)과 관련되어 있다"(이환구[1997], 52쪽).

29) Aquinas(1924), III, 17(크로프트[1981], 394쪽에서 재인용).

30) 아퀴나스가 주장하는 공동선의 세 가지 차원에 대해서는 이환구(1997), 53쪽 참조.

그런데 아퀴나스는 정치공동체의 목적이자, 통치자의 행동규범으로서 공동선을 추구하는 수단으로 법을 들고 있다. 아퀴나스에게 법은 "행동의 규칙 및 척도로서, 그것에 의하여 인간의 행동이 규제되거나 추동되는 것"이다. 공동체 내의 인간이 행하는 행동이 공동체의 목적에 구속된다면, 법의 목적 또한 공동선인 것은 자명한 것이 된다. 이에 그는 법이란 "공공선을 위한 인간 이성의 명령으로서, 공공선을 위해서 무엇인가를 명령하는 권리는 전체 공동체나 인민을 대신하는 이에게 속한다"라고 말하고 있다.[31] 법의 목적이 공동선이라면, 정치공동체의 질서유지를 위해서 공동선에 반하는 행위를 처벌하려는 통치자의 의지가 중요해지게 된다. 이런 의미에서 법은 첫째, 통치자의 통치를 위한 의지를 표현한 것이며, 둘째, 도덕규범 측면에서 형벌의 위협을 통해서 사회의 혼란을 방지하는 수단의 의미를 가진다.[32] 통치자의 의지의 표현이면서 이성을 통해서 공동선을 추구해야 하는 법은 통치자의 합당한 권력의 표현이자 그 과도한 권력 사용을 제어하는 역할을 수행한다. 이는 아퀴나스의 폭군론와 혼합정체론에 나타난 핵심 문제의식이다.

아퀴나스는 왕정의 타락 형태인 폭군정을 가장 나쁘고 정의롭지 못한 정치체제로 파악한다. 그 이유는 정의롭지 못한 정부는 그것이 인민의 공동선(bonum commune)으로부터 멀어지고, 통치자들의 사익(bonum privatum)을 추구하기 때문이다. 정부가 공동선에서 더 멀어질수록 그것은 더 부정의하고 나쁜 정체로 되어버린다. 과두정은 다수보다는 소수가 그들의 이익을 좇기 때문에 민주정보다 더 나쁜 것이다. 그러나 폭군정에서는 오직 폭군한 사람만의 이익을 추구하기 때문에 가장 나쁜 것이다. 폭군정이 가장 나쁜 또다른 이유는 신의 섭리라는 질서에서 볼 때 그렇다는 것이다. 신의

---

31) Summa. Theol.,Ia IIae 90, a.4. (Aquinas[2002], pp. 82-83).
32) 이환구(1997), 54-55쪽 참조.

섭리하에서 선한 것은 모든 것이 통합되어 좋은 하나로 나타나게 되며, 오직 완벽한 하나의 이유에서 기인한다. 그러나 추하고 악한 것은 여러 이유들과 다양한 방식으로 나타난다. 따라서 좋은 정부는 오직 한 명이 지배하는 왕정에서 가장 강력할 것이다. 그러나 그것이 사악한 정부로 타락한다면 그것은 여러 명에 의한 통치체로 되는 것이 더 나을 것이다. 왜냐하면 여럿이서 서로를 방해하기 때문에 그것은 더 약할 것이기 때문이다. 따라서 사악한 정치체제 중에서 민주정은 견딜 만하지만, 가장 안 좋은 것은 한 명의 폭군이 지배하는 폭군정이다.[33] 이상을 종합해보면, 폭군정은 한 명의 강력한 의지로 자신의 사익만을 추구하기에 공동선으로부터 가장 멀리 떨어져 있으며, 그것을 강하고 일관되게 추진할 수 있다는 것이다. 폭군은 자신의 사익 추구를 위해서 시민들의 화합과 우정 그리고 신뢰 등을 파괴하고 그들에게 불신을 심어 덕을 추구할 수 없게 만드는 것이다. 여기에 폭군은 자신의 권력에 취해 자의적이고 무분별한 폭력 행사를 일삼는다는 것이다.

> 따라서 우리는 이러한 정부(폭군정/저자)로부터 도망쳐야 합니다. 현자도 말했듯이 : "죽일 권한을 지닌 사람을 멀리해야 합니다"(집회서 제9장 제13 절/저자). 왜냐하면 그들은 정의를 위해서 살인을 하는 것이 아니라, 그들의 의지에 탐닉되어 권력을 사용하기 때문입니다.[34]

아퀴나스는 왕정에서 권력을 독점하고 있는 왕이 그것을 남용하여 폭군으로 변할 수 있는 가능성을 언급하고 있다. 그는 『군주 통치론』 제1권 제7장에서 가장 훌륭한 정치체제인 왕정이 가장 사악한 폭군정으로 변할

---

33) Aquinas(1997), pp. 67-68.
34) Aquinas(1997), pp. 68-69.

수 있음을 언급하고 있다. 이를 세어하기 위해서 아퀴나스는 공동체가 폭군이 되고자 하는 왕을 선택하지 않도록 각고의 노력을 기울여야 함을 강조한다. 이를 위해서 그는 우선 왕을 선출하는 이들이 폭군이 되려고 할 것 같지 않은 성격을 가진 이들을 그 지위에 올려야 함을 언급한다. 그리고 왕이 세워지면, 왕정의 건설을 잘해야 하는데, 그것은 왕이 폭군이 될 수 있는 기회를 가질 수 없도록 왕정을 조직해야 한다는 것이다. 동시에 왕의 권력은 그가 쉽게 폭군으로 타락할 수 없도록 제한되어야 한다는 것이다.[35] 바로 이어서 아퀴나스는 이에 대한 이야기를 차후에 진행하겠다고 공언했지만, 주지하다시피 그는 논의를 끝맺지 못했다.

아퀴나스는 최악의 정치체제인 폭군정으로의 타락을 방지하기 위해서 권력이 제한적인 왕정을 제안하고 있는 것이다. 왕이 자신의 사익을 추구하기 위해서 권력을 자의적으로 행사하는 것을 방지하기 위해서 권력을 제한하도록 정치체제를 구성해야 한다. 이는 한 계층에 의한 권력의 독점과 그것의 자의적 행사를 제어하기 위한 혼합정의 이념을 계승하고 있는 것으로, 이에 대한 논의는 아퀴나스의 다른 저서에 나타나 있다. 그는 『신학대전(神學大典, *Summa Theologiae*)』에서 아리스토텔레스에 기대어 정치공동체 정부를 잘 구성하기 위해서 고려해야 할 것, 두 가지에 대해서 이야기를 하고 있다. 첫 번째 것은 모든 이들이 정부에 어느 정도씩은 참여를 해야 한다는 것이다. 이렇게 되면 인민들이 평화를 구가하고, 모든 이들이 그 나라를 사랑하고 지키려 한다는 것이다. 다른 하나는 정부 구성의 종류에 관한 것으로, 아리스토텔레스가 말한 서로 다른 훌륭한 종류의 정체 형태들을 혼합하는 것이다. 이것은 아리스토텔레스가 politeia로 명명한 것으로, 최상의 정치체제이자 혼합정이다. 이를 아퀴나스는 라틴어화하여 politia로 부르고 있다.

---

35) Aquinas(1997), pp. 73-74.

철학자(아리스토텔레스/저자)가『정치학』제3권에서 말했듯이 여러 형태의 정체가 있다. 가장 뛰어난 것은 한 사람이 그의 덕을 통해서 지배하는 왕정이다. 그리고 귀족정이 있는데, 이것은 가장 뛰어난 이들이 지배하는 정치체제로 그곳에서는 덕을 가진 소수의 사람들이 지배한다. 따라서 도시나 왕국을 위해서 가장 좋은 정치체제는 한 사람이 그의 덕을 가지고 지배하고, 그 밑에는 덕에 따라 지배하는 다른 여러 사람들이 있고, 모두가 선거에 참여할 수 있고, 통치자들은 모두에 의해서 선출되기에 모두가 일정 부분 정부에 참여할 수 있는, 그런 체제이다. 이것이 혼합정(politia)으로서, 왕정과 귀족정 그리고 민주정의 훌륭한 조합인 것이다. 왜냐하면 거기에는 한 사람이 지배하는 왕정이 있고, 덕에 따른 소수의 지배가 있어 귀족정도 있으며, 지배자들은 인민들에 의해서 선출되고, 인민들은 지배자들을 선출할 권한을 가지고 있기 때문에 인민권력 혹은 민주정이 있기 때문이다.[36)]

왕정, 귀족정, 민주정의 혼합을 통해서 아퀴나스가 꾀한 것은 무엇일까? 그것은 왕권, 특히 왕의 자의적 권력 행사를 제한하는 것이었다. 혼합을 통한 왕권의 제한은 아퀴나스가 아리스토텔레스의『정치학』에 대해서 주석을 가한『아리스토텔레스 정치학 주해(*In Libros Politicorum Aristotelis*

---

36) "Cuius cum sint diversae species, ut philosophus tradit, in III Polit., praecipuae tamen sunt regnum, in quo unus principatur secundum virtutem; et aristocratia, idest potestas optimorum, in qua aliqui pauci principantur secundum virtutem. Unde optima ordinatio principum est in aliqua civitate vel regno, in qua unus praeficitur secundum virtutem qui omnibus praesit; et sub ipso sunt aliqui principantes secundum virtutem; et tamen talis principatus ad omnes pertinet, tum quia ex omnibus eligi possunt, tum quia etiam ab omnibus eliguntur. Talis enim est optima politia, bene commixta ex regno, inquantum unus praeest; et aristocratia, inquantum multi principantur secundum virtutem; et ex democratia, idest potestate populi, inquantum ex popularibus possunt eligi principes, et ad populum pertinet electio principum"(Summa.Theol.,IaIIae 105:1 (http://www.corpusthomisticum.org/sth2098.html).

*Expositio)*』에 잘 나타니 있다. 여기서 아퀴나스는 최선의 정체가 왕정, 귀족정 그리고 민주정의 혼합인 이유는 한 정부 형태가 다른 형태와의 혼합을 통해서 제어되기 때문이라고 말하고 있다. 모두가 공동체의 지배에 일정 부분 참여를 한다면, 다시 말해서, 인민은 어떤 부분에서, 귀족은 다른 부분에서 그리고 왕은 또다른 부분에서 참여를 한다면 각각을 유혹하는 요소가 줄어들 것이라는 것이다.[37] 그러나 위의 인용문에 나와 있듯이 아퀴나스가 가장 선호하는 정치체제는 왕정이다.[38] 민주제적 요소는 그 중요성이 현격히 떨어진다. 아울러 귀족정의 요소도 그리 큰 지위를 차지하지 못하고 있다. 문제는 왕정이되 어떻게 왕에 주어진 권력을 제어해야 할 것인가이다.

아퀴나스는 그 대답으로 법에 의한 통제를 제시하고 있다. 왕은 법의 제한을 받아야 한다는 것이다. 여기서 그는 군주적 지배와 정치적 지배를 나눈다. 전자는 무제한적 권력을 소유하고 행사하는 경우이고, 후자의 경우는 군주적 우위는 가지고 있지만 한편으로는 법에 의해서 그 지배권을 제한적으로 행사하는 것이다.

> 한 사람이 단순히 모든 것에 대한 지배권을 가질 때, 그것을 군주제적 지배(regimen regale)라고 부른다. 그러나 정치적 규율에 의해서 부과된 법을 따르는 것은 정치적 지배(regimen politicum)라고 부른다 ; 한 사람이 권한을 가지고 있는 것들에서는 그가 지배하고, 한편에서는 법에 종속되어 있는 것들에 대해서는 그는 종속적인 위치에 있는 것이다.[39]

---

37) Aquinas, Thomas, In Libros Politicorum, 2.7.245(Blythe[1992], 49쪽에서 재인용).
38) 이는『신학대전』의 인용된 부분에 이어 나타나는 그의 언급에서도 명확히 드러난다 : "왕정은 그것이 타락하지만 않는다면 가장 좋은 정부 형태이다. 왕에 부여된 권력이 거대하기 때문에 왕이 완벽한 덕을 소유하고 있지 않는 한, 왕정은 폭군정으로 타락하기 쉬운 것이다"(Summa.Theol.,IaIIae 105:1(Aquinas(2002), p. 55).

여기서 군주제적 지배가 법의 제한을 받지 않는 절대적 지배를 말한다면, 정치적 지배는 공동체의 법을 따르는 제한적 지배 양식이라고 볼 수 있다. 주지하다시피 아퀴나스는 신적 그리고 자연의 질서에 따라 군주제를 찬양한다. 그러나 그것은 권력의 절대성으로 인해서 폭군으로 타락할 수 있다. 폭군정으로 타락하면 그것은 더 이상 공동선을 추구하는 것이 아니라, 폭군의 사익을 추구하게 된다. 따라서 아퀴나스는 공동선을 지향하는 법에 종속시킴으로써 군주의 권력을 제한하여 군주제를 지키려 한 것이다. 다시 말해서, 아퀴나스에 의하면 절대적 권력을 가진 군주가 자신의 사익이 아니라 공동선을 추구하면 그 군주제는 가장 좋은 정치체제라 할 수 있다. 그러나 절대적 권력을 가지고도 자신의 사익이 아니라 공동선을 추구하려는 사람은 아주 뛰어난 덕성을 소유하고 있는 자이다. "완벽한 덕성(perfecta virtus)"을 소유하고 있어야 한다. 그런데 그런 사람을 찾는 것은 거의 불가능하기 때문에 제도적 장치, 즉 혼합정적 요소를 도입해야 하는데, 그것이 바로 정치적 지배 방식으로서 법에 의한 군주권의 제한이다.

이것은 아퀴나스를 이어 『군주 통치론』을 집필한 루카의 톨로메오의 사상에서도 잘 나타난다. 그는 『군주 통치론』 제2권 제8장에서 아리스토텔레스에 기대어 정치적(politicus) 지배와 전제적인(despoticus) 지배를 구분한다.[40] 정치적인 지배의 핵심은 "법률"에 의한 지배이다. 한 사람에 의한 지배이건 다수에 의한 지배이건 혹은 제한된 임기만을 가진 통치자의 지배이건, 중요한 것은 법률에 의해서 통치를 해야 한다는 것이다. 반면에 전제적 지배는 주인과 노예의 관계와 같다고 말한다. 전제적 지배는 법의 규제를 받지 않으며, 자의로 통치를 하는 것이다. 그런데 톨로메오의 정치적 지배에 대한 설명에서도 역시 혼합정의 문제의식이 드러난다. 그는 우

---

39) Aquinas, Thomas, In Libros Politicorum, 1.1.15(Blythe[1992], 43쪽에서 재인용).
40) Aquinas(1997), pp. 120-125.

신 당시 이탈리아의 노시국가들을 언급하면서 정부가 다수에 의존하기 때문에 그것은 군주제적 지배가 아니라, 정치적 지배라고 할 수 있다고 말한다.[41] 또한 로마의 역사를 예로 들면서 정치적 지배를 칭송하는데, 로마는 공화정 시기에 번영을 이루었다는 것이다. 아울러 집정관, 원로원 그리고 호민관 제도들로 이루어진 로마의 정치질서를 언급하면서 그러한 지배체제를 "정치적 지배"라고 부르고 있다.[42]

한편, 아퀴나스는 법과 혼합정의 문제의식이 결합된 것을 『신학대전』에서 보여준다. 그는 여러 법의 종류를 논하는 가운데 인정법(人定法)을 정치체제와의 관계 속에서 말하고 있다. 즉, 인정법은 정치체제에 따라 구분할 수 있다는 것이다. 왕정에서는 왕의 법률이, 귀족정에서는 법률전문가의 의견이나 원로원의 포고 형식의 법률이 그리고 민주정에서는 민회의 의결 형식의 법률이 있다는 것이다. 물론 가장 타락한 폭군정에는 법이 없다고 말한다. 그러고 나서, 최선의 정체인 여러 정체 형태의 혼합이 있는데, 여기서는 귀족들이 평민들과 같이 만든 법이 있다고 한다.[43] 다시 말해서, 혼합정이 아닌 정치체제에서는 법이 어느 한 집단의 법이라는 것이다. 반면 혼합정에서 법은 공동체의 법이다. 공동체 구성원들이 관여한 법이 말 그대로 법이라는 것이다. 어느 한 쪽의 입장만 반영된 것은 공동선을 담지할 수 없는 반면, 공동체 구성원들이 참여한 법만이 공동선을 담지할 수 있는 것이다. 이렇게 볼 때, 군주의 권력을 법으로 제한시키려는 아퀴나스의 의도는 군주제 본연의 목적을 한층 강화하고자 한 것으로 볼 수 있다. 공동선을 추구하는 가장 좋은 정치체제로서 군주제 속에서

---

41) Aquinas(1997), p. 217. 톨로메오에게서 군주제적 지배와 전제적 지배는 거의 비슷한 것으로 취급된다고 할 수 있다. 이에 대해서는 Aquinas(1997), pp. 21-25 참조.
42) Aquinas(1997), p. 266. 한편 톨로메오의 정치사상에 미친 로마 공화정의 내용에 대해서는 Davis(1984), 참조.
43) Summa.Theol., IaIIae 95(Aquinas(2002), pp. 135-136.

군주의 권력을 공동선을 기반으로 한 법률로 제한함으로써 공동선의 추구를 꾀한 것이다. 다시 말해서, 군주제라는 가장 좋은 정부 형태를 혼합정이라는 최선의 방식, 즉 법에 의한 통치 방식을 적용해 타락의 가능성을 차단하여 최선의 상태를 유지하기 위한 것이라고 볼 수 있다.

아퀴나스는 공공선이 모든 정치체제의 목적이 되어야 하며, 통치자들은 그것에 복무해야 함을 주장한다. 다양한 구성원들로 이루어진 공동체는 공동선이 담보되지 못하면 무너지기 때문이다. 전체는 부분에 선행한다는 아리스토텔레스의 목적론적 관점과 유사하게 공동선은 개별선에 선행하는 것이다. 물론 공동선에는 개별선이 내재해 있는 것으로 이해된다. 따라서 공동선의 추구와 향유는 개별선의 추구와 모순되지 않는다. 그러나 공동선은 명백히 개별선에 우선한다 : "공동의 선은 개별자의 선보다 더 위대하고 성스러운 것이다."[44] 이는 때로 공공선을 위한 개별선의 희생을 요구하기도 한다. 공동체를 위한 개인의 희생이 요구되는 것이다.[45] 개별선과 공동선이 대립될 때, 그것을 판단하는 이는 바로 통치자이다. 유기체의 비유 속에서 국가의 머리와 심장인 군주는 몸의 조화로운 상태로서 국가의 평화와 통합을 위해서 개입해야 하는 것이다. 그런데 그 개입은 때로는 폭력적인 수단을 사용하기도 한다. 이러한 폭력적인 수단의 사용은 유기체적 국가론의 관점에서 군주를 의사(medicus)에 비유하는 것에서 잘 드러

---

44) Aquinas(1997), p. 85.

45) 이는 아퀴나스의 서술 속에서 종종 볼 수 있는 것이다. 예컨대 "아리스토텔레스는 개인의 이익보다 많은 사람의 이익이 더 신성하며, 따라서 많은 사람의 이익을 선으로 간주하면 그만큼 더 나은 것이라고 선언한다. (……) 이제 공익은 언제나 개인이 자기의 사적 이익보다 더 사랑할 만한 것이다.(……)"(Summa.Theol., II-II, q. 141, a. 8; q. 26, a. 4.)라든지 혹은 "그러므로 사람이 자기 나라의 현세적인 공익을 위해서는 자기 자신의 생명까지도 돌보지 않는 것이 선한 일이다"(Summa.Theol., II-II, q. 31) 등에서 보이는 것은 공동선과 개별선의 대립 속에 후자의 희생을 요구하는 것이다(앞의 인용문들은 크로프트[1981], 397쪽에서 재인용).

난다. 생명을 구하기 위해서 봄의 한 부분을 절단해 내는 의사와도 같이 군주는 공동선을 위해서 살인도 불사할 수 있는 것이다.

> 의사가 수술을 할 때 체액의 질서 있는 조화로 이루어지는 건강을 노리듯이 국가의 통치자도 통치할 때 시민들의 질서 있는 조화인 평화를 목표로 한다. 외과 의사가 성하지 못한 부분을 제대로 그리고 유익하게 절단한다면 몸의 건강의 위험을 개의치 않는다. 그러므로 올바르게, 또 제대로 국가의 통치자는 해로운 신하들을 사형하여 국가의 평화가 보존되도록 해야 한다.46)

공동선의 수호를 위해서 왕에게 공공선이 무엇인지를 결정하고, 그것에 대립되는 것들을 제거할 막강한 권한이 부여된다. 그런데 몸체와 머리의 비유에서 볼 수 있듯이 머리는 몸체가 아니다. 머리도 몸체의 일부일 뿐이다. 몸체의 입장에서 보면 머리도 개별자일 뿐이다. 따라서 개별자가 공동의 선을 위해서 일하는 것일 뿐이다. 단지 왕이기에 다른 일반인들보다 더 많은 권한이 부여되는 것이다. 왕이 폭군이 아니라 참다운 군주가 되기 위해서는 공동선을 추구해야 한다는 규범적 규제로는 문제가 해결되지 않는다. 그렇기 때문에 아퀴나스는 혼합정과 법을 통한 권력의 제한을 사고했던 것이다. 권력의 자의적 행사를 제어하고, 공동체를 구성하는 다른 계층의 사람들의 참여와 그들이 제정에 참여한 법을 통한 권력 행사를 통해서 군주를 공동선의 추구에 묶어두려고 했던 것이다.

아퀴나스가 살았던 13세기는 인간 사회의 모든 부분에서 활기를 띠었던 시기라고 볼 수 있다. 상업의 발달과 그 중심지로서 도시의 발달, 경제의

---

46) Thomas Aquinas, *Contra Gentiles*, lib. 3 cap. 146 n. 5(크로프트[1981], 399쪽에서 재인용).

활성화로 인한 인간 교류의 증대 그리고 대학의 활성화로 인한 지식의 증대 등 모든 부분에서 인간의 활동과 그 능력이 도드라지기 시작했다. 도시의 발달은 시민의 역할을 증대시켰고, 그것은 공화정을 탄생시켰다. 아퀴나스가 태어났던 이탈리아는 도시의 공기가 인간을 자유롭게 만들던 곳이었다. 아퀴나스는 이러한 자유로운 공기 속에서 소위 이성과 신앙의 조화를 꾀할 수 있었던 것이다. 이는 마침 유럽에 본격적으로 소개된 아리스토텔레스의 저작들, 그중에서도 특히 『정치학』의 도움을 통해서 가능하게 되었다.

아퀴나스는 정치공동체를 인간의 자연적 산물로 파악한다. 더 이상 죄를 지은 인간의 악한 성질을 제어하기 위한 것이 아니었다. 그렇다고 인간이 완벽한 존재는 아니었다. 부족하기에 군집생활을 해야 하는 그리고 그 속에서 정치공동체를 만들고 덕이 있는 삶과 행복을 추구하는 사회적이며 정치적인 존재로서의 인간이었던 것이다. 국가는 이제 사회적, 정치적 동물인 인간이 자신의 이성을 가지고 만들어내는 하나의 구성물로 사고되기 시작한 것이다.[47]

아퀴나스는 국가가 다양한 다수의 사람들로 구성되어 있다고 보았다. 따라서 그것은 분열의 원심력을 항상 내포하고 있었다. 국가가 하나의 국가로 구성되려면, 따라서 그 다양성에서 나오는 분열을 제어해주고, 하나로 통일시켜줄 원리가 필요했다. 그것이 바로 공동선인 것이다. 한편, 유기체론에 기대어 국가를 설명하는 아퀴나스에게 머리와 심장으로서 군주는 몸체로서 국가의 안녕을 돌보는 데에 가장 적합한 존재였다. 아리스토텔레스에게 기대어 여섯 가지 정치체제를 언급하는 아퀴나스에게 가장 좋은 정치체제는 왕정이었다. 그것이 신이 창조한 우주와 자연의 섭리와도 흡사

---

47) 아리스토텔레스의 『정치학』이 중세 후기의 정치사상에 미친 영향에 대해서는 Struve (1992) 참조.

했고, 단일의 원리에 의해서 유시되어야 하는 국가를 위해서도 가장 효과적이라고 보았다. 따라서 군주는 자신의 사익이 아니라 공동선을 위해서 통치를 해야 한다. 그러나 군주제에서는 군주가 자신의 대권을 자의적으로 행사할 여지가 존재하고 있었다. 이는 군주제를 가장 사악한 정치체제인 폭군정으로 타락시키는 원인이었다. 이를 제어하기 위해서 아퀴나스는 고대의 혼합정체론에 의지한다. 권력의 독점에서 오는 타락의 가능성을 제어하기 위한 혼합정체론의 의도를 정확히 파악하고 있었던 아퀴나스는 왕정의 형식 속에 혼합정의 정치 행태를 부여하고자 귀족과 인민이라는 공동체 구성원들의 참여를 주장한다. 그리고 이들의 동의하에 만들어진 법률에 군주가 구속되어야 함을 주장한다. 제한적 군주제를 주장하는 것으로, 그 핵심은 법률에 따른 통치이다. 군주는 자의가 아니라 법률에 따른 지배를 수행해야 한다는 것이다. 아퀴나스는 전제적 혹은 군주제적 지배 행태와 정치적 지배 행태를 구분하고, 선자는 자의적 지배를, 후자는 법에 의한 지배를 그 핵심으로 보고 있다. 이때 법률은 군주가 혼자 정한 것이 아니라, 국가 구성원의 참여와 동의하에 제정된 것으로, 바로 국가공동체의 법률이 된다. 국가의 법률이기 때문에 개별자나 부분의 선이 아닌, 공동의 선을 담고 있는 것이 된다. 다시 말해서, 이 법은 공동의 의지를 담고 있으며, 공동선을 추구하는 것이 된다. 이렇게 볼 때, 아퀴나스는 법률에 의해서 제한되는 온건 군주제를 통해서 공동선이 가장 잘 추구될 수 있다고 본 것이다. 공동선을 추구하는 혼합정의 정치 행태인 정치적 지배 방식을 통해서 군주제가 공동선을 가장 잘 추구할 수 있다는 것이다.

아퀴나스가 강조한 공동선은 군주의 이익도, 귀족의 이익도, 그렇다고 일반 인민의 이익도 아니었다. 그것은 단일체로서 구성된 국가의 이익이었다. 이렇게 국가의 공동선을 강조함으로써 아퀴나스는 개개인 혹은 국가의 개별 부분들의 선 혹은 이익과는 대비되는, 단일체로서 국가의 단일 이익인 공동선을 강조하는 데로 나아가게 되는 것이다. 인간에 의해서 만들어진 이성적 구성물로서 국가가 사고되면서 국가 개념은 점차 세속화되어가고 있었다. 여기에 그 구성원들의 이익과 분리되는 공동선이라는 국가 자체의 독립적인 이익 개념을 제시함으로써 국가의 탈인격화는 가속화되고 있었던 것이다.

뫼르베크의 기욤이 번역한 아리스토텔레스의 『정치학』은 아퀴나스에 의해서도 그대로 사용된다. 그들이 사용한 아리스토텔레스의 정치체제에 대한 개념은 그리스어를 라틴어화한 것이었다. 그 대표적인 개념이 정치체제 일반과 공익을 위한 다수의 지배를 가리키는 politia이다. 아퀴나스는 이탈리아의 상황 속에서 주로 아리스토텔레스에 의지해서 사고했기 때문에 국가를 의미할 때, res publica보다는 civitas, regnum 혹은 provincia 등을 주로 사용했다. 따라서 res publica에 대한 언급은 자주 나타나지 않는다. 그러나 공동선에 대한 강조는 res publica에 담겨 있는 공동선에 대한 추구와 맞닿아 있었다. 앞 장에서 서술한 법학자들의 res publica 개념과의 연속선상에서 res publica는 공동선을 추구하는 어떤 정치체제도 전부 포괄하는 개념으로 사용되었던 것이다.[48] 그러나 이렇게 정부나 국가 일반을 가리키는 res publica라는 개념은 피렌체의 시민 인문주의자이자 피렌체 공화국의 수장이었던 레오나르도 브루니에 와서 변화를 겪게 된다. 1438년에 편찬된 아리스토텔레스 『정치학』의 새 번역본에서 브루니는 기욤의 번역을 새롭게 수정한다. 그리스어의 라틴어화를 라틴어 자체로 바꾼 것이다. 예컨대 기욤이 귀족정을 aristocratia로 번역했다면, 브루니는 optimatum gubernatio로, 과두정인 oligarchia는 paucorum potestas로, 민주정은 democratia에서 popularis status로, 혼합정은 politia에서 respublica로

---

48) Hankins(2010), p. 462.

바꾼 것이다. 이린 그리스어 개념의 직역이 아닌, 고유의 라틴어화 작업을 통해서 브루니는 res publica에 새로운 의미를 부여하게 된다. 그것은 당시 이탈리아 도시공화국의 정체성을 담아 res publica에서 군주제의 의미를 제거한 것이다. 아퀴나스에게서도 잘 드러나듯이, res publica는 공동선만 담지하면 어떤 정체도 포괄하는 것이었다. 군주정도 공동선을 추구하면 res publica였던 것이다. 물론 브루니도 아리스토텔레스의 politeia를 res publica로 옮긴 것이기 때문에 정체 일반을 가리키는 의미의 res publica가 존재한다. 그러나 공익을 위해서 다수가 지배하는 특수한 정치체제를 res publica로 부른 것은 이후 이탈리아 르네상스 저술가들에 의해서 전폭적으로 받아들여지게 된다. 여기에는 도시공화정과 시뇨리아 혹은 군주정이라는 두 대립하고 경쟁하는 정치체제로 점철된 당시 이탈리아 국가들의 정치사가 큰 일조를 하게 된다. 이런 배경하에서 15세기 중후반부에는 군주제의 공화제를 대비시키는 여러 저서늘이 쏟아져 나오게 된다.49) 이런 대립 구도는 결국 마키아벨리가 그의 유명한『군주론』제1장의 첫 구절에서 군주정과 공화정을 대비시키도록 했다.

> 인간에 대해서 지배권을 가졌거나 가지고 있는 모든 국가나 모든 통치체는 공화국 아니면 군주국입니다.50)

res publica는 여전히 국가 일반을 가리키기도 하지만, 이제 status 혹은 stato에 res publica가 예전에 소유했던 국가 일반의 개념을 넘겨주면서 자

---

49) 예컨대 아우렐리오 리포 브란돌리니는 1490년경에 대화 형식으로 쓴 그의 저작의 제목을 "군주제와 공화제의 비교에 대하여(De comparatione regni et reipublicae)"로 적고 있다. 이에 대해서는 Hankins(2010), p. 469 참조.

50) "Tutti gli stati, tutti e' dominii che hanno avuto et hanno imperio sopra gli uomini sono stati e sono o repubiche o principati"(마키아벨리[2008], 13쪽).

신만의 고유한 의미를 가지게 되는 것이다. 그것은 소수의 귀족이건 다수의 인민인건 간에, 한 사람이 아닌 복수의 사람들이 통치를 하는 정치체제, 즉 군주정에 대비되는 공화국이라는 의미를 가지게 되는 것이다.[51]

---

51) 핸킨스는 고대와는 달리 군주제를 배제한 res publica의 르네상스적 사용에 대해서 그 역사적 배경도 강조하고 있다. 피렌체의 브루니 같은 정치인들은 당시 밀라노-나폴리 대 피렌체-베네치아 동맹 등으로 군주제 혹은 전제정 대 자유도시국가의 대결을 정당화할 필요를 느꼈다는 것이다. 따라서 피렌체 국가를 res publica로 언급했다. 여기에 국내정치 적으로는 과두정이었지만 이전의 인민들의 길드정체의 요소를 많이 차용하려고 했다. 인민들의 반발을 무마시키기 위해서 인민정부를 포함한 res publica 개념이 나타났다는 것이다(Hankins [2010], 467-469). 다시 말해서, 고대에 res publica의 반대개념은 군주제가 아닌 폭군정이었다. res publica의 반대는 일인, 소수 혹은 다수 지배체제 등의 정부 형태가 아니라 공익에 반하는 사익추구가 핵심이었는데 이것이 르네상스에 와서 변했다는 것이다.

# 제2부

# 르네상스 시기 이탈리아의 정치위기 : 보편권력에서 세속권력으로

# 제1장

# 보편권력의 위기

## 황제권과 교황권의 몰락

　이 장에서는 중세 정치세계의 핵심적인 두 권력이었던 교황권과 황제권에 대해서 다룰 것이다. 중세 유럽의 세계는 기독교라는 유일신 종교에 의해서 지배되었다. 세계에 대한 보편적 지배권을 가진 유일신인 하느님에 의해서 성낭성이 무여뇐 것이 교황과 황제였기 때문에 그들을 "보편권력"이라고 부른다. 기독교는 현세와 내세를 구분한다. 그리고 현세의 삶은 순간적이고 불완전한 것인 반면, 내세의 삶은 궁극적이고 영원한 삶으로 평가한다. 따라서 현세의 삶은 내세의 삶을 준비하기 위한 과정이다. 원죄로 인한 현세의 고통스러운 삶이지만, 더 이상 죄를 짓지 않고 신을 섬기면서 영혼의 구원을 준비하는 것이 현세의 삶의 목적이다. 이러한 현세에서의 영혼을 돌보는 역할을 맡은 것이 바로 교회의 임무라고 할 수 있다. 반면 인간은 현세에서 정치공동체를 이루며 살아가고 있다. 현실의 필요를 위한 여러 가지 활동 속에서 인간은 정치권력의 영향하에 있는 것이다. 이를 담당하는 것이 국가라고 할 수 있다.

　그런데 중세 시기에 교회와 국가의 영역은 서로 교차될 수밖에 없었다. 이를 김병곤은 "중세 정치사의 출발이 국교라는 형태의 종교와 정치 간의 결합으로 나타났으며 중세 유럽의 시민들은 교회의 구성원인 동시에 국가의 구성원이라는 이중의 정체성을 운명으로 가지고 살아갔기 때문"이라고 묘사하고 있다.[1] 따라서 중세 정치사의 출발점에서부터 시작해보도록 하자. 그것은 종교와 국가의 역사적 관계로부터 시작하는 것이다. 로마 제국의 황제 콘스탄티누스(280[?]-337)가 스스로를 기독교인으로 인정하고, 기독교를 공인한 후에 기독교와 국가권력은 대체로 우호적인 관계를 유지했다. 476년 게르만족의 침입으로 서로마 제국이 멸망한 반면, 동로마 제국은 그후로도 강력한 권위를 유지하고 있었다. 옛 로마 제국의 서쪽 지역은 동쪽과는 달리 하나의 구심점이 되는 권력이 부재한 상태에서 각 부족들끼리의 전투들이 지속되고 있었다. 이런 상황에서 교회는 각 부족들의 개종에 전심을 기울이고 있었지만 로마로의 잦은 침입은 로마 주교이자 교황이었던 이들이 동로마로 많은 도움을 요청하게 하는 계기가 되었다. 이에 동로마 황제들은 여러 번의 정벌 등으로 교황에게 힘을 실어주었지만 동로마 제국의 문제로 인해서 점점 서로마 제국 지역에 대한 관심과 영향력을 상실하게 된다. 그러나 콘스탄티누스 대제가 기독교를 인정하고, 니케아 공의회(325년)를 소집한 것에서 보이듯이 로마 제국의 황제는 전체 교회의 보호자 역할을 수행했다.[2] 황제는 공의회를 소집하고 주관했을 뿐만 아니라, 성직자를 임명하기도 했으며 그 영토적 관할권을 정해주기도 했던 것이다. 이를 황제교황주의(黃帝敎皇主義, caesaropapism)라고 부른다.

국가의 수장인 황제가 교회의 수장인 교황보다 우위에 위치하며 교권의 영역에 간섭을 했던 것이다. 그런데 세계의 지배자로서 황제가 성(性)과 속(俗)에 대한 지배권을 가지고 있다는 주장은 기독교를 기반으로 했고, 현실의 도움을 통해서 확립된 논리였다. 우선, 황제는 로마 인민을 대표하

---

1) 김병곤(2011), 397쪽 참조.
2) 325년에 열린 이 니케아 공의회에서 콘스탄티누스는 아타나시우스 파의 삼위일체설을 정통으로 채택하여 기독교 교리의 통일을 수립했다고 할 수 있다(이경구[2000], 33쪽).

여 제국의 최고권을 가진 인물이었다. 로마 법을 집대성한『유스티니아누스 법전』중에서도 "학설휘찬(Digesta)"에서는 황제의 권위를 다음과 같이 표현하고 있다. "황제는 법의 지배를 받지 않는다(princeps legibus solutus est)." 또한 "황제의 마음에 드는 것이 법령이 되리라. 이는 인민이 황제에게 그들의 모든 권위와 권력을 주었기 때문이다."[3] lex regia라고 불리는 이 법조항에는 로마 전체 인민을 대표하는 황제로서 최고권이 명시되어 있다. 이렇게 보편제국을 대표하는 최고권자로서 황제라는 사상은 기독교 논리에 의해서 강화된다.[4]

구약성서에서 군주는 신에 의해서 임명되며, 기름 부은 자로 그 권위가 인정된다.[5] 아울러 신약성서에서는 예수가 빌라도에게 "네가 위로부터 받지 않았으면 나에 대해서 아무런 권한도 없었을 것이다"라고 말함으로써 지배자의 권위가 신으로부터 유래함을 밝히고 있다.[6] 황제는 신에 의해서 지상에 세워진 신의 대리인이라는 것이다. 여기에 당시의 현실적 상황이 황제의 속권에 대한 간섭을 용인하고 있었다. 교회는 여러 교파의 난립으로 정통 교리를 확립하지 못한 상태였고, 이민족의 침입 등은 제국이라는 강력한 현실 정치권력에 의존할 수밖에 없는 상황이었다. 내외의 불안정한 상황 속에서 교회는 황제에게 후견자 역할을 맡길 수밖에 없었던 것이

---

3) Quod principi placuit, legis habet vigorem: utpote cum lege reia, quae de imperio eius lata est, populus ei et in eum omne suum imperium et potestatem conferat. 이화용(2001), 68쪽에서 재인용.

4) 동로마 제국에서 그리스도 교와 로마의 황제권 개념을 연결시켜 지상에서 신의 대리인으로서 황제를 속권과 교권에 대한 유일한 지배자로 정당화시킨 이는 교회사의 아버지로 불리는 에우세비우스(c.263-339)라고 인정되고 있다. 에우세비우스에 대해서는 울만 (2000), 34-35쪽 및 Nicol(1988), p. 52 참조.

5) 사무엘기 상권 제10장 제1절에는 다음과 같은 구절이 나온다 : "사무엘은 기름병을 가져다가, 사울의 머리에 붓고 입을 맞춘 다음 이렇게 말했다. "주님께서 당신에게 기름을 부으시어, 그분의 소유인 이스라엘의 영도자로 세우셨소(……)."

6) "요한 복음서" 제19장 제11절.

다. 그러나 교권(教權)을 자꾸 침해하며 로마 교회의 권위를 무시하는 동로마 황제에 대한 불만은 어쩔 수 없는 것이었다.[7] 이러한 황제의 교권 침해에 맞서 처음으로 교황이 담당하는 교권과 황제가 담당하는 세속권에 대해서 논의를 한 사람이 교황 겔라시우스 1세(492-496 재위)이다. 그는 494년 동로마 황제 아나스타시우스 1세에게 보낸 "Duo sunt"라는 편지에서 소위 두 개의 권력론을 펼친다.

> 세상을 지배하는 두 권력이 있는데, 그 하나는 사제의 신성한 권력(autoritas sacrata pontificum)이며, 또다른 하나는 왕의 주권적 권력(regalis potestas)이다. 신의 심판에서 교황이 왕을 변호할 책임이 있는 한, 둘 가운데 사제의 책임이 더욱 무겁다.[8]

이는 교회의 영역과 황제의 영역이 서로 다름을 주장하고 있다. 따라서 황제는 교회의 영역을 침범해서는 안 된다는 것이다. 아울러 궁극적으로는 황제권보다 교황권이 더 우위에 있음을 주장하고 있다. 이는 황제권의 교황권에의 침해를 제어하기 위해서 서로 다른 영역의 존재를 주장하는 것이기 때문에 기본적으로 방어적인 것이었다. 그럼에도 신의 질서 속에서 영적 영역을 담당하는 교황권의 궁극적 우월성을 주장함으로써 차후 벌어질 일을 예견하고 있다고도 볼 수 있다. 그렇다면 황제권에 대항하여 우월성을

---

7) 장준철에 의하면 로마 교회가 동로마 황제에게 불만을 가지게 된 이유는 다음 세 가지로 요약될 수 있다. 첫째, 동로마 황제가 콘스탄티노플 총대주교의 권위를 로마 주교보다 우위에 두려고 했다는 것이다. 둘째, 동방 교회가 공의회를 개최했을 때 로마 교회의 대표자가 부재함에도 중대한 문제를 결정함으로써 로마 교황의 권위를 인정하지 않았다는 것이다. 셋째, 동로마 황제가 공의회의 개최나 결정, 기타 종교 문제에 개입함으로써 교회의 고유 권한을 침해했다는 것이다(장준철[1997], 56쪽). 이 점들을 종합하면 황제가 교권을 침해했다고 파악한 점이 문제의 핵심이라고 볼 수 있다.
8) 장준철(1997), 58쪽에서 재인용.

주장하는 교황권은 어떻게 나오게 되었는지를 잠깐 살펴보도록 하자.

기독교가 로마의 국교가 되면서 교회는 로마의 법과 제도를 받아들이면서 발전하게 된다. 교황을 수장으로 하는 행정체계는 황제권을 정점으로 하는 제국의 중앙집권적인 체계의 영향을 받은 것이다. 그러나 그 기저에는 기독교적 논리가 있는데, 바로 로마 주교로서 교황은 베드로를 계승했다는 것이다. 신약성경에는 베드로에 대해서 다음과 같이 적고 있다 : "너는 베드로이다. 내가 이 반석 위에 내 교회를 세울 터인즉, 저승의 세력도 그것을 이기지 못할 것이다. 또 나는 너에게 하늘나라의 열쇠를 주겠다. 그러니 네가 무엇이든지 땅에서 매면 하늘에서도 매일 것이고, 네가 무엇이든지 땅에서 풀면 하늘에서도 풀릴 것이다."[9] 예수의 수석 제자로서 베드로가 순교한 로마에 세운 교회의 우두머리인 교황은 그리스도가 베드로에게 부여한 권한의 후계자라는 것이다.[10] 로마 법, 특히 상속법에 의지하여 해석된 성경에 언급된 "묶고 푸는" 권한은 그것을 받는 사람의 인격과는 무관하게 독립적인 것으로 해석되었고, 이는 다음의 두 가지 결과를 낳는다. 하나는 교황의 권한은 정확히 예수의 수석사도로서 베드로의 권한과 동일시되었고, 다른 하나는 교황은 전임 교황을 계승하는 것이 아니라 바로 베드로를 계승한다는 것이다. 전자를 통해서 교황은 인격에 의해서 판단되는 것이 아니라, 베드로의 권한과 의무를 부여받은 그 직책으로 평가되었다. 후자를 통해서는 교황이 전임 교황에 의존하는 것이 아니라 베드로의 계승자로 평가되었기 때문에 전능권(plenitudo potestatis)을 부여받은 것으로 보았다.[11] 물론 이러한 과정이 단시일에 이루어진 것은 아니

---

9) "마태오 복음서", 제16장 제18절-제19절.

10) 울만(2000), 26쪽.

11) 이것들은 교황 레오 1세(440-461 재위)의 체계화에 기인한 것으로 이에 대해서는 울만 (2000), 26-29쪽 및 Canning(1996), pp. 29-34 참조.

다. 여기에는 교회를 신자들의 공동체, 특히 신비적인 몸체로 파악하는 바울의 이론도 기여를 하게 된다. 신자들로 이루어진 신비적인 단일 몸체인 교회에서 교황은 수장으로서 그 머리의 역할을 맡게 되고, 몸체인 교회를 지도할 책임을 떠맡게 된다.[12]

## I. 두 보편권력의 대립 : 황제권 대(對) 교황권

### 1. 교황 권력의 상승 : 교권정치론

비잔틴 황제와의 갈등 속에서 이제 로마의 교황들은 서로마 지역에 눈을 돌리기 시작한다. 그레고리우스 1세(590-604 재위)는 랑고바르드족을 포함하여 옛 서로마 지역의 이민족들을 대상으로 선교 사업을 확장해나간다. 이는 영국 지역으로까지 확대되어 서로마 지역을 기독교화하는 데에 중요한 역할을 하게 되었다.[13] 동로마와 거리를 취하면서 서로마 지역에 관심을 기울인 노력들은, 메로빙거 왕조를 몰락시키고 새로 세워진 카롤링거 왕조와 교황의 이해관계가 일치하면서 큰 성과를 낳기 시작했다. 메로빙거 왕조의 궁재(宮宰)였지만, 그 왕조를 몰락시키고 새로 카롤링거 왕조를 세운 피핀(714-768)은 자신의 정당성을 교황으로부터 받아냈고, 그는 그 보답으로 교황의 요구를 들어주게 되었다. 피핀은 중북부 이탈리아의 랑고바르드족과 전쟁을 치른 후에 점령한 지역을 교황 스테파누스 2세(752-757 재위)에게 교황령으로 기증을 하는데, 이때 중요한 역할을 수행한 것이 바로 콘스탄티누스 기진장(Donatio Constantini)이다. 이는 1440년

---

12) 바울의 신비한 몸체론에 대해서는 성경의 "코린토 신자들에게 보낸 첫째 서간 제12장 제12-27절" 참조. 또한 교회의 몸체론에 대해서는 Struve(1978), pp. 87-97 참조. 신비한 몸체론에 관해서는 이 책 제1부 제1장 및 제3부 제1장 참조.

13) 이러한 공적은 그에게 "유럽의 아버지"라는 이름을 부여하게 했다. 울만(2000), 52쪽 참조.

에 인문주의자 로렌쵸 발리(1407-1457)에 의해서 위서(僞書)로 판명된 것이다. 그러나 이것은 중세 내내 큰 영향을 미치는데, 비잔틴 제국과 결별하고 독자적으로 서로마 지역을 중심으로 기독교 제국을 건설하기 위해서 교황청이 만들어낸 것이었다. 이 문서의 핵심 내용은 콘스탄티누스 대제가 교황 실베스테르 1세(314-335 재위)에게 옛 서로마 지역의 지배권을 넘겨주었다는 것이다. 그 내용에 대한 울만의 설명은 다음과 같다.

'제국의 권력과 영광, 활력, 영예 및 위엄을 로마 교회에 부여하기를' 원했던 콘스탄티누스 황제는 제국의 모든 기장, 상징물, 창, 홀, 보주, 제국의 기, 제위복, 제의 등을 교황에게 양도했다. 그리하여 이들 모두는 교황의 소유가 되었을 뿐만 아니라 콘스탄티누스는 겸손의 표시로 '마부'의 역할을 수행했다. (……) 한 걸음 더 나아가 그는 전 로마 시, 이탈리아의 모든 속주와 서로마 및 그기 기치겠던 엉궁을 교황에게 기승했나. 바시막으로 콘스탄티누스는 제관을 교황의 머리에 씌어주기를 원했으나, 교황은 가장 중요한 제관 착용을 거절했다. 그럼에도 불구하고 콘스탄티누스는 교황이 제국의 기장을 사용할 수 있다고 선언했다. 여기서 교황은 당시까지 생소한 명칭인 그리스도의 대리자로 묘사되었다. 법률상의 권리 가운데 집정관 및 귀족 임명권이 교황에게 양도되었다.[14]

기진장을 통해서 교황은 교황령을 얻을 수 있었지만, 더 중요한 것은 서로마 지역에서 최고권을 주장할 수 있는 근거를 마련한 것이다. 비잔틴의 황제는 로마의 법령과 전통 등으로 인해서 자신의 최고권을 주장할 근거를 가지고 있었다. 그러나 비잔틴 제국과 단절하고 옛 서로마 지역에서 세력을 확립하고자 했던 교황에게는 그 근거가 미약했다. 이에 로마 제국

---

14) 울만(2000), 52쪽. 기진장의 작성목적에 대해서는 이경구(2003) 참조.

의 황제가 최고권을 자신에게 이양했다는 위서를 만들어낸 것이다. 이를 통해서 비잔틴의 소위 "황제-사제" 질서가 서로마 지역을 중심으로 하는 교황의 "사제-황제" 질서로 뒤바뀌게 되었다. 이제 예수의 대리인으로서 교황은 교권과 속권에 대해서 공히 지배권을 주장할 수 있게 되었다. 그리고 황제는 지상에서 신의 권위를 대신하는 교황의 도유(塗油)와 대관(戴冠)을 통해서만 그 권위를 인정받을 수 있게 되었다. 이러한 배경하에 피핀의 아들인 샤를마뉴(768-814 재위)가 800년에 교황의 대관하에 신성 로마 제국의 황제에 오르게 된다.

그러나 비록 교황의 대관에 의해서 황제의 자리에 올랐지만, 황제는 황제였다. 신에 의해서 권위를 인정받았고, 세속권력의 최고 지위에 있는 인물이 황제였다. 더구나 교황들은 영적 권위만 가지고 있었지 무력을 가지고 있었던 것은 아니며, 당시는 아직 교황들이 비잔틴 제국의 간섭으로부터 벗어나기 위해서뿐만 아니라, 기독교화되지 않은 민족들의 침입으로 인해서 세속권력의 보호를 필요로 하고 있던 때였다. 다시 말해서, 교황과 황제의 권력 행사 영역은 서로 교차할 수밖에 없었고, 이는 또다시 대립으로 나타나게 된다. 사실 샤를마뉴는 비잔틴 제국과 대비되는 서로마의 황제가 되고 싶었던 것이다. 따라서 그는 비잔틴의 황제-성직자 의식을 그대로 가지고 있었다. 이는 그가 교황 레오 3세(795-816 재위)에게 쓴 다음의 한 서신에도 잘 나타나 있다.

신의 도움에 힘입어, 사방에서 공격해오는 이교도들과 비신도들을 상대로 싸우고, 기독교 신앙의 지식을 강화함으로써 그리스도의 성스런 교회를 수호해야 하는 것은 짐의 일이고, 모세처럼 두 손을 들어 짐의 군대를 돕는 일은 그대가 해야 할 일이다. 그리하여 그대의 기도와 신의 은총에 의하여 기독교인들은 도처에서 적들에 대하여 승리를 할 것이고 (……).[15]

그는 황제의 임무를 기독교 세계를 보호하는 것으로, 교황의 임무는 황제를 위해서 기도하는 것으로 파악했던 것이다. 황제는 교황이 대관을 하긴 하지만 교황은 신의 의지를 대신하는 것일 뿐이다. 따라서 황제의 정당성은 신으로부터 직접 오는 것이다. 다시 말해서, 교황은 지상에서 예수의 대리인이지만, 황제는 예수의 아버지인 신의 대리인으로서 지상의 제국을 통치한다는 것이다.

그러나 교황의 입장은 전혀 달랐다. 신으로부터 황제의 권위가 나왔지만 지상에서 그것을 인정하고 중재한 것은 바로 교황이었다. 도유와 대관의 의식이 바로 그것이었고, 그것 없이는 황제가 될 수 없다는 것이다. 다시 말해서, 샤를마뉴가 황제가 될 수 있는 것은 교황이 황제의 관을 그에게 씌어주었기 때문에 가능한 것이었다. 이는 왕관을 씌어줄 때, 행하는 다음의 기도문에 잘 나타나 있다 : "전능하신 하느님의 권위와 그리고 우리와 모든 주교 및 하느님의 다른 종들의 전달을 통하여 그대에게 위임된 자리를 지금부터 굳건히 유지하라."16)

그러나 황제가 교황보다 우월하다는 주장은 동프랑크에 의해서 계승된 신성 로마 제국에서도 여전히 유지된다. 오토 1세(936-973 재위)는 핍박받던 교황의 요청에 의해서 이탈리아 원정을 떠나서 평정을 한 후, 962년에 조약을 맺는데, "황제는 성 베드로의 세습령에 대한 교황의 세속적 권리를 다시 보증해주는 대가로 어떤 교황이든지 자신의 동의 없이 선출될 수 없다고 요구"를 했던 것이다.17) 교황권이 여러 가지 혼란 상황으로 인해서 아직 정립이 되지 못한 채 황제권에 의해서 실질적으로 끌려다녔던 것이다.18)

---

15) 이경구(2000), 59쪽 주) 2에서 재인용.

16) 강일휴(1986), 195쪽.

17) 르 고프(1992), 79쪽.

그러나 그레고리우스 7세(1073-1085 재위)에 이르러 상황은 변하게 된다.[19] 역사상 서임권 투쟁 및 카노사 굴욕을 일으킨 교황으로 유명한 그레고리우스 7세는 교회의 개혁을 강하게 밀고 나갔던 인물이다. 그는 성직자의 결혼 금지와 성직 매매 금지를 엄격히 밀고 나갔다. 여기에 "교회의 자유"라는 슬로건 아래에 외적인 영향, 즉 황제나 군주 같은 세속인에 의한 성직자 임명을 금지하고자 했다. 사실 황제이면서 사제로서의 역할을 담당한 신성 로마 제국의 황제들은 종교회의를 주재하고, 성직자를 임명했으며, 교리를 규정하는 등 기독교 황제로서의 역할을 수행했다. 그런데 성직자의 임명은 정교한 정치 행위였다. 황제나 왕에 의해서 임명된 주교는 당시 두 가지 역할을 수행했다. 하나는 성직자로서 교회의 업무를 보는 것이었다. 다른 하나는 봉건 가신으로서 상위 주군에 대해서 군사적 봉사 및 조언 등을 수행하는, 봉토에 대해서 봉건적 토지 소유권을 가진 관리자였던 것이다.[20] 이렇게 하여 동프랑크의 신성 로마 제국 황제 시기에 "독일의 고위 성직자들은 왕의 지방 대리인들이 되었으며, 왕의 군대의 대부분은 교회의 토지에 속해 있는 자들로 편성되었다. 그 결과 독일에서 교회는 왕이 정책을 수행하는 데 있어서 하나의 핵심도구"가 되었던 것이다.[21]

교황은 교회의 일꾼들을 황제가 임명하는 것에 문제를 제기했고, 그것이 바로 서임권 투쟁이다. 이것은 황제의 서임권을 교황이 가져오겠다는 것이다. 그는 교황이 황제보다 우위라는 것을 주장하는 것이다. 이는 그레

---

18) 이경구는 당시 교황의 상황을 다음과 같이 묘사한다: "이미 9세기 말 10세기 초에 프랑크의 군주국이 유명무실해짐에 따라서 로마 교회의 특별한 '보호자'도 사라지게 되었다. 이처럼 유력한 보호자를 상실했을 뿐만 아니라, 아울러 교황들의 우유부단함, 로마 귀족들의 강압적인 지배, 교황들의 빈번한 교체 등으로 인하여 교황권은 극히 약화되었다"(이경구[2000], 112쪽).

19) 교황 그레고리우스 7세에 대해서는 베렌트(2009) 참조.

20) 이영재(2005), 39쪽.

21) 이경구(2000), 99쪽.

고리우스 7세가 1075년에 반포한, 총 27개의 조항으로 이루어진 "교황권에 관한 규정(Dictatus papae)"에 잘 나타나 있다.[22] 예컨대 3조에서는 "교황만이 주교들을 해임하고 복직시킬 수 있다"라고 하고 있으며, 13조에서는 "교황은 필요한 경우 주교를 한 교구에서 다른 교구로 전보할 수 있다"라고 적혀 있다. 이것이 서임권과 관련된 것이라면, 9조의 "모든 세속군주들은 교황의 발에 입 맞추어야 한다"라든지 12조의 "교황은 황제들을 폐위시킬 수 있다"라는 언급 등은 교황의 황제에 대한 우위권을 천명한 것으로 볼 수 있다. 이러한 주장은 실제로 교황 그레고리우스 7세가 신성 로마제국의 황제 하인리히 4세(1056-1106 재위)의 파문을 선언하는 데에서 절정을 이룬다.

(……) 그리고 나의 직무는 신께서 부여하신 묶고 푸는 권한이다. 따라서 이러한 믿음을 하신하여, 신과 교회의 영광과 보오글 위하여 선시선능한 성부, 성자, 성신의 이름으로 본인은 신의 권한과 권위를 통하여 황제 하인리히의 아들인 국왕 하인리히로부터 독일과 이탈리아 전왕국의 통치권을 철회하노라. 왜냐하면 그는 전대미문의 오만함으로써 신의 교회에 저항했기 때문이다. (……)[23]

잘 알려져 있듯이 교황의 파문에 황제는 1077년 카노사로 와서 사죄를 하고 사면을 얻게 된다. 이후 일의 전개는 다시 황제에게 유리하게 돌아가고, 교황은 재파문을 내리지만 아무 소용이 없게 된다. 그러나 서임권 투쟁을 통해서 교황권과 황제권은 그 이전과는 전혀 다른 관계에 놓이게 된다. 교황은 교권이 세속의 권력 위에 서 있음을 주장함으로써 이후 교권정

---

22) 강일휴(1986), 201쪽.
23) 강일휴(1986), 202쪽.

치론의 발전에 기여를 하게 된다. 그러나 황제는 이전의 황제우위론인 황제-사제의 논리 대신 세속의 영역과 영의 영역, 즉 속권과 교권의 분리를 주장하는 수세적인 입장을 취하게 된다.[24] 교권이 세속권을 침해하려고 하자 예전에 자신의 영역이라고 주장했던 교회의 영역을 뒤로 하고 세속의 영역만이라도 자신의 것으로 지키고자 했던 것이다.

이후 교황과 황제의 논쟁은 교권과 속권이, 혹은 영적 검과 세속적 검이 위계질서 속에서 하나로 합쳐져 있는지 아니면 분리되어 있는 것인지의 두 개의 논의 과정을 따라 움직이게 된다. 하나로 합쳐져 있다는 것은 교황의 교권정치론의 핵심 주장이며, 분리되어 있다고 보는 것은 황제 측의 주장이다.

교황의 힘은 점점 더 증가해갔는데, 교황 인노켄티우스 3세(1198-1216 재위)와 4세(1243-1254 재위)는 신성 로마 제국 황제들과의 대결에서 교황권의 우위를 주장했다. 그러나 무력을 통해서 이탈리아에서 세력을 확장하고 있었던 황제들은 다시 황제권의 강화를 꾀하고 있었다. 로마 제국의 황제라는 이상(理想)에 충실했던 프리드리히 1세(1152-1190 재위)는 북부 이탈리아를 점령한 후 1158년 롱칼리아에서 열린 제국의회에서 이탈리아의 지배권을 재확인했다. 이탈리아의 지배권을 두고 황제와 교황이 갈등을 겪게 된 것이다. 황제는 이탈리아도 제국의 영토이기 때문에, 교황은 콘스탄티누스 기진장으로 인해서 이탈리아에서 그 소유권을 주장할 수 있었던 것이다. 이들 간의 대립은 서로의 우위를 주장하기 위해서 두 개의 칼 혹은 교권과 세속권 간의 관계를 논하는 것으로 나타난다. 이는 교회법 학자들 내에서도 의견의 차이를 만들어 내었다. 예컨대 피사의 후구치오 같은 인

---

24) 하인리히 4세는 1076년 보름스 제국의회를 소집하기 위한 편지에서 "두개의 검" 이론에 기대어 교권과 속권의 분리를 주장하고 있다(이경구[2000], 183쪽).

물은 "황제와 교황의 권한은 어느 하나가 다른 하나로부터 파생된 것이 아니라, 각각 그 권한을 직접 신으로부터 받았다. 성서의 '보라! 여기 검이 둘 있노라'는 구절이 두 권한은 명확히 구분되어 있다는 것을 입증해준다" 라고 적고 있다.25) 이는 교권과 세속권의 분리를 언급하는 것이다. 반면 교황측에서는 교황의 우위를 주장하기 위해서 분리가 아니라, 교황의 일원론적 우위를 주장한다. 예컨대, 교황 인노켄티우스 4세의 교황의 단일수장론에 영향을 준 알라누스는 다음과 같이 일원론적 성직정치론을 말하고 있다.26)

> 정신적인 문제에 있어 교황이 황제에 사법권을 행사할 수 있음은 누구에게나 자명한 일이다. (……) 후구치오에 의하면 세속적인 문제에 있어서는 교황이 황제에게 사법권을 행사할 수 없고 관습법에 따라 황제를 선출한 군주들의 동의가 있은 경우에만 황제를 폐위시킬 수 있다고 한다. 그리고 그에 의하면 황제는 교황에게서가 아니라 신에게서 검을 수여받았다고 한다. 그러나 사실상 교회법에 따르면, 세속적인 문제에 있어서도 황제는 교황에 종속되어 있고 그의 검도 교황에게서 받는다. 왜냐하면 하느님이 2개의 검을 내리셨고 베드로와 그의 계승자들인 교황들은 바로 하느님의 대리자이기 때문이다. (……) 그리고 누가복음에 나오는 "보라! 여기 2개의 검이 있나니 (……)"라는 베드로의 말은 베드로가 2개의 검을 갖고 있음을 의미한다.27)

아울러 인노켄티우스 3세는 황제의 선출에서 선제후(選帝侯)들의 선거를 인정하지만 그것이 효력이 있게 하는 것은 샤를마뉴 시기에 황제권을

---

25) 이경구(2000), 184쪽
26) 장준철(1998), 120쪽.
27) 강일휴(1986), 204쪽.

비잔틴에서 독일로 옮겨온 교황에 있다고 주장한다. 황제 선출 과정을 유효하게 하는 것은 바로 교황이라는 것이다.[28] 이로써 교황은 황제 위에 군림함을 주장하고 있다.[29] 다시 말해서, "교황은 전체 그리스도 교 사회의 감독관이라는 것이다." 인간의 "죄악 때문에" 교황은 순전히 세속권의 문제, 즉 군주의 문제에 개입할 수 있다는 것이다.[30] 이를 통해서 인노켄티우스 3세는 교황의 세속권에 대한 우위를 명확히 했다.

교황 인노켄티우스 4세는 한 걸음 더 나아간다. 그는 1245년 리용에서 개최된 공의회에서 황제 프리드리히(1220-1250 재위)가 불복종하고 죄에 대해서 참회를 하지 않았음을 선포한다. 아울러 그것은 신성 로마 황제이자 시칠리아의 왕으로서의 자격에 걸맞지 않기 때문에 교황은 황제를 파문하고 폐위시킨다. 교황이 이렇게 할 수 있었던 것은 "풀고 매는 권력"을 기반으로 한 그의 권위에 있었다. 교황의 파문과 폐위 선고는 신의 결정을 공적으로 알리는 것이었다.[31] 교황 인노켄티우스 4세의 교황권에 대한 우월한 인식은, 교황들에게 교황령을 비롯해 세속의 권한을 주었던 콘스탄티누스 기진장에 대한 새로운 해석으로 나아가게 한다.

교황이 행사할 수 있는 세속권을 콘스탄티누스가 교황에게 준 것으로 생각하는 것은 잘못이다. 세속권은 본래 교회에 속해 있었다. 콘스탄티누스는 이 권한을 교회에 반환한 것일 뿐이다. 교회는 다시 신이 정해준 그 황제에게 세속권을 부여했다. 그러나 그에게 권한을 양여한 것이 아니라, 사용하

---

28) Watt(1988), p. 381.
29) 인노켄티우스 3세는 또한 "'내가 그대를 민족들과 왕국들 위에 세웠노라'라는 예레미야 제1장 제10절의 말씀을 자신에게 적용"하여 "신도집단 공동체 밖에 있고 그리고 그것을 초월해서 군림하는 교황의 우월한 지위인 교황 주권"을 보여주고 있다(울만[2000], 115쪽)
30) 울만(2000), 213-124쪽.
31) Watt(1988), p. 385.

도록 허락한 것일 뿐이다. 즉 세속적, 영적 두 검은 모두 교회에 속해 있으나, 전자를 황제가 사용토록 교황이 건네준 것에 불과하다.[32)]

세속권은 본래 교회에 속해 있었던 것이기 때문에, 콘스탄티누스 대제는 그것을 돌려준 것일 뿐이라는 것이다. 다시 말해서, 교회가 원래부터 제국의 주인이기 때문에 교황은 황제의 위에 있다는 것이다. 교황의 "풀고 매는" 권력으로 인해서 교황은 황제도 심판할 수 있는 최고권을 가지고 있다는 것이다.[33)] 이에 대해서 프리드리히 황제는 예전의 세속권과 교권의 분리를 주장한다.[34)] 교황은 교권을 담당하기에 영적인 것에 대해서는 판결을 내려도, 세속의 영역에 대해서는 침범할 수 없다는 것이다.[35)] 교황은 성과 속에서의 절대적 우위, 즉 세속권의 교권에의 복종을 주장했던 데에 반해, 황제는 두 영역의 분리를 주장했다. 이는 교황권의 영적 우위성은 인정하시만, 세속의 영역은 황제의 고유 영역으로 남겨져 있다는 것을 주장한 것이다.

이러한 교황권 우위론이 정점에 달한 것은 바로 교황 보니파키우스 8세(1294-1303 재위)의 유명한 교령 "거룩한 하나의 교회(Unam sanctam)"에서이다. 이 칙서가 나오게 된 배경은 프랑스 왕 필리프 4세(1285-1314 재위)와의 갈등관계에서 비롯된다. 교황과 프랑스 왕의 갈등은 두 단계를 거치게 된다.[36)] 우선은 필리프 왕이 교회와 성직자에게 세금을 거두려고 한

---

32) 이경구(2000), 201쪽.

33) Canning(1996), p. 124.

34) Watt(1988), pp. 385-386.

35) "(……) 물론 교황을 비롯하여 모든 성직자들이 황제에게 영적인 벌을 가할 권한은 있지만, 황제는 어떠한 법률에도 구속받지 않고 오직 신에게만 책임을 지는 존재이기 때문에, 신만이 (세속적) 벌을 가할 수 있는 존재임에도 불구하고, 감히 교황이 황제에게 불경죄를 선언하는 것은 교황의 월권이다"(이경구[2000], 203쪽).

36) 필리프 4세와 보니파키우스 교황의 대립에 대해서는 다음을 참조할 수 있다.

데에서 문제의 발단이 시작된다. 프랑스 왕은 영국과의 전쟁으로 인해서 세수(稅收)가 필요하게 되었고, 그것의 일부를 교회와 성직자들에게 전가시키려고 했던 것이다. 이에 교황은 "재속 사제에 고함(Clericis laicos)"이라는 교령을 내려 세속군주는 성직자에게 세금을 부과할 수 없음을 그리고 교황의 허락 없이 성직자는 세속군주에게 세금을 낼 수 없음을 분명히 했다. 이것이 첫 번째 갈등이라면 두 번째 것은 좀더 심각했다. 이 사건의 발단은 파미에의 주교인 베르나르 드 세즈를 필리프 국왕이 체포하여 신성모독, 이단 및 모반 혐의로 재판을 하려고 한 데에서 시작한다. 이는 성직자는 교황에 의해서만 심판을 받을 수 있다는 교회법을 어기는 것으로, 보니파키우스는 이것을 교황권에 대한 침해 및 심각한 도전으로 생각했다. 결국 교황의 요구로 주교는 풀려났지만, 갈등은 지속되었고 교황은 필리프 국왕을 상대로 "Ausculta fili"라는 교칙을 반포한다. "나의 사랑하는 아들아, 들어라"라는 구절로 시작하는 이 교칙에서 교황은 필리프 국왕에게 왕의 세속권력은 신의 대리자인 교황에게서 왔기에 국왕은 교황에게 복종해야 한다는 메시지를 분명히 하고 있다.[37] 이에 대한 국왕의 입장은 단호했다. 결국 이러한 일련의 대립들은 교황으로 하여금 "Unam sanctam"이라는 칙서의 발표로 나아가게 한다. 이 칙서는 1302년 교황 보니파키우스 8세에 의해서 공포된 것으로, 교황이 영적 검뿐만 아니라 세속적 검도 소유한다는 단일수장제 관념이 고스란히 드러나 있다.[38]

그러므로 하나요, 유일한 교회의 단일한 몸은 단일한 머리를 가질 따름이요, 괴물처럼 두 머리를 갖지 않느니, 그리스도와 그리스도의 대리자인 베드로와

---

Canning(1996), pp. 137-141; Canning(1988a), pp. 346-347; 장준철(2001).

37) Tierney(1988), pp. 185-186 참조.

38) 이 칙서에 대한 설명은 Canning(1996), pp. 139-140; Black(1992). pp. 48-49 참조.

베드로의 후계자가 (곧 그 머리다. (……) 두 개의 검, 즉 영적인 검과 현세적 검이 (베드로 후계자들의) 이 권한에 속하며 이는 복음 말씀에서 가르치는 바이다. (……) 그러므로 두 검, 즉 영적인 검과 현세적인 검 둘 다 교회의 권한에 속한다. 그러나 후자는 교회를 위하여 행사되고 전자는 교회에 의해서 행사되어야 한다. 전자는 사제의 검이요, 후자는 비록 국왕들과 군인들의 손에 있지만 사제의 묵인과 용인 속에서 행사되어야 한다. 그러므로 검이 검 밑에 놓여야 하고 현세적 권한은 영적인 권한에 종속되어야 한다.[39]

이 칙서는 가히 그때까지 주장되어오던 교권정치론, 즉 교황의 우월성을 입증하는 논리의 집대성이라고 할 수 있다. 인용문에 나와 있듯이 교황은 교회의 단일수장이다. 그리고 그에게는 그리스도인 모두를 돌볼, 다시 말해서, 지배할 권한이 주어져 있다. 그런데 그것은 영적인 세계만이 아니라 세속의 세계에서도 동일하다는 것이다. 영적인 검과 세속의 검이 모두 교회의 권한에 속한다는 것이다. 세속의 검이 비록 황제의 손에 있지만, 그렇다고 황제 마음대로 사용할 수 있는 것이 아니라, 교황의 지도하에 행사되어야 한다는 것이다. 교황의 성과 속에 대한 전일적 지배권을 주장한 것이다 : "영적 권한은 그 품위와 고귀함이 여하한 지상 권한보다도 월등하며, (……) 영적 권한은 지상적 권한을 설정하고 (지상적 권한이) 선하지 않으면 이를 판단할 (권리를) 가진다."[40] 따라서 교황은 그 누구에 의해서도 판단받거나 심판받지 않는 주권적 권력을 가진다는 것이다 : "만일 최고의 (영적 권한이라면) 하느님으로부터만 판단을 받고 사람들에게서는 판단을 받을 수 없으니, 이것은 사도께서 증언하시는 바와 같이 '영적인 사람은 모든 것을 판단할 수 있지만, 그 자신은 아무에게도 판단받지 않습니다'(1

---

39) "교황 보니파치우스 8세의 칙서", 단테(2009), 218-219쪽.
40) "교황 보니파치우스 8세의 칙서", 단테(2009), 220쪽.

코린토 2, 15)는 말씀이 있기 때문이다."⁴¹⁾ 그러한 주권은 신적 권위로서, 이는 바로 신이 베드로에게 부여한 "매고 푸는" 권력에서 기인한 것이다.⁴²⁾

교황 보니파키우스는 이 짧은 칙서에서 교황지상권론의 핵심 논리를 이야기한 다음, 마지막으로 세속의 권력자에 대한 경고의 말을 빼놓지 않는다. 즉 "누구든지 하느님에 의해서 설정된 이 권한에 맞서는 자는 하느님의 질서를 거스르는 것"이며, 그가 황제처럼 교권과 세속권은 서로 다른 영역이라고 말한다면, 그것은 이단이요, 신의 뜻을 어기는 것이라는 것을 명확히 한다 : "마니처럼 두 개의 원리가 존재한다고 생각하는 것이 아니라면 (이에 맞서지 못할 것이니), 우리는 (……) 이 주장을 거짓이요, 이단으로 판단하는 바이다. 그러므로 모든 인간 제도는 로마 교황에게 종속되어야 함을 선언하고 고지하며 구원에 필요한 (교리로) 정의하는 바이다."⁴³⁾

그러나 보니파키우스의 칙서는 힘을 가진 국왕을 강제할 수 없었다. 필리프 국왕은 교황을 이단으로 선포하고 그를 재판에 회부할 목적으로 체포할 계획을 세우나 우여곡절 끝에 교황의 죽음으로 국왕이 교황을 재판에 회부하는 일은 일어나지 않았다. 그러나 필리프 국왕은 프랑스 사람이 교황으로 선출되도록 했으니, 그가 클레멘스 5세(1305-1314 재위)이다. 이 프랑스 출신의 교황은 베드로 사제의 순교지이자 교회의 본산인 로마를 떠나 프랑스 남부의 아비뇽으로 교황청을 옮기게 된다. 이후 주로 프랑스인들로 이루어진 추기경들과 교황들이 교황청을 지배하며 아비뇽에 거주한 아비뇽 유수(1309-1377)와 두 명 혹은 세 명의 교황들이 나타난 교회의 대분열(Grand schism, 1378-1417)이 일어난다. 이로 인해서 이후 교황권은 예전의 최고권을 더 이상 주장할 수 없게 되었고, 단지 이탈리아에서 교황

---

41) "교황 보니파치우스 8세의 칙서", 단테(2009), 220쪽.
42) "교황 보니파치우스 8세의 칙서", 단테(2009), 221쪽.
43) "교황 보니파치우스 8세의 칙서", 단테(2009), 221쪽.

령을 가진 중소국으로서의 역할을 수행할 뿐이었다.

## 2. 제국의 방어 그리고 세속권의 독립

중세의 보편권력들의 대결은 교권과 속권의 우위에 대한 주장으로 요약
될 수 있다. 교권을 대표하는 교황은 자신들의 힘이 강해지면서 교권일원
론을 주장하게 된다. 반면 속권을 대표하는 황제는 제권일원론에서 교속
이원론으로 이동하게 된다. 다시 말해서, 교황이나 황제가 모두 힘이 약할
때는 교권과 속권은 분리되어 있다는 이원론을 주장하다가, 힘이 강해지
면 교권과 속권은 하나라는 일원론을 주장하게 되는 것이다. 그러나 두
보편권력의 대결 속에서 보편권력과는 다른 특수권력인 왕국이 등장하게
되었고, 이제 보편권력의 힘은 약화되어 많은 특수권력의 하나로서 기능
하게 된다. 이 과정에서 교황권과의 대결 속에서 교권과 세속권의 이원론
을 주장함으로써 세속 영역의 분리를 강조한 황제권 이론은 비록 그것이
보편권을 주장함에도 불구하고, 세속의 독립성을 주장하는 방향으로 나아
감으로써 보편국가와는 다른 영토국가 개념의 형성에 기여를 하게 된다.
여기서는 교황, 특히 보니파키우스의 주장에 대해서 세속영역으로서 제국
의 독립을 주장하는 단테의 『제정론』을 살펴보도록 하겠다.[44]

『신곡(神曲, *La divina commedia*)』의 저자로 유명한 시인 단테 알리기에
리(1265-1321)는 피렌체 정치에 깊숙이 관여했던 활동적인 정치가였다. 당
시 이탈리아의 도시국가들에서는 황제파(Ghibelline)와 교황파(Guelf)가 심
각한 대립을 하고 있었다.[45] 이들은 도시 내부의 정치 투쟁에서 파당들이

---

44) 단테의 『제정론』에 대해서 성염, "해제", 단테(2009), 231-303쪽 ; 울만(2000), 210-217쪽
   ; 윤비(2011), 407-438쪽 ; 스키너(2004), 111-114쪽 ; 플라시(1998), 237-241쪽 ; Canning
   (1996), pp. 150-153 참조.

45) 황제파인 겔프와 교황파인 기벨린이라는 말은 황제를 놓고 경쟁을 벌인 독일의 바이에
   른 공(公)이었던 "벨프(Welf)" 가문과 슈바벤 공이었던 "호엔슈타우펜(Hohenstaufen)" 가

대립하는 가운데, 외부의 주요 두 세력인 교황이나 황제의 도움을 받으면서 나타난 것이었다. 피렌체도 예외는 아니었고, 당시 정권을 장악하고 있었던 교황파는 백파(Bianchi)와 흑파(Neri)로 분열되어 서로 다투고 있었다. 단테는 집권당인 백파에 속해 있었는데, 교황 보니파키우스 8세와 연합한 흑파가 피렌체를 접수하자 그는 원치 않는 망명을 떠나게 된다. 망명 중인 1309년에 신성 로마 제국의 황제에 오른 하인리히 7세(1312-1313 재위)가 대관식을 위해서 이탈리아로 온다는 소식이 들렸고, 이에 단테는 황제를 열렬히 지지하는 입장을 표명한다.

교황 보니파키우스 8세의 칙서인 "Unam sanctam"에 대한 답변으로 여겨지고 있는 단테의 『제정론』은 제국의 보편권을 옹호하고 있다 : "현세 군주제, 사람들이 말하는 소위 제권(帝權, Imperium)은 단일한 주권으로서 시간 속을 살아가는 모든 사람 위에, 혹은 시간으로 측정되는 모든 사물 안과 그 사물 위에 군림하는 주권이다(1.2.2)."[46] 이 저서는 다루는 문제에 따라 크게 세 부분으로 구성되어 있다. 단테의 직접적인 언급에 의지해 그 문제들을 정리하면 다음과 같다. 첫 번째는 "군주제가 세계의 선익에 필요한 것인가" 하는 문제, 두 번째는 "로마 국민은 합법적으로 군주의 직위를 획득했는가" 하는 문제, 세 번째는 "군주의 권한이 하느님에게 직접 의존하는가, 아니면 다른 인물 즉 하느님의 사자나 대리자에게 의존하는가" 하는 문제이다(1.2.3; 3.16.16).

우리의 관심을 끄는 것은 바로 세 번째 부분이다. 단테는 여기서 이전의 교권지상주의가 기반하고 있는 논의들을 자세히 반박하고 있다. 단테는

---

문에서 나왔다. 겔프는 벨프의, 기벨린은 호엔슈타우펜 가문의 성이었던 바이블링엔(Waiblingen)의 이탈리아어식 표현이다.

46) 단테(2009), 15-16쪽(이하에서는 인용 부분을 표시할 때, 『제정론』의 권, 장, 문단을 차례로 표시한 괄호의 숫자를 사용할 것이다. 예컨대 [1.2.2]은 제1권, 제2장, 2번째 문단을 의미한다).

교권지상주의의 논리를 크게 성성에 근거하는 논리와 역사적 논리로 나누어 반박하고 있다. 성경에 기반 한 논리는 다음과 같다. 창세기에 나오는 큰 광체의 비유와 더불어 해는 교황권에 비유하고, 달은 황제권에 비유하여 달은 해의 빛을 받아서 빛이 난다고 주장하는 것이다(3.4.2,3).[47] 두 번째는 야곱의 아들들인 레위와 유다는 각각 사제직의 아버지이며 현세 통치권의 아버지인데, 레위가 유다보다 나이가 많으므로 교회의 권위가 제국보다 상위라고 하는 주장이다(3.5.1). 세 번째는 하느님의 대리인이었던 사무엘에 의해서 사울 왕이 옹립되고 폐위되었으므로, 황제의 권위가 하느님의 대리인인 교황에 종속된다는 것이다(3.6.2). 네 번째는 동방박사에게서 예수가 당시 영적이고 현세적 권위를 상징하는 유향과 황금을 선물 받았기 때문에 예수는 두 권위의 소유자이고 예수의 대리자인 교황이 그 두 권세의 소유자라는 주장이다(3.7.1). 다섯 번째는 마태오 복음서에 나오는 유명한 구절인 "매고 푸는 권세"에 관한 주장이다. 베드로가 그러한 권세를 예수에게 받았으니 그 후계자인 교황도 황제의 권한에 대한 법령과 교령 등도 매고 풀 수 있다는 것이다(3.8.2). 여섯 번째는 루카 복음서에 나오는 두 개의 검에 대한 논의이다. 성과 속에 관한 두 개의 검이 베드로에게 주어졌기에 그 두 권세 모두 베드로의 후계자인 교황에게 속한다는 주장이다(3.9.1).

다음으로는 역사적 논증방법을 언급하고 있다. 첫째는 콘스탄티누스 대제가 서로마 제국의 영토와 황제의 권한을 교회에 기증했다는 콘스탄티누스 기진장에 대한 언급이다(3.10.1). 두 번째는 샤를마뉴 대제가 교황에 의해서 대관되고 황제가 되었기 때문에 그 이후 황제의 권위는 교황에 종속된다는 것이다(3.11.1-2).

---

47) 이는 교황 인노켄티우스 2세(1130-1143 재위)가 교황권의 우위를 주장하기 위해서 사용한 논리이기도 했다(이경구[2000], 177쪽).

단테는 교황지상주의자들의 성경 논증에 자가당착적 과대해석이 숨어 있음을 지적한다. 다시 말해서, 신비적 의미가 없는 구절에서 신비적 의미를 과대해석하거나 원래 의미와는 다른 의미를 가져다 붙인다는 것이다(3.4.6). 예컨대 해와 달의 의미와 관련해서 단테는 달의 존재와 능력이 해와 무관하다고 말한다. "존재로 말한다면 달은 해에 전혀 의존하지 않으며, 그 능력이나 단순한 의미의 작용에서도 해에 의존하지 않는다"는 것이다(3.4.18). 레위와 유다의 경우도 권위와 나이는 서로 다른 것임을 지적한다. 나이가 많다고 권위가 더 높은 것은 아니라는 것이다. 이를 단테는 "이유가 아닌 것을 이유로 설정"하는 오류를 범했다고 지적한다(3.5.5). 사무엘과 사울의 관계에 대해서는 대리인과 사신을 구분한다. 전자는 권한을 위임받은 이지만, 후자는 명령을 단지 전달만 하는 자이다. 따라서 하느님의 대리인이라고 하는 교황을 설명하는데 사신의 역할을 담당했던 사무엘의 비유를 드는 것은 잘못이라는 것이다. 아울러 분해의 오류라는 논리학적 오류를 적용해서 하느님의 능력이 그 대리인인 교황의 능력으로 그대로 옮겨갈 수는 없음을 지적하면서 교황의 지상권을 부정하고 있다(3.6.3-7).[48] 또한 마태오 복음서에 나오는 "매고 푸는" 권한에 대해서 단테는 '무엇이든지'가 의미하는 것을 지적한다. 그것은 '모든'을 가리키는 절대적인 의미가 아니라, 베드로가 맡은 직책에 국한되는 것이라고 말한다. 따라서 그것은 제권의 교령과 법률까지를 풀고 맺을 수는 없는 것이다(3.8.11). 두 개의 검론에 대한 단테의 해석은 성경을 잘 읽어보면, 예수의 말을 베드로가 오해했다는 것이다. 예수는 최후의 만찬 날에 앞으로 다가올 곤란에 대비하라는 의미에서 단지 "칼이 없는 사람은 칼을 사거라"라고 이야기했는데, 베드로

---

48) 분해의 오류는 전체가 어떤 특성을 지니고 있다고 해서 그 부분도 그 성격을 가지고 있을 것으로 추론하는 논리학상의 오류를 일컫는다. 예컨대 철이가 일하고 있는 팀은 매우 중요한 업무를 수행하고 있기 때문에, 철이도 매우 중요한 일을 하고 있을 것이라고 추론하는 것이다.

가 잘못 알아듣고 대답을 했다는 것이다(3.9.6-8). 성경 해석의 비논리적이고 불명확한 해석을 지적한 단테는 교권지상주의자들의 역사적 논증으로 넘어간다.

우선 콘스탄티누스 기진장에 대해서 단테는 황제는 황제권을 양도 할 수도, 교회는 그것을 받을 수도 없음을 주장한다. 제국의 권한은 단일 군주인 황제에게 존재하기에 그것을 분할하거나 양도하는 것은 황제의 자기 부정이며, 황제권의 파괴라는 것이다. 아울러 황제는 그 이전에 존재했던 제국이 있었기에 그 권한을 받을 수 있었는데, 그 제국의 권력을 타인에게 양도하거나 분할하는 것은 황제의 권한이 아니라는 것이다(3.10.9-10). 또한 교회는 "마태오 복음서"를 통해서 현세적 사물을 받아들일 수 없음을 지적한다. 복음서에는 금, 은 같은 세속적인 것의 현세적 소유를 금하는 령이 명시되어 있기 때문에 교회는 황제권을 소유할 수 없다는 것이다(3.10.14-15). 이어서 단테는 교황들을 통한 샤를마뉴 이후 신성 로마 제국의 황제 대관이라는 주장에 대해서 반박하고 있다. 이는 그 역의 역사적 사실을 통해서 부정된다. 오토 황제가 교황들을 폐위시키고 복위시켰던 사실을 언급하고 있는 것이다(3.11.2-3). 이에 의하면 교황의 권위는 황제에 종속되기 때문이다.

이상의 논리적 반박들을 통해서 단테는 교회의 교황지상권론을 논박하고, 황제권과 교황권은 서로 다른 독자적인 것임을 주장한다. 황제권과 교황권은 각각 신의 권능에만 의존하는 것이며, 서로 다른 목적을 가지고 있다는 것이다. 교황은 "계시된 가르침에 따라서 인류를 영원한 생명으로 인도"해야 한다면, 황제는 "철학적 가르침에 따라서 인류를 현세 행복으로 영도"해야 한다는 것이다(3.16.10).

단테는 분열과 혼란에 빠진 이탈리아의 상황 속에서 평화를 희망했다. 그것을 위해서 단일권력의 필요성을 절감했고, 그 과업의 달성을 제국에 의지했다. 황제권의 보편성과 정당성을 주장하기 위해서 단테는 제국의 기원으로서 로마 제국의 정당성을 논구한다. "인류의 공공복지를 위하여 자신들의 편안을 포기한" 로마 제국은 모든 정치공동체의 목적인 "공동선"을 지향했기 때문에 보편제국으로서의 정당성을 지닐 수 있었던 것이다 (2.5.1-5).[49] 물론 제국의 보편성과 단일성이 전체주의적 폭압을 의미하는 것은 아니다. 그는 다양한 규모의 정치공동체의 특성과 자치권을 인정하고 있다.[50] 그러나 다양성이 혼란으로 타락할 때, 다양한 전체를 조율할 수 있는 최종심급에서의 단일성이 필요한 것이며, 그것이 바로 공동선을 지향하는 제국이다. 그러나 당시 이탈리아에서는 이러한 제국의 역할을 방해하고 있는 힘이 있었다. 그것이 바로 교황권이었다. 특히 교황권지상주의자들은 황제권이 교황권에 종속된다는 논리를 폄으로써 제국의 역할을 방해할 뿐만 아니라, 이탈리아에 혼란의 씨앗을 뿌리고 있었다. 이에 단테는 두 권위를 서로 독립적인 것으로 나누고자 한다. 이는 인간의 목표는 두 개의 서로 다른 최종목적을 가지고 있다는 주장에 의지하여 논구한다. 하나는 구원을 통한 내세의 행복이며, 다른 하나는 현세의 행복이다. 전자는 종교와 신앙의 영역이며, 후자는 세속국가의 영역이다. 전자는 교회, 즉 교황의 영역이고, 후자는 제국, 즉 황제의 영역이다. 여기서 단테는 다른 중세의 사상가들과는 달리 세속에서 현세의 행복을 내세의 행복에 종속시키지 않는다.[51] 그것들은 인간의 독립된 각각의 목적이라는 것이

---

49) 물론 단테는 성경에 의지해 제국의 보편적 정당성을 인정하기도 한다. 물론 여기에도 논리적 추론이 개입되는데, 예수가 로마 제국에서 태어났고 황제의 칙령을 인정했기 때문에 그 정당성을 인정했다는 것이다(2.10.6-8).

50) "국가, 왕국 그리고 도시들도 자기 나름의 특성이 있고 그것을 제각기 다른 법률로 다스려야 마땅하다. 법은 생활을 지도하는 규범이다(1.14.5)."

51) 예컨대 토마스 아퀴나스 같은 경우는 현세의 행복을 내세의 행복에 종속시키는 위계적 행복관을 가지고 있다. 이에 따라 사제의 권위를 더 높이고 있다. 이에 대해서는 성염 (2009), 270-286쪽 참조. 이에 더해 두 개의 최종목적에 관해서는 스키너(2004), 113쪽

다. 이 둘의 관계는 더 이상 수직적인 것이 아니라, 수평적인 것이며 병렬적인 것이다. 수평적인 것을 수직적인 것으로 만들려는 시도가 오히려 세상에 혼란을 초래한 것이다. 단테의 눈에는 "교회가 정치적 신국의 계획을 포기할 때에만, 비로소 그 무엇보다도 필요한 평화가 이탈리아에도 이루어질 수" 있는 것이었다.[52] 아우구스티누스 이래로 신국에 종속된 세속국가는 이제 자신만의 영역을 확립하기 시작한 것이다.


중세의 두 보편권력인 교황과 황제는 서로의 우위를 놓고 치열한 논리의 대결을 벌이게 된다. 물론 많은 경우, 이러한 논쟁은 무력을 통해서 끝나기도 했다. 그러나 이러한 두 보편권력의 논리적 대결은 결국 보편권력의 몰락 및 세속국가의 대두를 가져오게 했다. 교황권의 주장에 따르면 세속권은 결국 영적 권위에 종속되어야 한다는 것이다. 이는 내세와 현세의 분리 속에 인간의 궁극적인 목적은 구원 혹은 내세에서의 삶에 있다는 종교관에 바탕하고 있다. 세속의 독자성을 부정하는 일원론을 기반으로 하고 있다. 한편 황제권, 특히 신성 로마 제국의 황제권 또한 종교적 논리에 의거해 그 우위권을 주장한다. 그러나 이는 기본적으로 종교적 논리에 의지하는 한 예수와 베드로의 권위를 계승했다는 교황에게 언젠가는 무릎을 꿇을 수밖에 없었다. 이에 황제들은 성과 속의 분리를 주장하지만 그것은 수세적인 입장이었지 공세적인 것은 아니었다. 아울러 두 보편권의 대립 속에서 당시 새로 대두하고 있었던 왕국 및 도시국가들은 자신들의 이익을 취하기 시작했다. 예컨대 교황과의 대립 속에서 모든 군주권이 신으로부터 나옴을 선언한 프리드리히 2세의 주장은 황제가 아닌 다른 왕국의

---

참조.
52) 플라시(1988), 241쪽

군주들에게 그들의 지배의 정당성을 인정하는 결과를 낳게 했다. 또한 프랑스 왕의 수중에 들어간 아비뇽의 교황 클레멘스 5세는 한 교칙에서 "황제를 포함한 누구도 군주를 소환할 수 없다는 것을 법률적인 사항으로 강조"를 했는데, 이는 군주국의 영토에서 군주의 최고권을 인정한 것으로, 황제의 보편적 지배를 부정하는 결과를 낳았다.[53]

이탈리아와 조국인 피렌체의 분열 속에서 교황권의 부정적 역할을 체험한 단테는 평화의 회복이라는 대의 아래 제국의 보편권을 주장한다. 제국의 독립성을 주장하기 위해서 단테는 교황지상주의자들의 논의를 비판하고 부정한다. 그들의 일원론에 맞서 이원론을 주장한 것이다. 아울러 황제들이 이전에 자신들의 보편권을 성서적인 입장에서 주장했다면, 단테는 그들 주장의 자기모순성을 보이면서 이성적 논리에도 근거한다. 단테의 제국은 성서뿐만 아니라, 인간의 보편적 이성과 자연에 의해서도 근거 지워지는 것이다. 세속국가를 영적 권위나 신비적 권위에 의해서 지지하는 것이 아니라, 세속의 논리를 통해서 근거 짓는 것이다. 성과 속을 엄격히 분리함으로써 세속화를 이루어 나가는 것이다. 이제 국가는 더 이상 영적 권위 아래에서 사고하고 행동하는 것이 아니라, 인간의 현세적 목적하에 행동하고 사고하는 것이 되어버린다. 이를 통해서 독자적인 영역으로서 세속국가에 대한 사고가 만개할 수 있는 초석이 놓인 것이다.

---

53) 울만(2000), 220쪽.

# 제2장
# 이탈리아 국가들
## 공화국과 시뇨리아

　서양의 중세를 지배했던 두 개의 보편권력인 황제권과 교황권이 그 위력을 상실하자 그 사이를 뚫고 이탈리아 반도에서 나타난 것이 바로 도시국가의 발달이다. 도시국가의 정치체제는 주로 공화제와 시뇨리아이다. 공화제는 시민들의 참여 속에 자치를 실현하는 정치체제이다. 반면에 시뇨리아는 시뇨레, 즉 일인 지배자에 의한 전제 군주적 지배체제를 의미한다. 공화제를 대표했던 도시국가들은 피렌체 그리고 베네치아라고 할 수 있다. 반면 시뇨리아를 대표했던 나라는 밀라노라고 할 수 있다. 물론 어느 한 나라가 한 체제를 영속적으로 유지한 것은 아니었다. 한 나라에서 정치변동을 겪으면서 공화제에서 시뇨리아로 변하고, 시뇨리아에서 공화국으로 변하기도 했다. 그러나 이탈리아의 도시국가의 발전 단계를 일반적으로 말하면 도시공화정인 코뮌에서 일인 지배체제인 시뇨리아로 이동했다고 볼 수 있다.[1] 이는 시민들 간의 파당화 경향과 그들 간의 대립과

---

[1] 북부의 시뇨리아 국가를 대표하는 밀라노의 경우 상대적으로 일찍 시뇨리아 체제로 변했던 반면, 피렌체는 15세기 중반에 메디치 가에 의한 실질적인 시뇨리아 체제로 이행한 이후, 다시 공화정으로 변동하는 등 정치적 격변을 겪다가 결국 1530년에 피렌체에 메디치 가의 공국이 들어서게 된다. 베네치아만이 이후 18세기 말(1797년)까지 공화정을 유지한 예외 국가였다. 이탈리아 도시국가의 공화제에서 시뇨리아로의 이행에 대해서는

투쟁이 격화된 데에 원인이 있다. "혼란스러운 '자유' 대신에 한 사람의 시뇨레에 의한 일사분란하며 강력한 통치를 수락하는 데서 살아남기 위한 최선의 희망을" 찾고자 한 것이었다.[2] 공화제는 "자유"를 내세워 시뇨리아보다 우월함을 주장했고, 시뇨리아는 "평화"와 "안정"을 구호 삼아 공화제보다 나은 체제임을 주장했던 것이다.[3] 교황권과 황제권이라는 두 보편권력으로부터 자유로워진 이탈리아의 도시국가들은 정치체제를 스스로 구성하는 가운데 공화제와 시뇨리아 체제를 경험하게 된 것이다.

이러한 두 가지 서로 다른 체제에 근거해 르네상스 시기 정치공동체들의 경험을 구성한 이들이 바로 야코프 부르크하르트와 한스 바론이다. 이탈리아 르네상스 연구에 금자탑을 쌓은 부르크하르트는 이탈리아 국가를 분석할 때 시뇨리아를 염두에 두었다고 할 수 있다. 그는 『이탈리아 르네상스의 문화(*Die Kultur der Renaissance in Italien*)』라는 르네상스 연구의 고전이 된 책에서 르네상스 시기 국가를 "예술품으로서의 국가" 즉, 인간의 창조물로 파악한다.[4] 국가라는 예술품은 바로 이러한 뛰어난 역량을 가진 개인에 의해서 만들어진다는 것이다. 이탈리아에서는 개인과 그 재능에 대한 인정이 여타 다른 나라들에 비해 훨씬 더 강하게 일어났기 때문에 이러한 개인성을 구현한 이탈리아 군주들은 자신들의 역량과 이해관계 그리고 합목적성 등에 대한 정신을 함양시킬 수 있었던 것이다. 이를 통해서 "계산되고 의식된 창작물, 곧 예술품으로서의 국가가 형성된 것이다" (부르크하르트 1999, 24-25). 출중한 능력을 가진 용병대장으로서 온갖 난관을 극복하고 밀라노의 지배자가 된 프란체스코 스포르차와 같은 인물이

---

Jones, (1977) 참조.

2) 스키너(2004), 125쪽.

3) 도시국가의 공화제와 시뇨리아에 대한 분석으로는 Jones(1965), Martines(1979), Najemy (2004), 스키너(2004), 123-131쪽 등 참조.

4) 부르크하르트(1999), 제1부 참조. 르네상스 국가 개념에 대해서는 Chabod(1964) 참조.

개성을 완성한 인물이자 예술품으로서 국가를 창조한 대표적인 예라고 할 수 있다. 크고 작은 전제군주국들을 세운 개인들의 능력들을 서술하면서 부르크하르트는 스포르차를 다음과 같이 칭송하고 있다 : "용병대장 프란체스코 스포르차는 아마 모든 이탈리아 사람들 중에서 가장 15세기적인 마음을 가진 남자였다. 천재성과 개인적인 능력이 이 사람에게서보다 더 빛나는 승리를 거둔 적은 없었다"(부르크하르트 1999, 68).

전제군주들과 그들의 시뇨리아 정치체제에서 나타나는 개인성과 그 발현으로서 근대성을 르네상스의 특징으로 파악한 부르크하르트와는 달리 바론은 공화제 정치체제를 지탱하는 시민적 문화를 강조한다.5) 바론은 특히 피렌체의 시민적 정치문화와 공화제에 초점을 맞추어 르네상스 시기의 도시공화국에 나타났던 자유라는 시민적, 공화제적 가치를 칭송한다. 이를 통해서 바론은 공화제에서 관조적 삶(vita contemplativa)보다는 정치에 적극적으로 참여하는 시민들의 활동적 삶(vita activa)을 강조하고, 대외적인 자립과 대내적인 자유를 옹호하는 시민적 인문주의(civic humanism)를 주장한다.6) 특히 그는 피렌체에서 이러한 시민적 인문주의가 발달할 수 있었던 원인을 전제국가였던 밀라노와 공화제국가였던 피렌체 간의 전쟁에서 찾는다. 이를 통해서 피렌체는 일인 군주가 정치를 독점하는 전제국가와 대비되는, 시민이 중심이 되는 공화제국가의 대표자가 되었던 것이다. 부르크하르트가 "독재정부와 독재자가 자의식적 개인을 출현시켜 르네상스 사회의 사상과 문화에 큰 자극"을 주었다는 주장을 펼쳤다면, 바론은 "고대 아테네와 로마 공화국의 이상과 정신을 부활시켜" 시민공동체 문화가 중심이 된 르네상스에 주목한 것이다. 부르크하르트와 바론의 주장

---

5) 르네상스 연구에 대해서는 퍼거슨(1991) 참조. 부르크하르트와 바론의 르네상스 관(觀)에 대한 비교 연구로는 진원숙(2000) 참조. 한편 바론의 부르크하르트에 대한 비판적 고찰로는 Baron(1988) 참조.

6) 이에 대해서는 바론의 두 책(1966 ; 1988) 참조.

을 통해서 르네상스 시기 이탈리아 정치 지형의 중심에 섰던 것은 일인 군주에 의한 지배체제로서 시뇨리아와 시민층이 정치의 중심에 섰던 공화제였음을 알 수 있다. 이하에서는 우선 시뇨리아의 성립 과정을 살펴본 후, 그것의 대척점에 섰던 공화국의 이념을 피렌체의 사례를 중심으로 서술할 것이다. 이를 통해서 르네상스 시기 이탈리아의 두 가지 중요 국가제도와 그 이념에 대해서 살펴보도록 하겠다.

## I. 시뇨리아의 성립과 발전

강한 중앙집권적 정부가 부재한 상황 속에서 성장한 이탈리아 도시국가들은 시민적 자치공동체, 즉 코뮌(commune)을 형성했다. 원래 그것은 중세 후기에 도시의 시민들이 상호 부조와 집단 방어를 위해서 맹세와 선서를 통해서 만든 단체였다. 시민들의 법인체로서의 성격을 지닌 코뮌은 그 당시 지배자였던 영주와 협상 및 교섭을 통해서 자치권을 획득했다. 봉건적 지배자로부터 자유를 획득한 코뮌 속에서 시민들은 재산 소유의 자유 등, 정치, 경제, 사회적 자유를 향유할 수 있게 되었다.[7] 이러한 자유의 획득은 이탈리아 중, 북부에서 그 두드러진 모습들을 드러낸 코뮌들에 의해서 12세기 말에 그 구체적 성과를 얻게 된다. 그것은 1183년의 콘스탄츠 평화협정이다. 이것은 이탈리아 북부에서 그 영향력을 행사하려고 했던 신성 로마 제국 황제인 프리드리히 1세와 이탈리아 북부 롬바르디아 지역의 도시 코뮌들의 연맹체인 롬바르디아 동맹(Lega Lombarda) 사이에 맺어진 협정이다. 북부 이탈리아에서 영향력을 회복하고자 했던 황제와, 독립과 자유

---

7) 1100년대부터 발달하기 시작한 코뮌과 그 형태의 변화에 대해서는 Chittolini(1994) 및 Martines(1979)와 퍼거슨(1989) 참조. 코뮌에 대한 국내 연구로는 김정하(2005) ; 안상준(2005) ; 안상준(2008) ; 김종법(2007) ; 이동수(2010) 등을 참조.

를 누리고 있었던 롬바르디아 지역의 도시 연맹 간의 레냐노 전투(La Battaglia di Legnano, 1176년)에서 후자가 승리했던 것이다. 이에 동맹은 황제의 주권을 인정하는 대가로 자치권을 얻게 된다. 형식적인 주권을 인정하는 타협을 통해서 실질적인 자율권을 얻게 된 것이다.

자치권을 인정받은 이탈리아의 도시공동체는 상업 및 산업의 발달과 더불어 인구의 유입 등으로 인해서 발전을 거듭하게 된다. 도시는 확대되어 주변 농촌 지역들, 즉 contado를 그들의 지배하에 넣고 영역을 확장하게 된다. 사실 알프스 이북의 유럽과는 달리 로마 시기의 도시체제가 이탈리아에서는 잔존하고 있었다. 여기에 인구의 증가, 상업의 발달 그리고 황제권과 교황권의 쇠퇴로 인해서 봉건적 관계에서 점차 자유롭게 된 것이다. 이때 도시의 주체는 농촌 지역의 소규모 땅을 소유한 채 도시로 이주한 소(小)귀족이었던 소지주층과 하급 관리들 그리고 기사계급 등 봉건 질서의 하부를 차지하는 세력들이 있다. 이들은 서로의 이해관계를 기반으로 하여 자신들의 삶의 터전으로 도시를 필요로 했고, 서약을 통해서 도시공동체를 구성했던 것이다. 이제 그들은 정부를 구성하고 집정관(consul)들을 뽑아 도시의 최고 집행기구를 구성하게 된다.[8] 자치를 수행하는 도시국가의 정치체제는 시민들이 선출한 콘술, 평의회 그리고 민회를 통해서 운영된다. 집정관은 주로 행정권과 사법권을 담당하는 최고 통치권을 위임받았으며, 평의회에서는 조언과 결정 등을, 민회에서는 중요한 법과 평의회의 결정을 추인했다. 12세기 신성 로마 제국의 주교이자 역사가였던 오토 폰 프라이징은 콘술에 대해서 다음과 같이 말하고 있다.

도시의 행정과 정치질서의 유지를 위해서 이탈리아의 주민들은 오늘날에도 여전히 고대 로마인들의 국가통치술을 전범으로 사용한다. 특히 그들은 자

8) 콘술의 로마적 유산과의 연관성은 Dilcher(1993) 314쪽 참조.

유를 사랑하여 자의적인 권력 행사에 맞서 콘술들을 통해서 지배받는다. 잘 알려져 있듯이 그들은 세 개의 계층, 즉 상급귀족, 하급귀족 그리고 평민들로 구성되어 있다. 오만을 제어하기 위해서 콘술들은 한 계층이 아니라 세 계층 모두에서 선출되었다. 그리고 그들이 권력욕에 현혹되지 않도록 하기 위해서 매년 바뀌었다. (……) 한 귀족이나 권력자에게 너무 많은 권력이 몰려 도시의 법령을 좌지우지할 수 없도록 했다. 그들은 타 민족들이 역병처럼 여겨 명예롭고 자유로운 것이 아니라고 천시했던 수공업에 하층의 젊은 이들이 종사하고, 수공업자들이 기사 작위나 고위 관직에 오르는 것을 주저하지 않도록 했다. 이렇게 하여 그들은 세계의 다른 도시들에 비해 부와 권력에서 월등히 앞서게 되었던 것이다.[9]

물론 이러한 콘술들이 기존의 주교와 봉건 영주가 누렸던 권력을 대체할 수 있게 된 결정적 근거는 황제의 인정이 있었기 때문에 가능한 것이었다. 황제권에 의한 도시 코뮌 정부의 인정은 봉건적 지배체제에 대한 비봉건적, 다시 말해서, 새로 상승하는 시민 세력들의 지배를 인정하게 된 것이다.

오토 폰 프라이징도 언급했듯이 콘술들은 다양한 계층에서 선출되었고, 이는 도시 지배세력의 구성과 비례했을 것이라는 것을 예측할 수 있다. 그들은 특히 행정권과 사법권을 가지고 있었는데, 어떻게 선출되었는지는 알려진 것이 별로 없다. 그러나 시민들의 민회에서 만장일치로 그들의 선출이 공표되고 통과되었다. 모든 시민들의 대표기관인 민회에서는 중요한 법률과 결정들이 확정되었다. 또한 심의와 통제 그리고 결정들은 다양한 평의회들에서 행해졌다. 콘술 이외의 민회나 평의회들로 이루어진 초기 도시공동체의 정부구조에서 드러나듯이 콘술들은 집단지배체제의 일원일

---

9) Dilcher(1993), 314-315쪽 참조.

뿐이있다. 그들은 난지 집행권만을 사용했을 뿐, 과거의 봉건 군주 같은 큰 권력을 소유하고 있지는 않았다.[10]

한편, 도시의 성장과 더불어 자치권은 확립되어가고 이는 도시 내 엘리트 가문들 간의 경쟁을 격화시키게 된다. 벌족들로 구성된 엘리트 가문들 간의 권력 투쟁은 자주 도를 넘어서게 되고, 이는 콘술들 간의 합의기구체가 더 이상 정치 상황에 적합하지 않다는 것을 드러나게 한다. 이로 인해서 12세기 중반부터 많은 도시들에서 포데스타(podestà) 정부가 나타나게 된다.

사실 콘술 체제는 구귀족과 신흥 시민 세력 간에 성립된 일종의 계급 간 타협체제였다.[11] 그러나 콘술의 대부분이 구귀족 계층 출신인 것에서 볼 수 있듯이, 도시 상공업자 계층은 아직 주도권을 장악하지 못했다. 이로 인한 이들 간의 경쟁은 점차 심화되었고, 그 첫 번째 귀결은 포데스타라는 제도의 탄생으로 나타난다. 포데스타의 등장은 콘술 체제 코뮌의 내적 갈등과 분란의 심화에서 기인한다. 도시 지배 계층의 성장은 제한된 공직에 대한 경쟁의 격화를 가져왔고, 그것은 도시의 끊임없는 당파 투쟁에 기름을 붓게 했다. 포데스타의 등장과 관련하여 1190년대 초의 한 연대기 작가는 다음과 같이 말하고 있다.

(도시의) 시민들 간의 불화와 증오심 그리고 분열은 자치도시의 콘술 직위를 갈망하는 많은 사람들의 상호 간 증오심으로 인해서 발생했다. 그래서 원로들과 도시평의회 의원들은 모임을 갖고 이듬해부터 자치도시의 콘술의 직책을 폐지하기로 결정하고 포데스타를 선택하기로 합의했다.[12]

---

10) 김정하(2005) 22-23쪽 참조.

11) 이에 대해서는 김정하(2005) 25쪽, Martines(1979) 등 참조.

12) 김정하(2005) 27쪽에서 재인용. 아울러 Waley/Dean(2010) 40쪽 참조.

이렇게 서약과 합의를 통한 통치기구였던 콘술은 도시 엘리트 가문들 간의 대립이 격해지자 그 갈등관계를 제어할 수도, 그 속에서 벗어나 있을 수도 없었다. 갈등관계로부터 나타난 타협의 산물이 바로 한 사람의 관리에게 힘을 몰아주는 것이다.[13]

12세기와 13세기 코뮌 자치정부의 관리 중 하나였던 포데스타는 원래 신성 로마 제국 황제에 의해서 임명되었다. 그러나 황제의 권력이 약해지자 자치정부는 자국의 시민들 가운데 포데스타를 선출했고, 그 역할은 코뮌 의회의 의장으로서 회의를 주재하는 것이었다. 그는 코뮌의 최고 집행 및 사법 행정관이었던 것이다. 그러나 귀족 가문 출신의 포데스타는 도시 내의 당파 투쟁에서 자유로울 수 없었다. 당파 간의 이해관계에서 자유로운 포데스타를 위해서는 자국민이 아닌, 타 도시의 뛰어난 인물을 초빙해야 했다. 그 결과, 포데스타는 이제 자국과 우호적인 관계에 있는 주변의 타 도시의 시민에게 맡겨진 것이다. 이러한 외국인 포데스타의 역할은 시민들 간의 당파 투쟁으로 혼란에 빠진 코뮌의 정치 환경에 평화와 안정을 가져오는 것이었다. 그런데 도시 내부의 불화로 인해서 고용된 최고 행정관으로서 포데스타는 그 권력 행사에서 여러 가지 제약을 가질 수밖에 없었다. 그는 외국인이었기 때문에 항상 의심의 눈초리 속에 있었다. 아울러 그의 권력은 위임받은 것이었기 때문에 행사에서 항상 제한받았다. 그 구체적인 사항을 들자면, 우선 임기의 제한을 받았다. 그들은 보통 1년이나 6개월의 임기를 수행했고, 임기가 끝나고 나서는 sindicatus라는 엄격한 감사를 받아야 했다. 연임은 불가능했고 도시를 떠나야 했지만, 그것은 감사에 통과한 이후에야 가능했다. 아울러 그들의 권력은 집행권과 사법권에 제한되어 있었고, 이것은 도시의 평의회에 의해서 엄격히 관리되었다 (Dilcher 1993, 317). 이러한 임기와 권력 행사의 제한은 도시의 대립하는

---

13) 포데스타(podestà)라는 단어는 힘, 권력을 의미하는 라틴어 potestas에서 온 것이다.

세력들이 요구하는 엄격한 중립성을 지키기 위한 도구였다.[14] 따라서 포데스타는 코뮌의 지배자라기보다는 법의 통치를 위한 고위 행정관이었다고 보는 것이 타당하다(Waley/Dean 2010, 42). 그는 지배권을 행사하지는 않았던 것이다. 그러나 국내의 정치적 상황에 따라 포데스타는 중요한 역할을 수행할 수 있었다. 분란이 심해져 위기가 닥쳤을 때, 포데스타는 당파의 지도자들을 추방할 수 있었으며, 도시를 설득하여 전쟁에 개입하도록 할 수 있었다. 그러나 이러한 포데스타의 힘과 역할은 도시의 다른 세력의 성장과 함께 쇠퇴하게 된다. 그들은 바로 포폴로(popolo)였다.

상업자본주의의 급격한 발달과 더불어 코뮌은 변화를 맞게 된다.[15] 대외적 자립을 표방하고 시민적 공동체를 구성한 도시국가로서 코뮌의 한 구성 부분이었던 시민계층은 자본주의의 발달과 더불어 부를 축적하고 권력을 획득하기 시작했다.[16] 상업의 발달과 도시의 성장은 시민계층의 성장을 가져왔다. 이들은 자신들의 이해관계를 보호하고 증진시키기 위해서 자신들의 동업조합인 길드를 구성했다. 이 길드는 코뮌 체제를 모방하여 구성되었고, 도시 내에서 독자적인 위치를 차지하게 된다. 길드 내 행정권은 인민대장(capitano del popolo)이 가지고 있었고, 평의회는 그 정치적 지

---

14) 포데스타의 행동이 얼마나 제한적이었는지는 그가 대평의회의 허가 없이는 여행을 할 수도 없었으며, 도시의 다른 시민들과 자유로이 식사도 같이 할 수 없었다는 데에서 잘 드러난다(Waley/Dean[2010], 41).

15) 13세기 말 경제 지형의 변화를 상업혁명이라고 부르기도 하는데, 14세기에는 이미 복식부기가 단식부기를 대체했으며, 프라토의 대상인이었던 다티니의 회계장부에는 "하느님과 수익의 이름으로"라는 글자가 적혀 있었다(퍼거슨[1989], 133-139쪽).

16) 여기서 사용되는 자본주의 용어는 퍼거슨의 견해를 따른다. 그는 자본주의를 19세기 이후의 산업자본주의라는 좁은 의미보다는 "자본의 축적과 재투자가 비교적 대규모로 이루어지고, 고용주와 노동자 사이에 다소간 항구적인 신분적 격차가 나타나 점점 더 넓어지며, 기업 조직과 회계, 신용 그리고 환전의 형태가 복잡하다는 것 따위로 특징 지워지는 사기업 활동의 체제"라는 광범위한 의미에서 말하고 있으며, 그 본질적인 특징으로 "생계의 필요를 충족시키는 데 요구되는 양 이상으로 이윤 그 자체를 위해서 이윤을 추구하는 것"을 들고 있다(퍼거슨[1989], 130쪽).

도력을 그리고 위원회들에서 숙의를 담당했던 것이다.[17] 시민층의 성장과 그에 따른 길드의 세력 확대는 코뮌의 공적 기구들의 힘을 약화시켰다. 이에 따라 포데스타의 힘도 약화되게 된다.

인구 증가와 경제의 급속한 발전은 시민층의 권력 상승을 가져왔다. 이는 기존의 도시국가 체제 내에서 제한되었던 그들의 발언권을 강화하는 시도로 이어지게 된다. 이것은 주로 정치와 경제 부문에서 드러나게 된다. 정치 부문에서는 그들을 대변할 수 있는 제도를 만들거나 기존 제도를 수정하는 것이었다. 예컨대 예전에는 도시를 대변하는 시민들의 집합체인 민회에 참여하거나 공직을 맡을 수 있는 요건이 재산, 거주 기간 그리고 가문 등을 통해서 제한적이었다면 그 요건을 완화하는 것이다. 이로 인해서 13세기 중반까지 이탈리아의 많은 도시국가들에서 인민들이 평의회와 공직에 진출할 수 있게 되었다. 인민들에게 부과되는 과중한 과세와 국가 기금의 불공평한 사용은 경제적 불만의 핵심적 부분이었다. 아울러 귀족들에게 유리하게 적용되는 법체계는 인민들의 불만을 가중시켰다. 콘술 체제에서 포데스타 체제까지 도시국가는 귀족들에게 관대했던 것이다. 특히 구지배계층인 귀족들과 신흥세력인 인민들 간의 대립 속에서 법과 그 적용이 구세력의 편을 들고 있었던 것이다(Martines 1979, 47-50).

그들의 기득권을 지키기 위한 구세력과 자신들의 권리를 인정받기 위한 신세력 간의 다툼에서 후자는 기존 도시국가의 공적 제도의 보호를 받지 못했다. 이에 인민들은 자신들만의 제도를 만들기 시작한다. 시민계층을 기반으로 한 인민들은 자신들만의 조직을 만들었는데, 그것은 자신들이

---

17) 조르지가 지적하듯이 이 시기의 인민은 근대적 의미의 인민과는 다르다고 할 수 있다. 포폴로는 동질적인 집단이라고 할 수 없다. 그들은 상인, 장인들, 소자영업자, 의사, 법률가, 선생 등등으로 이루어져 있었다. 비숙련 노동자들, 고용 노동자들, 농부 그리고 가난한 자들이 포폴로에 속하지 않았다는 것은 명확하다. 따라서 포폴로라고 함은 주로 상인과 장인들로 이루어진 집단이라고 말할 수 있을 것이다(Zorzi [2004], 145).

기주했던 지역 혹은 직업에 따른 농업조합에 기초하여 구성되었다. 지역에 따른 구성은 이웃 주민들 간의 무장조직을 구성함으로써 성립되었다. 또한 이들은 그 직업 구성상 소규모 상공인들로 구성되어 있었기 때문에 각종 동업조합, 즉 길드와 그 구성이 중첩되어 있었다. 길드들은 자신들만의 행정지도체제 및 사법체제를 가지고 있었다.[18] 인민들은 귀족 출신의 기사들을 그 지휘관으로 삼지 않았고, 자신들 중에서 선출한 인민대장을 지휘관으로 두었다. 이러한 인민대장은 초기에는 여러 측면에서 포데스타의 모습과 닮아 있었다. 다른 도시 출신의 인물이 임명되었다는 점과 그 임기가 1년에서 6개월로 한정되어 있었다는 점 등에서 찾을 수 있다. 이렇게 자신들의 조직을 만들어 힘을 결집한 인민들은 권력자들의 무법성을 제어하고, 코뮌의 공적 기구들에서 자신들의 참여를 이끌어냄으로써 구귀족들과 권력을 분점할 뿐만 아니라, 나아가 주도권을 획득하는 데에까지 이르게 된다. 소위 인민성부라고 물릴 수 있는 이 정체들에서는 귀족들에 유리했던 기존 체제에 변화를 꾀하게 된다. 그것은 과세체계, 법체계 그리고 정치 참여의 세 부분으로 크게 나눌 수 있다. 과세체계에서는 예전에는 제외되어 있었던 귀족들의 재산을 평가하는 부분이 포함되었다. 형법체계에서는 피해자에 의한 고발 대신 법관에 의한 조사와 살인에 대해서는 타협과 화해 대신 사형이 도입되었다. 평의회 기구들이 늘어난 것처럼 그 구성원들의 사회적 배경도 확대되었다. 포폴로의 법령이 코뮌의 법령을

---

18) "13세기 초 자신들만의 정치제도를 수립하고 기존의 콘소르테리아와의 권력투쟁을 야기한, 대규모의 군대를 거느린 시민조직인 포폴로는 각 자치도시에서 다양한 경제적 이해관계를 대변하는 길드 혹은 조합을 단위로 성립되었다. 피렌체에서는 7개의 대 길드와 14개의 소 길드로 이루어진 21개의 포폴로가 있었다. 길드들은 각자의 군대를 소유하고 있었으며, 안치아니 혹은 프리오리 등 다양한 명칭으로 불리는 피선된 지도자들이 이끄는 연맹을 결성했다. 13세기 중엽까지 포폴로는 공동체의 관리직을 공유할 것과 투명한 세금 징수, 귀족들 간에 벌어지고 있는 소모적이고 파괴적인 투쟁의 종식을 요구했다"(크리스토퍼 듀건 2001, 69-70 번역 일부 수정).

지배하기 시작한 것이다(Waley/Dean 2010, 150).

　다양한 직업계층으로 구성된 포폴로들을 이끈 것은 대상인과 금융업자들이었다. 이들은 자신들의 부와 권력을 통해서 중소상공인들 및 자영업자들을 이끌어 구귀족층에 대항했고, 그들의 기득권을 타파하는 데에 주력했다. 대자본가와 중간계층 간의 연합이라고 할 수 있을 것이다. 그러나 구귀족을 어느 정도 제어하자 중소상인들의 요구가 늘어나기 시작했고, 대자본가들은 이들과 결별하기 시작한다(앤더슨 1993, 167-173). 약 1200년대 중반부를 기점으로, 그전까지는 은행가나 원거리 상업을 수행했던 대상인들이 구귀족 체제를 무너트리기 위해서 중간계층과 연합을 했다. 그러나 중반 이후에 목표 달성이 어느 정도 이루어지고 중간계층의 요구가 많아지자 포폴로들은 분열되기 시작했고, 그 귀결은 포폴로 정체의 동요였다(Martines 1979, 58-61). 이에 포폴로 내부의 분열이 심해지고, 포폴로 체제는 주도권을 잃고, 시뇨리아 체제로 이행하게 된다. 즉 분열의 심화로 인해서 기존의 포데스타나 카피타노 델 포폴로에게 전권을 위임하여 도시의 평화를 가져오고자 하는 열망이 분출되게 된다. 도시는 자유 대신에 안정과 평화를 희구했던 것이고, 그것을 위해서 한 사람의 강력한 통치를 용인했던 것이다.

　귀족과 포폴로 간의 대립, 포폴로 내의 부자와 중간층 간의 대립 그리고 이들 간의 중첩된 대립은 이탈리아 도시국가 내에 끊임없는 갈등과 투쟁을 야기했다. 이러한 대립으로 인해서 포폴로의 주도권은 강력한 권력을 행사하는 한 인물에게 넘어가게 된다. 권력의 집중과 개인화가 나타나게 된 것이다. 그런데 시뇨레는 많은 경우 포폴로의 지지를 획득하게 되는데, 그것은 귀족들의 폭력과 전횡을 제어해주고 평화와 질서를 가져다줄 인물을 필요로 했기 때문이다. 그러나 시뇨레는 대부분 귀족층에서 나왔기 때문에 포폴로의 이익보다는 귀족들의 이해관계를 옹호했다(Höchli 2005, 73).

포폴로는 하나의 단일한 계층으로 이루어진 집단이 아니었다. 구귀속이 행사했던 기득권에 대한 투쟁에서는 단결을 이루었다. 그러나 그들을 제어하고 포폴로의 정부를 만들자 곧 내부의 다양한 이해관계가 분출되었다. 아울러 포폴로에의 진입을 제한하기 시작했다. 미숙련 노동자들, 가난한 자들, 기간제 노동자들, 이민자들 그리고 자신의 동업조합을 만들 수 없었던 장인 등이 포폴로에 진입할 수 없었던 것이다. 이들의 불만은 포폴로 정체에 중요한 불안 요인으로 작용했다. 아울러 구귀족을 제어하자 포폴로 내의 부자와 엘리트 계층은 포폴로의 중간계층과 대립하기 시작했다. 새로운 귀족층이 형성되기 시작했고 그들의 이해관계는 중산(中産) 혹은 무산(無産) 계층과는 다를 수밖에 없었다.[19]

포폴로 정권은 길드 체제를 기반으로 하고 있었기 때문에 일인 지배체제인 시뇨레는 길드 체제와 양립할 수 없었다. 포폴로의 내분으로 귀족화된 상층 포폴로들은 자신들만의 정치를 수행하고자 했고 이는 과두정의 형태로 나타난다. 물론 이들은 구귀족들을 흡수하기도 했고 그들과 연합하기도 한다. 이렇게 형성된 과두지배체제는 좀더 평등한 포폴로 정권의 제도들을 점차 유명무실하게 만들고, 자신의 의사를 관철할 수 있는 허수아비 체제로 만들어간다. 예컨대 평의회를 자파의 사람들로 채운다든지 혹은 공직자 선출을 위한 예비선거인 추첨에서 그 명부를 자파에 유리한 사람들로 채우는 식이다. 다시 말해서, 예전의 제도적 형식은 유지를 하되 그 실질적 기능은 과두제나 그 우두머리로서 시뇨레에 유리하게 작동하도록 만드는 것이다. 나아가 시뇨레 체제가 더 공고해지자 그 일인 지배자는

---

19) 물론 한 정치권력이나 정치체제의 몰락은 한 가지 이유에서만 도출되는 것은 아니다. 마르티네스는 포폴로 정권의 몰락을 가져온 위기의 원천을 다음 네 가지로 설명한다. 첫째, 전쟁과 경제적 위기, 둘째, 화해할 수 없는 파당 간의 대립과 분열, 불안 그리고 공포의 지속적인 분위기, 셋째, 도시 내 파당 간의 합종연횡, 넷째, 다수 귀족의 강한 성향들이 그것들이다(Martines[1979], 97).

자신만의 평의회와 조언자 등을 통해서 정치를 수행했다. 이렇게 되자 옛 체제의 권력자였던 인민 대장이나 포데스타는 한낱 한 명의 행정관 수준으로 그 기능과 권력이 축소되게 된다(Martines 1979, 106-107). 옛 정치제도의 형식은 유지하면서 실질적인 권력을 장악해가는 시뇨레의 모습은 폭군들의 모습과는 다르다. 그들이 기존의 법질서를 무시한 것이 아니라, 이용했기 때문이다. 이는 특히 자신들의 정당성이 약할 때 더 나타난 현상이었다. 무력을 가졌음에도 적나라한 폭력보다는 법제도에 의지해 실질적인 권력을 장악한 후에 그들은 교황이나 황제로부터 인정을 받음으로써 정당성까지 확보했던 것이다.

요약하자면 시뇨레는 기존 제도에서 태동했다. 포데스타나 인민대장이 그 직위를 오래 장악하면서 자신의 힘을 확대하고, 평의회나 민회 같은 기존 제도를 무력화시키면서 탄생한 것이다. 나제미에 의하면 시뇨레의 권력 확립은 세 단계를 거친다. 우선 시뇨레들은 코뮌의 시민들 간의 당파 투쟁에서 승리한 엘리트 파당들의 리더들이었다. 이들은 코뮌의 구성원들을 대표하고 자신을 견제할 수 있는 제도를 무력화시키면서 권력을 집중하게 되었다. 두 번째는 도시의 평의회 같은 기존 코뮌의 제도에 의존하지 않는 자신의 권력기반을 필요로 했다. 그러나 자신만의 권력기반이 아직 미비했기 때문에 다른 더 높은 법적 권위에 의존했는데, 그것이 바로 황제나 교황의 대리인으로 허가를 받는 것이었다. 이는 황제나 교황의 권위에 의존하는 것이었지만 다른 한편으로는 코뮌의 제도에 의존하는 것으로부터는 벗어날 수 있었다. 또한 황제와 교황의 권력이 약해지자 시뇨레는 자신의 독자적인 힘을 확장시킬 수 있었으며, 나아가 황제나 교황에게만 허용되었던 "절대권(plenitude of power)"을 요구했다. 그리고 마지막으로 시뇨레는 더 높은 지위를 쟁취했다. 예컨대 밀라노의 잔갈레아초가 1395년 황제로부터 산 군주의 지위는 취소될 수 없었으며 세습 가능한 것이었다. 이러한 과정 속에서 기존 코뮌의 제도들은 잃어지거나 무시되었으며, 시뇨레의 결정을 추인하는 기관으로 전락했다. 다른 한편으로 시뇨레들은 자신의 측근들로 이루어진 소규모의 자문기구들을 구성하고 그것들이 주요한 역할을 하기 시작한다(Najemy 2004, 190-192).

시뇨레들은 이러한 권력의 독점과 집중을 통해서 다른 파당들을 제어했고 그것은 도시국가의 고질적인 문제였던 당파 투쟁과 그로 인한 혼란을 완화시키는 효과를 가져왔다. 싸움과 혼란 대신에 평화와 안정이 찾아온 것이다. 시뇨레 정부는 평화와 안정을 자신들의 업적으로 내세웠다.


## II. 공화국의 발전

일인 지배자인 시뇨레를 낳게 한 것은 코뮌의 공화제적 정부제도의 단점들 때문이었다고 볼 수 있다. 더딘 정책 결성, 정책 결정과 관련된 비밀 유지의 어려움, 외교적 우유부단 그리고 예측 불가능성 등등이 바로 그것들이다(Waley/Dean 2010, 176). 이러한 결점들이 위기와 혼란을 초래했기 때문에 그러한 제도를 없애고 권력을 집중시켜 시뇨레 체제를 만든 것은 어쩔 수 없었다는 것이 시뇨레 옹호자들의 논리이다. 혼란과 불안 대신에 안정과 평화를 시뇨레가 가져왔다는 것이다. 그러나 공화제의 옹호자들은 다른 논리를 편다. 안정과 평화는 독재와 폭군정을 숨기기 위한 것이다. 안정과 평화는 사실 자유의 상실과 다름 아니라는 것이다. 시민들의 자유와 평등을 위한 열망을 억압하는 일인 지배체제로서 시뇨레 체제는 폭군정이라는 것이다. 이렇듯 이탈리아 도시국가들은 자유 대 안정이라는 구도를 가지고 공화제와 시뇨레 체제가 대립하는 양상을 겪게 된다. 전자를 대표하는 국가는 피렌체였고, 후자는 밀라노였다.

밀라노는 다른 이탈리아의 도시국가들에 비해 상대적으로 일인 지배자인 시뇨레가 먼저 등장했고, 안정된 정치체제를 구축했다. 1200년대 밀라노에서는 델라 토레(Della Torre) 가문과 비스콘티(Visconti) 가문 간의 권력 투쟁이 있었다. 여기서 비스콘티 가문이 승리를 하여, 오토네 비스콘티는 대주교의 자리에 오른다. 오토네는 가문의 종손인 마테오를 시민군의 사령관으로 뽑히게 하는데 성공한다. 이어 마테오는 그의 임기를 연장시키고 황제의 비호를 받으면서 권력을 장악하게 된다. 황제로부터 합법적인 대리인 지위를 하사받았고, 밀라노의 군주로 인정을 받은 것이다. 마테오의 뒤를 이어 비스콘티 가의 조반니가 밀라노를 지배했다. 그의 사후에는 세 명의 조카인 마테오 2세, 베르나보 그리고 갈레아초 2세가 뒤를 잇게 된다. 이때까지만 해도 밀라노의 광범위한 영토는 분할통치되고 있었다. 베르나보는 밀라노에서, 갈레아초 2세는 파비아에서 밀라노 공국을 통치하고 있었던 것이다(듀런트 2011, 97-99). 그러나 이러한 분할통치는 갈레아초 2세의 아들인 잔갈레아초 비스콘티에 의해서 종결된다. 그는 삼촌이었던 베르나보와의 경쟁에서 승리하여 밀라노 공국 전체를 통치하게 되었을 뿐만 아니라, 영토를 확장하여 이탈리아 북부를 장악하기에 이른다. 잔갈레아초의 밀라노가 그 힘을 발휘하던 시기는 교황의 선출을 둘러싼 교회의 대분열로 인해서 교황청의 영향력이 현격히 줄어들고 있었다. 황제의 지지와 교황권의 약화라는 호조건 속에 밀라노를 지배하게 된 비스콘티 가문은 그 영토 확장의 욕구를 분명히 드러낸다. 비스콘티 가문의 치세는 그의 아들인 필리포 마리아 비스콘티를 끝으로 종말을 맞는다. 밀라노의 통치는 용병대장이자 비스콘티 가문의 사위였던 프란체스코 스포르차에게 넘어가게 된다(듀런트 2011, 303-307).

교황의 권력이 약해진 틈을 타 교황의 영향권에 있던 이탈리아 중부로까지 밀라노는 영토 확장의 야욕을 보이게 된다. 잔갈레아초 비스콘티는 1390년에 이미 중부 이탈리아까지 진출해 피렌체에 선전포고를 하게 된다. 밀라노는 1399년에 피사를 정복하고, 1402년에는 피렌체의 중요한 동맹군이었던 볼로냐 군을 격파하게 된다. 최대의 위기를 맞은 피렌체를 잠시 구원해준 것은 잔갈레아초를 예고 없이 세상에서 데리고 간, 당시 이탈리아를 휩쓸고 있었던 역병이었다. 그러나 그의 아들 필리포 마리아가 그의 아버지와 같이 전쟁을 계속해서 평화조약이 맺어지는 1400년대 중반까지 밀라노와 피렌체 간의 전투는 계속되게 된다.

이러한 밀라노의 확장 정책에 맞서 싸운 피렌체는 자유를 수호하는 공화정의 대표자로 자신을 내세우게 된다. 특히 독일 출신의 르네상스 사학자 한스 바론은 1400년 초에 닥친 위기를 기화로 피렌체에서 시민 인문주의(civic humanism)가 활성화되었다고 주장한다.[20] 바론이 강조한 피렌체 시민 인문주의의 대표자는 피렌체 공화국의 수장을 잇달아 역임했던 콜루초 살루타티와 레오나르도 브루니였다.

1375년부터 1406년까지 피렌체 공화국의 수상식을 수행했던 살루타티는 외부의 침입에 대항하여 피렌체의 자유를 옹호한다.[21] 비스콘티의 밀라노와 전쟁을 하기 전에 피렌체는 로마 교황군에 맞서는 "8성인의 전쟁

---

20) Baron은 소위 "바론테제"라 불리는 주장을 통해서 르네상스 연구에 새로운 바람을 불어넣는다. 그것은 기존의 부르크하르트가 주장했던 이탈리아 르네상스의 개인주의 테제를 반박하는 것이다. 부르크하르트는 르네상스가 근대 개인과 영웅에 의한 국가의 탄생에 기여했다는 주장을 펴는데, 바론은 그에 반해 시민들을 기반으로 한 인문주의와 공화주의를 강조한다. 그런데 바론은 이러한 시민적 인문주의가 1400년대를 전후한 밀라노의 비스콘티가의 침입으로 인해서 촉발된다고 본다. 정치적 위기를 겪으면서 시민들이 예전의 문학적 고전주의와 관조적 삶을 이상으로 삼는 경향에서 벗어나 정치와 역동적 삶에 관심을 가지는 시민적 인문주의를 활성화시켰다는 것이다. 바론에 대한 국내 연구문헌으로는 진원숙(1996) ; 진원숙(2000) ; 진원숙(2005) 및 임병철(2009) 등 참조. 외국 연구문헌으로는 Fubini(1992), Gundersheimer(1996), Hankins (1995), Hankins(2000), Najemy(1996), Witt(1996) 등 참조.

21) 이하 살루타티에 대한 논의는 『한국정치연구』 24집 2호(2015)에 실린 졸고 "르네상스기 피렌체 공화주의 연구: 시민적 인문주의에서 현실적 공화주의로"의 일부(314-317쪽)를 수정, 보완한 것이다.

(Guerra degli Otto Santi; 1375-1378)"을 경험했다. 살루타티는 이 전쟁에서도 교황에 맞서 피렌체의 자유를 옹호한다. 교황은 하느님을 대신해 세속의 영적 세계를 다스리는 보편권력이 더 이상 아니었다. 아비뇽 유수 이후 프랑스인들에게 넘어간 교황청은 더 이상 보편권력을 대변할 수 없었다. 살루타티는 고대 로마와 그 자유정신을 이은 피렌체를 강조한다. 아울러 이탈리아의 관점에서 야만족의 후손이었던 프랑스와 그들에게 넘어간 교황청을 비난했다. 로마의 정신은 자유를 사랑하는 마음이었고, 그것을 넘겨받은 피렌체 공화국 또한 자유의 수호자로 기능해야 했던 것이다.

자유의 수호자로서 피렌체 공화국이라는 기치는 확장정책을 통해서 피렌체를 위협했던 밀라노와의 대결에서 더 잘 드러난다. 밀라노는 비스콘티 가문의 지배가 공고히 정착된 군주국이었다. 군주국의 통치이념과 확장정책을 옹호하는 논리는 잔갈레아초에 의탁했던 비첸차 출신의 인문주의자 안토니오 로스키에 의해서 주장된다. 그는 피렌체인들이 밀라노와 피렌체 간의 전쟁을 공화적 자유와 군주제적 폭정 간의 대립이라고 표현하는 것을 비난한다. 동시에 그는 피렌체인들이 주장하는 피렌체 공화국이 로마 공화정의 후손이라는 사실을 부정한다. 나아가 로스키는 일인 지배체제로서 군주제는 평화와 질서를 위해서 공화제적 정부 형태보다 더 나은 체제라고 주장한다. 강력한 비스콘티 군주의 지배하에 북부 이탈리아가 통일되었기 때문에 그 지역은 평화와 안정을 누릴 수 있었고, 나아가 이탈리아 전체도 외세의 침입으로부터 보호를 받을 수 있었다는 것이다.22) 로스키는 "자유(libertas)"라는 기치를 내세운 피렌체에 대항하여 "통일(unitas)"과 "평화(pace)"라는 밀라노의 기치를 위치 지은 것이다. 이에 살루타티는 "로스키

---

22) 비스콘티 하의 밀라노를 지지하는 이들에게 잔갈레아초는 당시 지루하게 지속되고 있던 혼란과 분파주의를 종식시키고, 로마를 수도로 하는 통일된 이탈리아 왕국을 꿈꿀 수 있게 만들었다. 그는 이탈리아를 위해서 나타난 "메시아"와도 같은 존재였던 것이다 (Baron[1966] p. 37).

에 대한 반박문(In vectiva in Antonium Luschum Vicentinum)"에서 다음과
같이 이야기한다.

> 그들이 가장 사랑하는 자유를 수호하는 데에 심지어 로마인들보다 뛰어난
> 견고함과 강인함을 피렌체인들 속에서 당신은 보아왔고, 보고 있으며, 앞으
> 로 볼 것이다. 모든 피렌체인들은 그들의 생명을 지키는 데에뿐만 아니라
> 그들이 조상들로부터 받은 이 값을 매길 수 없는 축복을 지키는 데에 자신들
> 의 재산과 무기를 아끼지 않았다. (……) 자유에 대한 우리의 사랑은 위대하
> 다. 그러나 모든 사람들 중에서 가장 우둔한 당신은 그것을 수치스럽다고
> 했다. 당신처럼 자유를 경험해보지 못한 이들만이 그것을 평가하고 그 가치
> 를 이해하는 데에 실패할 수밖에 없다. 롬바르디아의 인민들만이—나는 그
> 것이 그들의 본성이나 생활양식 혹은 그 둘 다에서 기인하는지 모르겠다
> —자유를 바라지도 사랑하지도 않는 것 같다(Salutati 2000, /).

또한 이 글의 후반부에서 살루타티는 피렌체가 고대 로마 공화정 시기
에 세워졌다는 것을 부정하는 로스키를 반박하고 있다. 피렌체가 로마인
들에 의해서 건설되었다는 것은 도시에 남아 있는 로마 건축물들을 통해
서 명확히 알 수 있다는 것이다. 나아가 살루타티는 피렌체의 건설이 술라
시기에 이루어졌음을 주장한다. 이는 카이사르에 의한 피렌체 건설이라는
기존 입장을 뒤엎는 것이었다. 공화정을 파괴하고 일인 지배체제를 건설
한 카이사르가 아니라, 공화정의 시민들에 의해서 피렌체가 건설되었다는
것이다.[23] 자유를 기반으로 한 고대 로마 공화정의 시민들이 피렌체를 건
설했기 때문에 당시 이탈리아의 자유를 수호할 수 있는 적임자는 바로 피
렌체라는 것이다.

---

23) Witt(1969) 참조.

살루타티에게 피렌체는 이탈리아의 자유와 공화정의 자유를 대표하는 나라였다. 야만족인 프랑스의 침입에 대항해 자유를 지켜야 했으며, 비록 이탈리아의 국가이지만 랑고바르드족의 후손인 밀라노인들은 로마 공화정의 자유를 이해할 수 없었다. 로마 공화정의 후예인 피렌체만이 자유를 이해하고 지킬 수 있었던 것이다.

살루타티 외에도 피렌체의 일반 시민이었던 치노 리누치니는 로스키에 대한 비판을 수행한다. 그는 "안토니오 로스키 경의 반박에 대한 답변(Responsiva alla Invettiva di Messer Antonio Lusco)"이라는 글에서 로마 사(史)에 대한 언급을 통해서 밀라노가 군주제를 옹호하는 논리를 비판한다. 군주제적 통치의 가치는 로마가 왕정하에서는 단지 조금밖에 발전을 하지 못했지만 공화정하에서는 단기간에 제국을 이루었다는 점을 보더라도 쉽게 알 수 있다는 것이다. 노예로 사는 밀라노인들은 이해할 수 없는 "자유의 열매"가 얼마나 위대한지를 로마의 예를 통해서 주장하고 있는 것이다(Baron 1966, 76-77).[24]

살루타티와 리누치니가 피렌체의 자유를 로마 공화정의 역사에 의지해 해석하고, 밀라노 대 피렌체의 전쟁을 안정을 추구하는 왕정 혹은 폭군 대(對) 자유를 추구하는 공화국 간의 대결로 해석한 것은 이전의 해석 방법을 탈피한 것이었다. 즉 황제에 의지해 권력을 정당화한 밀라노는 황제파를 대표했고, 피렌체는 교황파를 대표했다. 따라서 밀라노 대 피렌체는 이탈리아 내에서 두 보편권력을 대변하는 양대 세력 간의 권력 다툼으로 파악되었던 것이다. 그러나 1300년대 후반 피렌체가 교황군과 대결을 펼친 후에 상황은 바뀌었다. 잔갈레아초의 밀라노 대 피렌체 공화국의 전쟁은 이탈리아를 통일하려는 세력과 이탈리아의 자유를 수호하고자 하는 세

---

24) 살루타티와 리누치니 등에게서 나타나는 피렌체의 자유의 개념을 당시 팽창하고 있던 피렌체 공화국의 제국주의적 측면에서 바라본 논문으로는 Hörnqvist(2000) 참조.

력 간의 대결로 해석되었던 것이다(Münkler 1982, 191-192).

중세의 두 보편권력의 권위에 기대어 스스로의 정치행위를 파악하는 대신 이제 고대 역사와 자신의 정치체제에 대한 고찰이 나타난 것이다. 고대 로마에 대한 새로운 해석과 그 가치로서 자유 등에 대한 재해석(카이사르에 대한 해석 및 공화국과 군주국에 대한 해석)을 통해서 피렌체 공화국을 본격적으로 드높인 것은 바로 살루타티의 뒤를 이어 공화국의 수장직에 오른 레오나르도 브루니였다.

브루니는 우선『피렌체 찬가(*Laudatio florentinae urbis*)』라는 작품을 통하여 피렌체 공화국이 비스콘티 가의 밀라노를 막아내고 자유를 지킬 수 있었던 이유를 근거 지운다.25) 그것은 피렌체가 자유의 모범이라고 할 수 있는 로마 공화정의 진정한 후손이고, 자유를 기반으로 한 공화정을 가지고 있었기 때문이다.『피렌체 찬가』는 네 부분으로 구성된다.26) 피렌체의 물리적 우월성을 칭송하고 있는 첫 번째 부분에서는 피렌체의 현명한 입지, 그 도시의 장관, 건축물 그리고 청결함 등에서 타 도시의 추종을 불허함을 이야기하고 있다. 도시의 기원을 논하는 두 번째 부분에서는 피렌체가 로마 공화정의 후예임을 강조한다. 공화정 시기의 시민들에 의해서 세워진 피렌체는 선조의 자유애를 물려받았기 때문에 전제정에 맞서 싸울 수 있었다는 것이다. 세 번째 부분에서는 피렌체가 다른 이탈리아 국가들과의 관계 속에서 보여준 역량이 언급된다. 자유와 정의를 위해서 동맹국을 도와주고 전제정의 침략에 대해서는 결연히 맞선 피렌체의 힘을 역설하고 있다. 마지막인 네 번째 부분에서는 피렌체의 정치체제에 대해서 설명한다. 그것은 자유와 정의를 구현하는 법제도를 구비했다는 것이다.

---

25) 이하 브루니에 대한 서술은『사회과학연구』26집 1호(2013)에 실린 졸고 "레오나르도 브루니의 혼합정체론"의 일부(80-85쪽)를 수정, 보완한 것이다.

26) 브루니의 공화주의와 그의『피렌체 찬가』에 대해서는 Baron(1966) 제3부와 Baron (1968), 제4장 참조.

브루니가 『피렌체 찬가』에서 공화정을 칭송하는 핵심 논지는 고대 로마의 정당한 후손이라는 것과 그것에 합당한 피렌체 공화정의 능력이었다. 우선 "온갖 위대함과 장엄함으로 가득 차 있기 때문에, 단순히 이탈리아의 모든 도시뿐만 아니라 나아가 고대의 모든 도시를 능가하는" 피렌체는 로마인, 특히 로마 공화정의 시민들에 의해서 건설되었다(브루니 2002, 37). 로마 공화정은 탁월한 시민들에 의해서 획득한 위대함이나 영토 그리고 힘 등에서 타민족의 추종을 불허하는 업적을 이루었다. 피렌체는 바로 이러한 "로마인들의 통치력이 가장 크게 번성하고, 다른 강력한 이민족의 왕들과 호전적인 세력들이 모두 로마의 힘과 덕성 아래에 정복되었던 바로 그 시기에 건설"되었던 것이다(브루니 2002, 42). 그런데 피렌체가 세워졌던 이 시기는 "공화정 로마의 암적 존재"였던 카이사르나 안토니우스 같은 이들이 로마인들의 자유를 파괴하지 못했던 때이다. 이러한 로마의 자유 정신을 물려받았기 때문에 피렌체는 여전히 자유를 구가하고 전제정에 맞서 싸울 수 있었다는 것이다. 여기서 브루니는 로마의 역사를 공화정의 단계와 전제정의 단계로 나누어 파악한다. 전자에서는 자유와 힘 그리고 위대함이 만개하지만, 후자에서는 그것이 소멸되고 살육과 폭압 등 온갖 악행이 저질러졌다는 것이다. 피렌체의 위대함은 바로 이러한 로마 공화정의 유산이라는 것을 브루니는 『피렌체 찬가』제1장의 마지막 부분에서 다음과 같이 설파한다.

로마의 정치적 힘과 자유 그리고 천재성이 빛을 발하고 있었으며, 특히 위대한 시민들과 더불어 로마가 크게 번성하고 있었던 바로 그 시기에 피렌체가 처음 건설되었다 (……). 타키투스가 말했듯이, 공화국이 독재자 한 사람의 손에 예속되면서 "이 모든 뛰어난 정신이 소멸되었습니다." 따라서 하나의 도시가 로마 제국의 모든 덕성과 존엄성이 파괴된 후에 건설되었는가 하는 문제는 매우 중요합니다. 왜냐하면 이러한 도시를 건설한 이들에게서는 어떠한 위대함이나 뛰어남도 기대할 수 없기 때문입니다. (……) 이 도시가(피렌체/저자) 건설될 당시에는 자유롭고 굴하지 않는 로마인의 힘과 존엄성, 덕성, 천재적인 기질이 발휘되고 있었습니다. 따라서 오직 피렌체만이 아름다움과 건축물 그리고 우리가 이미 살펴보았듯이 그 지정학적 탁월함에서 우뚝 솟을 수 있습니다(브루니 2002, 48).

피렌체가 자유를 사랑하고 전제정에 맞서 싸울 수 있는 공화정을 유지하고 있는 것은 그 도시의 시초에서부터 유래한다는 것이다. 그러나 조상의 용맹과 덕 그리고 위대함은 후손의 능력에 의해서 유지되는 것이다. 조상은 위대했지만 후손은 보잘것없는 경우도 허다하기 때문이다. 때문에 브루니는 제3장에서 피렌체의 위대함을 구체적으로 언급한다. 그것이 이탈리아의 공화정 국가들의 대표국가로서 주변의 동맹국을 헌신적으로 도와주고, 밀라노 공국에 맞서 이탈리아의 자유를 굳건히 지켜냈던 것이다 : "어떤 도시가 몇몇 주변의 전제군주나 주변 공화국의 탐욕으로 위협을 받을 때마다 피렌체는 늘 침략자에 저항해왔습니다. 따라서 피렌체가 늘 이들 주변 도시들을 마치 자신의 고향처럼 여기고 전 이탈리아의 자유를 위해서 싸웠다는 점은 모든 이들에게 분명해 보입니다. (……) 만약 이 도시 피렌체가 자신의 군대와 훌륭한 전술로 대항하지 않았다면, 모든 이탈리아는 롬바르디아 공작(잔갈레아초 비스콘티/저자)의 힘 아래 굴복되었을 것입니다"(브루니 2002, 68).

그런데 이러한 자유에 대한 열정은 피렌체의 정치체제 구성에도 구현되어 있었다. 브루니는『피렌체 찬가』의 마지막 장인 제4장에서 피렌체의 내적 구조를 설명하고 있다. 그것은 한마디로 정의와 자유이다. 피렌체의 모든 법과 제도는 바로 이 정의와 자유를 실현시키기 위해서 만들어졌다고 브루니는 말하고 있다. 정의의 실현은 권력자 개인의 이익이 아닌 공공선에 복무하는 법의 공정하고 엄정한 집행을 통해서 이루어진다. "피렌체에서는 어느 누구의 권력도 법 위에 군림할 수 없다"는 것이다(브루니 2002, 74). 엄정하고 공정한 법집행을 위해서는 피렌체 시민이 아니라 외국인들로 사법관을 충원하고 있다.

자유를 위해서는 권력의 남용을 억제하고 있다. 그것은 최고 행정권을 쥐고 있는 관리들을 견제할 수 있는 제도를 마련하는 것이다. 예컨대 최고 위원회의 구성을 한 명이 아니라 아홉 명으로 한다거나, 임기를 1년이 아닌 2개월로 줄이는 것이다. 이는 다수의 견제와 짧은 임기를 통해서 권력독점의 위험을 제어하는 것이다. 아울러 협의체를 두어 공동체의 문제에 대한 숙고와 협의를 진행한다. 그러나 결정은 시민들 다수의 의견을 따르도록 되어 있다. 이는 시민위원회(populare consilium)와 코뮌 위원회(commune consilium)에서 이루어진다. 공동체의 문제는 "전체 시민 공동체의 의지"에 따라서 결정되어야 한다는 피렌체인들의 생각을 제도화한 것이라고 볼 수 있다(브루니 2002, 76). 법 앞의 평등과 공정한 법 적용을 통해서 권력의 남용을 배제하는 자유의 실현이 바로 피렌체의 정치제도가 구현한 것이었다.[27]

『피렌체 찬가』에서는 권력의 독점에 대한 견제와 법치를 통한 시민들 간의 평등과 자유가 공화정의 핵심임을 강조했다면,『난니 스트로치에 대한 추도사(*Oratio Funebris ad Nanni Strozzi*)』에서는 시민들의 정치 참여를 통한 자유를 공화정의 핵심으로 고양시킨다. 피렌체 출신으로서 밀라노와의 전투에서 부상당하여 전사하게 된 피렌체 연합군의 한 장군인 난니 스

---

27) 브루니는 피렌체의 내정(內政)에서 정의를 형평의 개념을 통해서 설명한다. 힘 있는 자와 힘없는 자 혹은 부자와 가난한 자 간의 관계에서 정부의 개입과 법의 공평한 적용을 통한 약자의 보호를 강조하는 것이다. 예컨대 강자가 약자를 괴롭힐 때 정부가 개입해서 강자나 부자에게 더 많은 벌을 부과한다는 것이다(브루니 2002, 81).

트로치의 추도사에서 브루니는『피렌체 잔가』의 주제들을 다시 한번 불러낸다. 그런데 페리클레스의 전몰자 추도 연설을 모방하여 지은 이 추도사에서 브루니는 피렌체의 자유를 한발 더 밀고 나간다. 예전의 법 앞의 평등과 그 속에서 이루어지는 강자에 종속되지 않는 자유에서 이제는 직접 정치에 참여하여 권력을 행사하는 적극적 의미의 자유가 나타나는 것이다.

브루니는 먼저 스트로치가 전장에서 영웅적인 죽음을 맞이한 것은 가족보다 조국을 더 사랑했기 때문이라고 말한다. 가족이나 그 어떤 사적인 관계보다도 우선시되는 조국은 바로 위대한 피렌체였다. 브루니는 그들의 위대한 조상이었던 로마인들에 대해서 이야기한 후에 로마 공화정의 후예로서 뛰어난 능력과 무기를 가지고 이탈리아 타 도시들의 모범이 된 피렌체에 대해서 언급한다. 이어 브루니는 공화국의 헌정체제에 대해서 언급하는데, 그 핵심은 모든 시민들의 "자유"와 "평등"이었다. 그 자유는 "모두에게 동등하며, 오직 법에 의해서 제한될 수 있으며, 타인에 대한 두려움으로부터도 자유"로운 것이다(Bruni 1987, 124). 이러한 자유와 평등은 권력자들의 오만과 위선을 제어할 수 있는 강력한 법에 의해서 가능한 것이었다. 이러한 자유와 평등의 분위기 속에서 귀족은 인민으로 변화되는 것을 자랑스럽게 생각했던 것이다. 법 앞에 평등하며, 누구나 동등하게 정부에 참여할 수 있으며, 타인으로부터의 폭력과 해악으로부터 자유로운 것, 이것이 진정한 자유이자 공평이었던 것이다(Bruni 1987, 125). 이러한 것은 민주적 정부하에서만 가능한 것이었다. 브루니는 자유가 실재하며, 모든 시민들에게 법적 평등이 동일하게 적용되고, 능력의 추구가 활성화되는 그러한 정부만이 정당하다고 말하고 있다. 다시 말해서, 시민들이 공직에 참여할 기회가 모두에게 똑같이 보장되고, 그것이 오직 능력에 의해서만 이루어질 때, 그 도시는 자유롭고 평등하며 강력한 힘을 가질 수 있다는 것이다.

피렌체의 정치인이자 인문주의자들이었던 살루타티와 브루니는 피렌체를 공화정의 대표자로 규정짓는다. 이는 처음에는 외세의 침입에 대처하면서 대외적 독립으로서 자유의 의미를 부각시키는 것이었다. 밀라노 공국이라는 일인 지배체제와의 대결 속에서 독재정인 밀라노 대(對) 자유 정체인 공화정의 대립이라는 구도를 내세운다. 자유를 옹호하는 공화정으로서 피렌체를 근거짓기 위해서 인문주의자들은 고대 로마의 역사, 특히 공화정의 역사에 의지한다. 로마 시민의 공화정 대 카이사르의 독재정의 구도로 로마 사를 해석하면서, 이는 당시 이탈리아의 공화정 피렌체 대 독재정 밀라노의 구도에 대입되게 되는 것이다. 이런 과정 속에서 피렌체 공화정의 정치제도를 분석하는 단계로까지 나아가게 된다. 권력자의 권력독점과 전횡에 대항해 시민들의 자유와 평등을 구현하는 법치국가로서 공화정을 주장했던 것이다. 법에 의한 시민들의 자유 보호라는 소극적 의미의 자유 해석을 기반으로 한 공화정 분석은 이제 한 걸음 더 나아가게 된다. 그것은 외적과의 끊임없는 대치 과정 속에서 조국의 우선성을 주장하고 그것에 복무하는 시민의 의무를 강조한다. 나아가 시민들이 정치권력에 참여하는 적극적 의미의 자유 개념을 가지고 공화정의 정체성을 해석하는 데에까지 나아가게 된다.[28]

중세 후기에서 르네상스로 이어지는 이탈리아 도시국가의 발전은 보편권력의 약화라는 맥락에서 이루어진다. 황제는 독일에 있었기 때문에 직접적인 권력을 행사할 수 없었고, 약해진 권력을 행사하러 이탈리아에 원정을 했지만 결국은 실패했다. 교황권은 교황청이 로마가 아닌 프랑스 남부의 아비뇽에 있었던 "아비뇽 유수"와 두 명 이상의 교황이 존재했던 "교

28) 이에 대해서는 포칵(2011) 참조.

헌의 대분열"로 인해서 심각한 타격을 받고 있었다. 물론 북부 이탈리아 지역을 비롯한 이탈리아의 여러 소국가들의 지배층은 그 통치의 법적 권위를 황제나 혹은 교황으로부터 부여받고 있었다. 그러나 이러한 황제파나 교황파 간의 대립과 반목은 곧 변화를 겪게 된다. 대립의 상황이 변한 것은 아니다. 영토 확장에 따른 대립과 반목은 피할 수 없는 것이었다. 그러나 이제 그 대립의 명분은 황제파 혹은 교황파에 의지한 것이 아니라, 자국의 독자적인 논리에 의존하게 된다. 이는 내부 정치 상황의 변화와 연결되어 나타난다. 롬바르디아 지역의 맹주로 떠오른 밀라노는 일찍이 비스콘티 가문의 지배하에 있게 되고, 이는 일인 지배체제의 공고화를 가져온다. 시뇨레에 의한 지배는 안정, 통일 그리고 평화라는 논리를 내세우고, 대내외적으로 군주의 최고권을 주장하게 된다. 한편 피렌체는 공화정을 발전시키고, 침략 세력과의 대결에서 스스로를 이탈리아의 자유를 대변하는 위치에 놓게 된다. 대내외적 사유의 수호자로서 공화정을 주장하는 것이다. 그런데 이러한 공화정의 정당화 논리는 인문주의자였던 정치인들에 의해서 이루어진다. 그 논리는 역사와 헌정 논리에 기대어 수행된다. 우선 로마 역사에 대한 재평가가 이루어진다. 중세에 로마 사는 황제정의 역사였다. 황제정을 수립했던 카이사르나 아우구스투스가 보편사의 주역으로 칭송되었던 것이다. 그러나 이제 로마 사는 공화정과 그것이 타락한 제정으로 구분된다. 카이사르는 공화정을 몰락시키고 전제정을 수립한 폭군이 되는 것이다. 이에 기대어 피렌체는 로마 공화정의 시민이 세운 나라로 그 공화주의적 자유와 힘을 이어받은 정당한 후계자가 되는 것이다. 한편 이러한 공화주의적 자유는 시민들 간의 자유와 평등이 엄정한 법치에 의해서 유지되는 정치질서 속에서 가능한 것으로 파악된다. 아울러 사적 관계보다 우위에 있는 조국에의 헌신이 강조되며, 그러한 헌신은 시민들의 정치 참여를 통해서 권력을 향유할 수 있는 적극적 자유가 가능한 공화주의적 정치체제 아래에서 가능한 것이다. 이제 외적 권위에 의존한 정치적 정체성이 아니라, 내적 제도와 그것에 대한 통찰이 가능해진 것이다. 보편에 의존한 정체성 이해가 아니라, 자신의 역사와 제도를 통한 구체와 특수 속의 정체성 이해가 가능해진 것이다. 권력은 이제 외부의 보편권력에 의해서 주어지는 것이 아니라, 스스로 구성해낼 수 있는 것으로 파악된다. 전제정과 공화정의 대립 속에서 예전의 보편권력의 정치학에 갇혀 있던, 권력과 국가 같은 세속적 정치학의 핵심 개념이 다시 햇빛을 보게 되는 것이다.

## 제3장

# 피렌체 국가의 위기
### 공화국과 군주국 사이에서

　이탈리아 중부에 위치한 공화국 피렌체는 르네상스의 중심지였다. 단테, 보카치오, 페트라르카, 브루넬레스키, 도나텔로, 레오나르도 다 빈치, 미켈란젤로, 보티첼리, 라파엘로 등 문학과 예술계의 거장들이 태어나고 모여 활동했던 곳이다. 예술이 꽃피울 수 있었던 것은 기꺼이 투자될 수 있는 자본과 그것을 감상하고 즐길 수 있는 식자층이 있었기 때문에 가능한 것이었다. 피렌체에서는 일찍이 상업과 공업이 발달했다. 양모업과 염색업을 종합한 모직산업을 발달시켰고, 여기에 은행업 등을 결합시켜 명실공히 이탈리아 르네상스 시기, 부의 중심지가 되었다. 이러한 부의 증대는 주변 농촌 지역의 인구를 유입시켰고, 도시의 힘의 증가는 영토의 확장을 가져왔다. 한편 피렌체의 내치(內治)에서는, 시민들의 힘이 증가하여 전통 귀족들과 대립했고 결국 그들을 제압하게 된다. 이후 피렌체에는 전통 귀족을 흡수한 신흥 엘리트 계층과 일반 인민들 간의 긴장과 대립이 이어지게 된다.

　상공인으로서 자신들의 정치적, 경제적 권익을 보호하기 위해서 만든 길드, 즉 동업조합을 중심으로 시민들은 공적인 활동을 수행했다. 시민들이 도시를 지배하게 되자 이 동업조합의 역할이 중요해졌다. 대상인과 자본을 많이 모을 수 있는 양모공업과 은행 동업조합 등은 도시의 엘리트 층을 형성하여 정치를 좌지우지하려고 했고, 그 밑의 조그만 중소상인들은 이들과 결탁하거나 그들을 견제하려고 했다. 여기에 일반 노동자 계층은 조합을 만들 수 없었기 때문에 자신들의 정치적, 경제적 권익을 대변할 수 없었고, 불만은 커져만 갔다. 신흥 귀족들 내의 경쟁과 반목 그리고 귀족들과 인민들 간의 대립, 아울러 하층민들의 불만 등이 어우러져 피렌체 정치는 반목과 혼란을 거듭하게 된다. 여기에 알프스 이북의 강대국인 프랑스와 황제 그리고 이탈리아 내에서 강력한 세력을 형성한 북동부의 베네치아, 북서부의 밀라노, 여전히 강력한 종교적 권위와 세속적 힘을 가지고 있었던 교황 그리고 남부의 나폴리가 한데 어울려 이탈리아 내의 정세는 합종연횡 속에 한치 앞을 내다볼 수 없는 상황이었다. 이러한 내부와 외부의 혼란 속에서 피렌체는 잦은 정치 변동을 겪게 되고 공화정과 군주정 사이에서 동요하게 된다.


## I. 길드 지배체제에서 엘리트 지배체제로

피렌체 정치에서 귀족들의 힘은 국제 정치와의 연관관계 속에서 두드러지게 나타났다. 그것은 세속권을 두고 일어난 교황과 황제 간의 싸움이었다. 이 다툼은 이탈리아 각국의 정치 상황에도 반영되어 나타났다. 교황파라고 불리는 겔프(Guelf) 당과 황제를 지지했던 기벨린(Ghibelline) 당은 교황과 황제라는 더 큰 권력에 의존해 서로의 이해관계를 추구했다. 대상인 등 부호들과 구귀족 계급들로 구성된 귀족계급은 황제파와 교황파로 나뉘어 도시의 주도권 다툼을 했고, 서로 물고 물리는 싸움을 한 끝에 13세기 후반부터 교황과 프랑스의 도움을 받은 교황파가 주도권을 쥐게 된다. 이제 교황당(Parte Guelfa)이 피렌체 정치를 좌지우지했다. 이는 프랑스에서 피렌체 상인들이 우월한 지위를 인정받게 하고, 교황청의 재정 사업을 도맡게 함으로써 피렌체 경제 발전에 크나큰 기여를 하게 된다. 피렌체의 은행가들이 교황청의 재정 사업을 맡게 되었다는 것은 오늘날로 치면 국제적인 은행이 됨을 의미한다. 교황청은 각국에서 교무금 등의 교회세를 징수했는데, 이를 피렌체인들이 독점적으로 수행하게 됨으로써 엄청난 자금의 흐름을 장악했던 것이다. 이는 다른 나라의 정보 수집도 용이하게 만들어 먼 나라였던 영국에 양질의 양모가 있는 것도 알게 해주었다. 거대한 자본과 양질의 원료가 결합되어 유럽의 어느 나라도 따라올 수 없는 모직산업이 피렌체에서 가능하게 했던 것이다.

산업과 상업의 발전은 경제성장으로 이어지고 그것은 중산층 및 노동자 계층의 확대를 가져온다. 중소상공인이 성장함으로써 자신들의 동업조합을 만들어 그들의 이해관계를 대변했다. 과거 대상인들만의 전유물이었던 동업조합이 이제 중소상공인들에게도 확산된 것이다. 중소상공인들이 자신들의 정치권력을 성장시킨 것은 귀족들 간의 대립과 투쟁 가운데에서이다. 귀족들이 주도권을 잡기 위해서 비귀족 시민들의 지지가 필요해지면서 그들의 요구를 들어주었던 것이다. 이렇게 일반 시민들의 정치적, 경제적 힘이 상승되면서 노동자 계층의 자의식도 성장하게 된다. 정치적, 경제적 권익을 보장받지 못했던 노동자 계층의 불만은 결국 양모공이었던 치옴피의 난(Tumulto dei Ciompi)으로 표출되고, 비록 단기간에 끝났지만 그들이 주도하는 정권이 성립된다. 그러나 노동자 계층의 집권으로 경각심을 가지게 된 피렌체의 귀족들은 중산층 시민들과 연합하여 다시 권력을 회복하고 더 세련된 귀족정체를 유지하게 된다. 물론 귀족들 간의 경쟁과 대립은 여전히 존재했다. 그러나 그들은 더 이상 비귀족층의 정권 획득을 용인하지는 않았다. 이후 피렌체 정치는 귀족 가문 중심에 중산층 인민 그리고 하층 인민들 간의 합종연횡 속에서 부침을 거듭하게 된다.

## 1. 인민의 대두 : 길드 체제의 성립

피렌체에서 전통적인 귀족 계층과 대비되는 인민(popolo) 계층은 황제파와 교황파 간의 대립 가운데에서 성장했다. 인민이라는 개념은 다양한 의미를 지니고 있다. 나제미에 의하면 인민은 피렌체에서 전체 시민을 뜻하기도 했고, 정치에 참여할 권한이 있는 모든 사람들을 가리켰다고 한다. 그러나 대부분은 엘리트가 아닌 중간계층을 지시하는 의미로 사용되었다(Najemy 2006, 35). 인민은 도시의 경제생활 속에서 성장한 상인 등의 시민계층을 기반으로 하여 발전했다. 이들은 구귀족들에 대항하여 자신들의 권익을 보호하기 위해서 집단을 구성했다. 그 구성의 원칙 하나는 지역에, 다른 하나는 직업에 따른 것이다. 후자에 의해서 동업조합, 즉 길드가 구성되었다. 이 당시는 여전히 개인보다는 집단이 사회의 주체적 행위자였다. 구귀족들은 가문과 그 추종자들로 이루어져 자신들의 정치적, 경제적 이익을 추구했다. 이에 신흥 시민들은 자신들의 이익을 보호하기 위해서 동업조합을 만들었던 것이다.

13세기 초반부에 황제파는 교황파를 압도하기 위해서 인민들의 지지를 구한다. 그 대가로 우베르티 가문을 위시한 황제파는 주요 길드들의 지도자들을 시평의회에 참여시킬 것을 약속한다. 그러나 황제파는 1250년 필리네 전투에서 교황파에 패해 피렌체에서 축출당한다. 이를 기회로 인민계층은 권력을 장악하고 입성한 교황파와 조율을 하게 된다. 이것이 1250년부터 1260년까지 이어진, 피렌체 정치사에서 첫 번째로 나타난 인민정부(primo popolo) 기간이다. 이 시기에 인민정부가 한 일은 피렌체를 파쟁의 혼란으로 몰아넣었던 구귀족의 힘을 제한하는 것이었다. 우선 귀족가문의 보루이자 힘의 상징으로 도시 내에 우뚝 솟은 탑을 파괴하거나 그 높이를 제한했다. 그리고 교황파와 황제파 일원의 공직 진출을 제한했다. 또한 1250년까지 정부의 일부였던 기사 단체(universitas militum)를 폐지했고,

인민의 군사조직과 동업조합의 대표들이 도시의 주요 관리들을 선출할 수 있도록 하는 법을 공표했다(Najemy 1991, 274-275). 인민들은 코뮌의 평의회가 열리는 새로운 청사를 지었고, 귀족들의 탑이 그보다 높게 지어지는 것을 불허했다. 탑을 통해서 드러나는 귀족들의 사적인 권력보다 공적인 도시의 권위를 높이려고 했다.

이러한 10년간의 노력은 1260년 몬타페르티 전투에서 황제파와 그의 동맹군에게 피렌체가 크게 패하면서 종말을 고하게 된다. 이후 6년간 황제파는 피렌체를 지배하게 되지만, 만프레트 황제가 교황파와의 1266년 베네벤토 전투에서 패하면서 황제파 세력은 점차 약화되고 교황파가 득세하게 된다. 이후 틈만 나면 인민들은 자신들의 권익을 정치제도 속에서 신장시키려고 노력한다. 그중 하나가 1266년 이루어낸 "길드 협의체(priorate of the Guilds)"이다. 이는 주요 길드들의 대표들이 모인 위원회로, 길드 소속 부유인 인민들이 정치적, 경제적 권익을 보호했다. 이미 피렌체의 상공업을 장악하고 있던 경제인들은 비약적 성장을 이룩하고 있었다. 한편, 황제에 대항하기 위해서 프랑스 출신의 교황 우르반 4세는 프랑스 왕과 앙주 가의 샤를과 동맹을 맺는다. 이에 피렌체 은행가들과 상인들은 교황청의 은행 업무뿐만 아니라, 프랑스와 앙주 가의 세력하에 있던 이탈리아 남부에서 경제적 특권을 얻게 된다. 이렇게 힘을 축적해 가던 도시의 인민들은 구귀족 세력에게 이제 결정적 타격을 가하게 되는데, 그것이 바로 1293년 공표된 "정의의 법령(ordinamento della giustizia)"이다.

정의의 법령은 우선 귀족을 제어하는 기존의 법령을 확장시켰다. 구귀족들이 오만함으로 인해서 인민들에게 가해오던 범죄에 대해서 더 엄격하고 가혹한 규정을 만들었다. 이에 더해 기존 귀족 중 72개 가문의 관직 진출을 금지했다. 그런데 이것은 피렌체 정치에서 인민들의 정치 행위의 기반이었던 동업조합들의 힘이 인정받았기 때문에 가능한 것이었다. 이는

1292년 후반기에 일어난 제2의 인민정부(secondo popolo)의 수립으로 가능했다. 다음 회기의 협의체 선거방식에 대한 토론의 결과, 기존의 부유한 상급 동업조합 외에 중간급의 동업조합에도 동등한 권한이 주어졌다. 후보자를 내고, 투표를 하는 데에서 이전과는 달리 중간급 동업조합이 참여할 수 있게 함으로써 동등한 정치적 권한을 부여한 것이다. 이로써 동업조합의 참여와 합의를 기반으로 한 피렌체 정부가 구성된 것이다.

물론 이러한 인민정부를 허울에 불과한 것으로 파악하는 학자들도 있다. 예컨대 퍼거슨은 대상인과 금융업자 등의 동업조합으로 구성된 7개의 엘리트 동업조합이 주도권을 쥐고, 나머지 14개의 중소동업조합은 그들이 충성을 바칠 정도의 대의권 정도만 보장받은 것으로 파악한다(Ferguson 1989, 215).[1] 반면 나제미의 경우 좀더 적극적으로 이해한다. 그는 피렌체의 동업조합에 의한 정치체 구성을 길드 공화주의(Guild republicanism)로 표현한다. 피렌체의 두 번째 인민정부는 개별 조합들이 독립적으로 각 조합의 대표를 선출하여 도시의 행정에 참여하는 것을 가능하게 했다. 각 길드는 동등한 기반하에 선출 과정에 참여했고, 협의체에서 동등하게 대표되었다는 것이다. 하나의 조합 내에 참여하는 구성원들의 평등과 독립성이

---

[1] 마틴 또한 엘리트 길드가 중소동업조합보다 우위에 서 있는 금권정치적인 측면을 강조하고 있다(Martin 1974, 26). 한편, 경제적 부와 정치권력을 장악한 이들 엘리트 길드(arti maggiori)는 법률가조합(Arte dei Giudici e Natai), 모직업자조합(Arte della Lana), 실크상인조합(Arte di Por Santa), 의류업자조합(Arte di Calimala), 은행가조합(Arte del Cambio), 의료인조합(Arte dei Medici, Speziali e Mercaiai) 그리고 모피업조합(arte di vaiai e pelliciai)이다. 반면 중소동업조합(arti minori)은 Arte dei Beccai, Arte dei Calzolai, Arte dei Fabbri, Arte dei Maestri di Pietra e Legname, Arte dei Linaioli e Rigattieri, Arte dei Vinattieri, Arte degli Albergatori, Arte degli Oliandoli e Pizzicagnoli, Arte dei Cuoiai e Galigai, Arte dei Corazzai e Spadai, Arte dei Correggiai, Arte dei Legnaioli, Arte dei Chiavaioli, Arte dei Fornai로 옷감, 양말, 푸주한, 제화, 포도주, 음료, 마구, 병기, 대장장이, 열쇠 제작, 목공업, 숙박업, 벽돌과 돌 깎기 그리고 혼용 길드로, 여기에는 오일, 돼지고지, 로프 제작이 포함된다.

리는 원칙이 도시의 최고 행정 권력을 선출하는 과정에도 적용되었다. 이 것은 기존 대상인이나 은행가조합들과 똑같은 조건으로 정치에 참여할 수 있게 되었다는 것을 의미하는 것이다. 여기에 나제미는 정의의 법령이 로마 법의 유명한 조항인 "모두와 관련되는 것은 모두의 동의를 얻어야 한다 (quod omnes tangit debet ab omnibus approbari)"라는 구절을 기반으로 하고 있음을 밝히고 있다. 길드 연합체 구성 조합들의 동등한 기반과 참여 그리고 그들의 동의를 기반으로 한 정치체 구성을 천명한 것이다(Najemy 1979, 58-59).

법령이 유지하고자 하는 정의는 바로 공동체의 주인으로서 동업조합들의 구성원이었던 인민들 간의 독립과 안전 보장이었고, 나아가 그들로 구성된 공동체의 안녕이었다. 이를 위해서 인민들은 공동체의 안위를 방해하고 혼란을 부추기고 있었던 구귀족들을 제압하고, 그들의 정치 참여를 제한하는 법을 만들었던 것이다. 이를 위해서 새로 만들어진 중요한 관직이 바로 "정의의 기수(Gonfaloniere della Giustizia)"이다. 이 관직에는 구귀족이 임명될 수 없었다. 여섯 명의 협의체 의원에 더해 일곱 번째 행정부 대표가 되는 이 관직은 열두 개 동업조합의 대표들에 의해서 선출된다. 그 임무는 인민층에서 충원된 군대로 구귀족을 제어하고 인민의 안전을 보호하는 것이었다.

두 번째 인민정부의 해석에 관해서는 여러 가지 의견이 있을 수 있으나, 분명한 것은 구귀족이 피렌체 정치에서 그 힘을 잃게 되었다는 것이다.2)

---

2) 마틴(1974), 퍼거슨(1989), 뮌클러(1982) 등등 대부분의 학자들은 대 길드의 엘리트들이 중소 길드보다 더 많은 영향력을 행사했다는 것에 동의하며, 그 형태나 구체적 상황에 따라 변화는 있지만 전반적으로 피렌체 공화정이 과두제적 요소가 강했다는 것을 인정하는 분위기 이다. 그러나 나제미(Najemy 1979) 등이 이야기하는 민중정부 혹은 길드 공화주의는 그 정치형태 혹은 헌정체제 변화의 모습을 분명히 보여주는 것이다. 이러한 헌정의 존재 여부에 따라 엘리트의 지배양식이 변화된다.

이제 그 자리를 차지하고 피렌체 정치의 전면에 등장한 것은 인민이었다. 그들은 동업조합을 통해서 각 집단의 이익을 추구했고, 나아가 길드 연합의 형태를 통해서 도시를 지배하려고 했다.[3] 구귀족이 가문에 기반하여 경제와 정치권력을 향유하려고 했다면, 인민은 길드에 의지했다.

인민의 등장과 구귀족의 몰락은 귀족의 형태 변화를 가져왔다. 대상인과 은행가 등 대자본을 축적한 이들은 동업조합을 통해서 인민정부에서 그 힘을 발휘하고 있었다. 구귀족도 이러한 길드에의 가입을 통해서 새로운 상황에 적응하려고 했다. 옛 기사층과 도시 근방의 대토지를 기반으로 한 구귀족 대신 도시의 상공업과 금융업이라는 신경제를 기반으로 한 신귀족이 등장한 것이다. 이제 도시에서 그 부와 영향력 측면에서 Magnati로 불렸던 구귀족 세력을 대체한 것은 대 길드를 기반으로 했고, Popolo grasso(뚱뚱한 인민)로 불린 신귀족층이었다.

도시의 주도권을 쥔 상공인들은 길드를 구성하고 그것을 통해서 정치를 장악하게 된다. 인민으로 불리는 이들은 도시의 주인으로서 시민의 권리를 조합에 소속된 이들에게만 부여했다. 아울러 참정권의 조건을 더 까다롭게 규정했다. 길드에 소속되어야 할 뿐만 아니라, 당사자와 그의 선조가 도시에 오랜 기간 거주해야 하며, 여기에 납세의 의무를 이행한 자에게 공직에 진출할 수 있는 기회가 주어졌다. 이 납세의 의무를 수행한 기간이 한때 30년으로까지 상승했다는 것은 귀족계층이 새로 편입되는 시민들의 기회를 제한했다는 것을 의미한다. 구귀족의 오만과 무법 행위에 함께 저항했던 인민들은 이제 서로 반목하고 대립하게 된다.

이탈리아의 시성(詩聖)으로 불리는 단테를 고국에서 추방시켰던 것은 교

---

3) 봉건적인 구귀족뿐만 아니라, 하층 노동자 계층의 정치 참여를 배제했기 때문에 다비드 존은 이 시기의 피렌체 정체를 "중간층 민주주의"(Mittelstandsdemokratie)라고 부른다 (Münkler[1982], 157).

황파이 분열과 그로 인힌 딩파 싸움이었다. 황제파를 몰아낸 교황파는 체르키 가문이 이끄는 백파(Bianchi)와 도나티 가문이 우두머리인 흑파(Neri)로 분열되었다.[4] 백파는 구귀족 출신 가문들과 더 긴밀한 연대를 맺었다. 반면, 흑파는 귀족과의 연대뿐만 아니라 비귀족 출신 엘리트 가문들 사이에서 더 신뢰를 얻고 있었다. 이들 간의 대립 및 귀족들과 인민들 간의 대립은 그 강도를 더해갔고, 결국 길드 정부가 문제를 해결하지 못하자 양 당은 외세의 힘을 빌리기 시작했다. 흑파는 교황 보니파키우스 8세에게 의지했고, 교황은 프랑스 발루아 가문의 샤를에게 도와주기를 요청했다. 반면 백파는 피스토이아나 피사같이 황제파에 속했던 토스카나 지역의 주변 도시들에 도움을 요청했다. 이에 길드 공화국은 시민들의 중지(衆智)를 모아 분란을 극복하려 했지만 결국 실패했고, 1301년 샤를은 흑파와 함께 피렌체에 입성하게 된다. 이어 흑파는 기존의 행정장관들을 몰아냈다. 흑파는 반대파의 사람들을 숙청 및 추방했으며, 이때 백파였던 단테도 추방된다. 이후 흑파의 수장이었던 코르소 도나티는 백파와의 화해를 중재하려고 하는 교황이나 길드 정부의 노력도 무산시키고 자신과 자파의 권력만을 축적하고자 했다. 결국 그는 1308년 무력으로 정권을 장악하려고 하지만 흑파 귀족들의 배신과 길드 정부의 인민들로 구성된 군대에 의해서 저지된다. 도나티 가문의 몰락은 흑파와 귀족 내의 대립과 반목이 여전히 강했음을 의미한다. 또한 인민의 힘이 여전히 건재함을 나타낸 것이기도 했다. 그러나 귀족들이 인민들의 힘을 약화시키고자 하는 노력은 지속되었다.

---

4) 백파와 흑파라는 이름은 단테가 그의 『신곡』 지옥편, 24곡에서 언급했듯이, 피스토이아의 칸첼리에리 가문의 분화와 정쟁 등과 관련된다. 대상인과 금융가가 주도하고 주로 기사 출신인 구귀족과 연결된 칸첼리에리 가문의 한 모계 선조의 이름이 "비앙카(Bianca)"였을 것으로 추측된다. 여기서 백파가 나온 것이고, 흑파는 상승하는 상공인 시민 계층과 연계되어 있었다. 이에 대해서는 *The Dante Encyclopaedia(ed. Richard Lansing)*, "Blacks and Whites" 항목 참조.

길드 공화국 내의 헤게모니 싸움의 형태가 변했다. 이전에 귀족들은 길드 공화국 밖의 제도나 힘을 이용했다. 그것이 외세의 도움이나 가문의 사병들을 통한 비합법적 방법이었다면, 이제 제도 내의 싸움으로 변했다. 이는 도시 상공인 시민들 중에서, 부를 쌓은 엘리트 계층과 길드 체제 내로 흡수된 구귀족들로 구성된 신귀족층이 길드 내의 비엘리트 시민층과 대립되는 형태로 나타난다. 이들은 경제적 부, 높은 사회적 명성 그리고 중요한 관직을 소유했다. 이들은 본인 혹은 자파 가문들의 이익 추구를 선호했기 때문에 집단적이며 평등주의적인 길드 이념과 대립되었다. 이제 길드 내의 다양한 계층 간의 반목과 대립이 심화된다.

신귀족층인 주요 길드의 엘리트 가문들은 길드의 옛 정책을 무력화시키며, 도시정부에 비 엘리트층의 영향력을 약화시키고자 했다. 엘리트층은 그들만의 권위를 위해서 조합원 자격을 엄격히 하고, 권력을 독점하려고 했으며, 길드의 의회보다는 집정관(consul)의 권력을 강화하고자 했다. 반면 비 엘리트층은 좀더 포괄적인 자격요건을 주고, 대표보다는 의회에 더 많은 권한을 주어 균형을 맞추고자 했다. 길드 체제를 내적으로 무력화시키려는 기도(企圖)는 길드 내의 엘리트층이 행정장관의 권한을 강화하고, 후임자를 선거로 뽑는 것이 아니라 전임자들이 임명하는 것 그리고 전임 장관의 경우 2년 내에 다시 직을 맡을 수 없는 금지 조항을 1년으로 축소시키는 조치 등에서 나타났다. 이로써 길드에는 소규모 엘리트 내부집단에 의해서 장악되는 현상이 나타났다.

피렌체 정치에서 엘리트들이 길드의 영향력을 축소시키려고 한 기도는 1328년 행해진 선거제도의 변화에서 잘 나타난다. 그것은 후보자 명부 시스템, 그것을 위한 정밀조사 그리고 추첨의 방식이다. 이는 복잡하고 객관적이며 공개되지 않는 비밀 속에서 수행되기 때문에, 특정 개인이나 파벌에 유리하다고 비난할 수 없게 하기 위해서 만든 것이었다. 후보자 명부 작성에는 세 위원회가 참여했는데, 각각 현직 장관들(priors), 교황파의 6명의 대표, 5명의 상인위원회(Mercanzia) 위원들이었다. 이들은 각 길드의 장관을 배제함으로써 길드의 힘을 약화시키려고 했다. 그리고 오직 18명의 위원들이 후보자 명부를 작성했는데, 이는 굉장히 소수로 후보자의 수를 제한했다. 여기에 정밀조사의 과정에서는 후보자를 한 사람씩 투표로 적격 여부를 따진다. 조사위원회는 현직 장관들, 19명의 구역 대표들, 5명의 상인위원회 위원들, 12개의 주요 길드에서 각 2명씩 파견된 총 24명의 길드 대표 그리고 여기에 현직 Priors가 뽑은 30명의 위원들로 구성된다. 길드에 할당된 인원은 총 85명 중 24명에 불과했다. 3분의 2의 동의를 얻은 후보자는 이름을 적은 종이를 주머니에 넣고, 두 달마다 추첨으로 뽑는다. 그런데 관직에 뽑히더라도 그 사람의 이름이 적힌 종이는 제외되는 것이 아니라 다시 적임자 주머니에 넣어진다. 이것은 후보자와 적임자의 수를 제한하는 것으로, 엘리트들이 상악한 위원회에서 선정된, 제한된 수의 사람들만이 관직을 얻을 수 있었던 것이다. 이와 똑같은 계획안이 길드의 장관직 선출에도 적용되기에 이르고 이를 통해서 엘리트가 길드의 선거도 통제하게 된다.

엘리트들이 주도권을 쥔 피렌체의 위기는 외세와의 관계에서 비롯되었다. 예부터 경쟁관계에 있던 루카와의 전쟁으로 재정압박을 받았고, 그것은 세금의 과도한 부과로 이어졌다. 아울러 프랑스와 영국 왕실에 막대한 자금을 빌려주었던 바르디 가문과 페루치 가문은 결국 파산을 하게 된다. 여러 가지 경제적 위기 상황 속에서 피렌체 엘리트들은 외세의 힘을 빌려 문제를 해결하려고 했고, 칼라브리아의 샤를 밑에서 일했던 브리엔의 월터에게 의지했다. 그러나 월터는 자신의 야망을 숨기지 않았고, 자신을 피렌체의 종신 시뇨레로 선포했다. 이에 배신당한 피렌체 엘리트들은 그를 1343년에 추방했다. 권력공백이 생긴 틈을 타서 피렌체의 옛 귀족가문들은 자신들이 잃었던 정치적 권리를 잠시 회복했지만, 곧 인민들의 분노와 이와 연합한 신귀족 엘리트들에 의해서 세 번째 인민정부가 세워진다. 인민세력의 강화는 사실 월터에 힘입은 바가 크다. 그는 자신의 입지를 강화하기 위해서 피렌체의 중하층과 연합했다. 또한 염색공들이 모직조합에 종속되어 있는 것에서 풀려나 자신들만의 길드를 만들려고 하는 것을 용인해주었다. 비록 자신의 야망도 있었지만, 중소 길드와 노동자 계층을 기반으로 해서 피렌체 엘리트 계층에 맞서려고 했던 월터의 정치를 통해서 피렌체에서 다양한 인민들의 욕구가 분출되는 계기를 마련해주었던 것이다.[5]

세 번째 인민정부는 21개 길드가 주도권을 쥐게 된다. 정부는 21개 길드의 대표들에 의해서 지배되었다. 이들은 정의의 법령을 다시 발효시켰으며, 구귀족의 공무담임권(公務擔任權)을 배제했다. 또한 소 길드들에 예전에 없던 권력을 부여했다. 인민정부는 선거를 위한 기존의 후보자 인명 주머니를 폐기했다. 새로운 공직수행 계층을 만들어내기 위해서 새로운 조사를 수행했다. 길드들은 자신들이 독립적으로 후보자를 추천했다. 조사 위원회도 모든 길드들의 대표들을 포함했고, 206명으로 확대되었다. 이제 동의를 위해서 110표가 필요하게 되었다. 또한 중소 길드의 구성원들이 정부 장관위원회 구성에 참여하도록 3명의 자리가 보장되었다. 중소 길드의 구성원과 대 길드의 구성원들이 같이 자리를 나누게 되었다.

새 인민정부는 많은 문제들을 안고 있었다. 하나는 공공채무로 인한 재정 적자의 문제이며, 두 번째는 경제 위기였다. 세 번째는 흑사병으로 인한 인구의 감소였다. 잦은 전쟁은 재정의 파탄을 가져왔고, 재정 부족을 메우기 위한 차입은 이자 지출을 늘려 재정의 어려움을 가중시켰다. 여기에 피렌체의 대출을 상당 부분 담당할 수밖에 없었던 피렌체의 대상인들과 은행가들이 경제 위기를 겪게 되자, 정치와 경제의 위기감이 고조되었

---

5) 마키아벨리 『피렌체 사(Istorie fiorentine)』 제2권 제33-37장(Machiavelli 1988, 89-99) 참조.

다. 피렌체의 은행가이자 대부호였던 바르디 가문과 페루치 가문은 영국 왕실 등과 거래를 해오고 있었는데, 이들이 채무를 상환하지 않자 큰 손실을 보게 된다. 이들 대부호 가문의 파산과 경제 위기는 정부에 비난의 화살이 쏟아지게 만들었고, 정부는 파산된 가문의 재산을 헐값에 매각하게 유도함으로써 불만을 사게 된다. 인민정부는 재정을 확충하기 위해서 간접세를 높이게 되었고, 이는 또한 중하층 인민들의 원성을 사게 된다. 엘리트 계층과 중하층 인민계층, 양쪽의 불만을 받게 되었던 것이다(Münkler 1982, 167-175).

이런 상황에서 1348년 흑사병의 창궐은 피렌체 정부에 결정적 타격을 주게 된다. 수개월 사이에 인구의 반을 앗아간 흑사병은 정부의 기능을 마비시킬 정도였다. 아울러 공직 후보자들의 사망으로 인해서 공직선거를 위한 새로운 추천자 명단을 만들어야 했다. 이에 엘리트 계층은 1343년에 수행한 조치의 결과를 뒤엎고, 길드들이 중심이 된 인민정부에 대한 공격을 강화할 기회를 가지게 된다. 우선 장관위원회들에서 중소 길드의 지위를 2명으로 축소시켰다. 여기에 중소 길드 수를 14개에서 7개로 축소시켰다. 이는 21개 길드가 모두 참여하는 정부에서는 중소 길드의 수적 우위로 인해서 엘리트들의 이익에 반하는 정책을 펴기 때문이다. 이후 엘리트 계층과 인민계층 간의 긴장 속에 힘의 균형 상태가 유지되게 된다.

그러나 새로운 엘리트 가문이 두각을 나타내고 그 주위로 파벌이 형성되게 된다. 그중 하나는 리치 가문이고, 다른 하나는 알비치 가문이다. 리치 가문은 은행가문으로 알베르티, 메디치 같은 다른 엘리트 가문과 연합하고 있었다. 그리고 인민들의 호의를 얻고 있었다. 반면 알비치 가문은 모직 생산 가문이었으며, 스트로치, 소데리니 같은 가문과 친분을 유지하고 있었다. 특히 알비치는 교황당에 가까웠기 때문에 반황제파의 경향을 지니고 있었고 엘리트 계층의 호의를 얻고 있었다. 리치는 엘리트 가문이

더라도 새로 편입되는 가문에 호의적이었고, 길드 공동체를 전반적으로 옹호했다. 반면 알비치는 구귀족의 정치 참여를 옹호했으며, 엘리트 가문의 정치 참여를 제한하는 법—예컨대 같은 가계 구성원들이 연달아 공직을 맡는 것을 방지하는 법—이 완화되어야 함을 주장했다. 엘리트 가문들은 인민들과 후견인 관계를 맺고자 했다. 이는 가문의 힘을 강화시키기 위한 수단이었지만 후견-피후견인이라는 수직적 관계를 통해서 인민들 간의 수평적인 연대를 약화시키는 결과를 초래했다. 그러나 엘리트 가문들은 예전의 구귀족들이 하던 것처럼 사병을 두지 않았다. 도시라는 생활공간에서 나타난 엘리트 가문이 그 시민적 공간을 넘어서는 행위는 하지 않았던 것이다.

언제나 위기의 시대에 더 피해를 보는 것은 사회적 약자이다. 피렌체의 사회, 경제 위기 속에서 약자들은 하층 인민들인 포폴로 미누토(popolo minuto)였다.6) 주로 중소 수공업자나 노동자 계층 등으로 구성된 이들은 자기가 속한 길드의 규정을 따르거나 아예 길드를 조직할 수조차 없었다. 이들은 끊임없이 자신들의 이해관계를 대변하고 보호해줄 길드의 조직을 원했다. 한때 아테네 공(公)으로 피렌체의 독재자가 되려고 했던 브리엔의 월터는 그들의 지지를 확보하기 위해서 새 길드의 조직을 허가하기도 했다. 그러나 그것 역시 엘리트들과 여타 길드의 반격으로 곧 무산되었다. 흑사병으로 많은 사람들이 죽어서 상대적으로 노동력이 부족해지고 임금이 상승하는 효과를 보았다. 그러나 노동자들은 여전히 저임금의 노동에 시달리고 있었고, 채무에 의지해 일상을 이어가는 상황을 연출시켰다. 여기에 정부는 공공채무의 이자 지급을 위해서 시민들에게 걷는 간접세를 높이고 있었다. 이는 열악한 상황에 있던 중소 시민과 노동자들의 삶을 짓누르고 있었다.

---

6) Najemy(2006) 35쪽 참조. 아울러 popolo의 개념에 대해서는 Zorizi(2004) 참조.

한편 피렌체는 교황 그레고리 11세와 1375년에 전쟁을 시작한다. 아비뇽으로부터 로마로 돌아올 계획 속에 자신의 영역을 확장하고 있었던 교황의 군대와 피렌체를 필두로 한 이탈리아 도시들은 전쟁을 시작했다. 교황에 대한 전쟁을 정당화하고, 전쟁을 책임진 군사위원회의 8인의 위원들을 높이고자 "8성인의 전쟁(La guerra digli Otto Santi)"으로 명명한 이 전쟁에서 피렌체는 많은 비용을 쓰게 된다. 교황이 피렌체에 내린 조처로 피렌체인들의 재산은 법률의 보호를 받지 못하게 되었고, 이는 상인들의 활동을 제약했다. 더구나 종전을 위한 화해조약으로 배상금 지급의 부담 또한 과중했다. 결국 피렌체에서는 평화가 도래하고 이틀 후에 폭동이 일어나게 된다.

1378년 일어난 치옴피의 난으로 불리는 폭동은 교황과의 싸움에 반대했던 교황당과 그 반대파 간의 무력을 동반한 권력 다툼으로 촉발된다. 전통적으로 친교황 정책을 펼쳤던 교황파와 엘리트 가문들은 새로 편입된 시민 계층과 일부의 엘리트 가문 그리고 중소 길드를 기반으로 한 정부의 대교황 전쟁을 못마땅하게 생각하고 있었다. 살베스트로 데 메디치가 이끄는 정부는 교황파에 승리를 거둔다. 그러나 곧 포폴로 미누토의 반란이 일어난다. 모직공이었던 치옴피(Ciompi)들의 요구는 다음과 같았다.[7] 간접세보다는 재산에 더 많은 부담을 지우는 조세정책, 공공부채에 지급하는 이자의 폐기, 곡물과 밀가루에 물리는 간접세의 폐지, 소금 가격의 인하, 고용 창출을 위한 직물 생산의 증대 그리고 세 개의 새로운 길드, 즉 염색공

---

7) 마키아벨리에 의하면, 치옴피의 지도자였던 미켈레 디 란도는 정권을 잡은 후에 극단보다는 온건한 자세를 취했다. 이에 치옴피들은 불만을 품었고 미켈레 정권에 반기를 들게 된다. 마키아벨리는 치옴피의 오만으로 인해서 온건했던 미켈레와 대립하게 되었다고 적고 있다. 내부 분열 속에서 미켈레에게 불만을 품은 하층 노동자들은 무기를 들게 되고, 미켈레는 이를 제압한다. 마키아벨리는 그가 폭군화될 수 있었음에도 공공선을 위해서 복무했다고 적고 있다(마키아벨리, 『피렌체 사』 제3권 제16-17장 참조 ; Machiavelli 1988, 127-130).

길드(arte dei tintori), 자켓 제작자 길드(arte dei farsettai), 포폴로 미누토 길드(arte del popolo minuto)의 조직 등을 요구했다(Münkler 1982, 180). 치옴피의 난으로 인해서 선거 추첨 명부도 수정되었다. 예전에는 공직 추첨에서 제외되었던 하층민들이 새로 편입되어 정부에서 수적인 우위를 차지할 수 있게 되었다. 그러나 치옴피 정부는 얼마 가지 않아 막을 내리게 된다. 새로 조직된 길드 중 모직산업의 가장 하층 노동자들을 포함했던 길드도 해체된다. 그러나 나머지는 남게 되고, 대 길드와 중소 길드가 정부 구성에 동등하게 참여하는 기조는 유지되었다. 이로 인해서 대 길드의 엘리트 계층은 자신들이 정부에서 소수로 남게 되자 불만을 가질 수밖에 없었다. 길드 연합으로 이루어지는 공화국에서 엘리트 계층은 결국 하층 인민들에게 위협을 느낀 중간 인민계층을 포섭하여 그들과의 연대를 통해서 1382년에 정권을 장악하게 된다. 정권을 장악한 대 길드들은 1378년에 새로 조직된 하층민의 나머지 두 길드를 해체한다. 이제 길드들 간의 동등한 참여와 협의를 통해서 구성되고 운영되는 길드 공화국은 피렌체에서 사라지게 된다.

## 2. 엘리트 지배체제의 성립

피렌체는 정치공동체 구성원들 간의 대립과 갈등 속에서 그 체제를 발전시켜왔다. 상공업의 발달과 도시의 성장으로 인한 시민층의 성장은 구 귀족을 제어했지만, 시민층 내에 분화를 일으켰다. 길드 체제는 시민층이 도시를 장악하는 과정에서 나타난 정치, 사회체제라고 할 수 있다. 그러나 부를 축적한 신귀족층은 길드체제를 장악하려고 했고, 여기서 소외된 중층, 하층 시민들은 그들의 권익 보호를 위해서 노력하게 된다. 이 과정에서 양모 노동자들의 봉기가 일어나게 된다. 그러나 이는 다시 역풍을 맞아 귀족, 즉 엘리트 지배체제가 형성되게 된다. 피렌체 정치의 특징인 분열과 대립은 이 엘리트 지배체제에서도 여실히 드리닌다. 엘리트 내의 분열과 대립으로 결국 가장 강력한 가문과 그 가문의 수장에 의한 일인 지배체제로 이동하게 된다.

엘리트 지배체제는 길드 체제의 약화를 특징으로 한다. 길드 체제에서 대립의 지점은 자신들을 보호하고 대변할 길드의 수립과 그들의 정치 참여가 문제였다. 하층 노동자들의 투쟁 목표는 바로 그들의 길드를 만들고 그 대표를 정부에 보내는 것이었다. 이들은 자신을 대변할 길드를 만들지 못하게 하는 피렌체 정치에 불만을 품어 봉기를 했던 것이다. 그런데 엘리트 지배체제가 성립되자 피렌체인들은 가문을 중심으로 뭉치고 행동하게 된다.

치옴피의 난 이후 수립된 피렌체 정치체제에 대한 현대의 해석은 크게 두 가지로 구분된다. 하나는 엘리트 지배체제의 수립과 확립으로 바라보는 것이다. 정치 참여 지배계층이 협소회의 중하층 시민세층의 배제를 특징으로 한다는 것이다. 상층 길드 소속 시민들의 정치 참여 기회 확대와 그들과 연결된 명망가 가문들의 지배로 특징지어지는 엘리트 지배는 결국 메디치 가의 지배로 귀결된다는 것이다. 특히 켄트는 권력의 행사방식에 초점을 맞추어 피렌체 정치를 후견인과 피후견인 간의 네트워크로 파악함으로써 엘리트 독점체제로 바라본다(Kent 1975).

이에 반해 엘리트 지배라는 것을 부정할 수는 없지만 공화주의적 시민 참여의 확대 노력과 입헌적 지배의 노력은 무시할 수 없다는 해석이 있다. 이들은 치옴피 정권 이전의 엘리트 정권과 이후의 정권은 차이가 있다고 본다. 치옴피의 난 이후 인민들의 압력과 눈길을 무시할 수 없었으며 이는 지배계층의 정치 행태에도 변화를 가져올 수밖에 없었다는 것이다. 나제미에 따르면, 엘리트 계층의 지배와 정치 스타일이 인민들의 언어와 의견을 반영할 수밖에 없었다고 한다(Najemy 1991). 사실 당시 피렌체 정치가 귀족 엘리트에 의해서 주도되었다는 것은 부정할 수 없다. 그러나 그것이 전적으로 엘리트들의 전횡으로 이루어졌다고 볼 수도 없는 것이 사실이다. 앞에서 서술되었던 시민적 인문주의자들로 유명한 살루타니와 브루니는 정확히 이 시기에 활동했던 인물들이었다. 피렌체의 고위 정치인들로 활동했던 이들은 시민적 자유와 평등을 강조했고 공화주의를 주창했다. 이들은 엘리트 지배하에서 공화주의적 질서를 유지하고자 했던 피렌체의 시민의식을 대변했다고 볼 수 있다. 이러한 시민의식은 나중에 피렌체의 실질적 지배가문이 된 메디치 가의 정치 행태에도 영향을 미쳤다. 비록 형식적이기는 하지만 제도나 외양에서는 공화국의 질서를 존중하고 유지하고자 했던 것이다. 앞에서 시민적 인문주의의 주장들을 살펴보았으므로, 여기서는 엘리트 지배에 의한 피렌체 정치와 사회의 변화를 주로 살펴보도록 하겠다.

이 시기는 크게 2단계로 나눌 것이다. 첫 번째는 1380년대부터 메디치 가가 정권을 장악하는 1434년까지이다. 그 다음에는 1434년부터 프랑스 왕 샤를 8세가 이탈리아로 침공해 들어오는 1494년으로, 이를 기화로 메디치 가는 피렌체를 떠나게 된다.

첫 번째 시기는 주로 피렌체 정부의 구성을 중심으로 엘리트 정권의 변화에 대해서 살펴볼 것이다. 이는 대립하는 엘리트 가문들 간의 경쟁 속에서 메디치 가문이 승리하여 피렌체를 실질적으로 지배하는 시기까지 큰 변화 없이 이어지게 된다.

피렌체의 핵심적 정부 기구는 집행부와 평의회로 구분할 수 있다. 집행부는 흔히 Tre Maggiori라고 불린다. 이는 시뇨리아, 12인의 현자들(Dodici Buonuomini) 그리고 16인 곤팔로니에리(Sedici Gonfalonieri)를 가리키는 것이다.[8] 최고 행정기관인 시뇨리아는 수반인 정의의 기수와 8명의 행정

---

8) "기수들"로 직역할 수 있다. 이들은 원래 민병대 군사조직을 위해서 구획한 도시의 구역

장관(priori)들로 구성된다. 행정장관들은 피렌체의 4개 행정구역을 대표하는 8명으로 구성된다. 시뇨리아는 외치와 내치의 최고기관으로 법안을 제안하거나 다른 여타 권능 외에 형법에도 관여하며, 6명의 동의하에 결정이 이루어진다. 임기는 2개월이다. 12인의 현자들은 시뇨리아와 함께 법안을 제안할 권한을 가지고 있으며, 3개월마다 새로 뽑힌다. 이외에도 이들은 시청의 경비를 책임지고 있었다. 16인 곤팔로니에리는 원래 도시 민병대의 재조직을 위해서 만들어진 것이었다. 각 구역의 민병대장을 보좌하는 기구였다가 나중에 12인회와 함께 시뇨리아가 제안하는 법률안에 동의를 표해야 하는 기구 역할을 수행했다. 임기는 4개월이었다. 12인 회의와 16인 회의는 함께 Colleghi로 불리며 시뇨리아의 자문 역할을 수행했다. 12인회는 네 개 행정구역에서 세 명씩, 16인 회의는 16개 길드에서 각 한 명씩 뽑혔다.9) 이는 피렌체 정부구성의 기반이 피렌체 시민이 사는 행정구역과 길드로 구성되어 있음을 뜻했다. 아울러 짧은 임기는 병방가늘의 장기집권을 막고 더 많은 사람의 공직 진출을 장려하기 위해서였다.

평의회는 인민 위원회(Consiglio del popolo)와 시 위원회(Consiglio del commune)로 이루어져 있다. 전자는 약 300명, 후자는 약 250명의 시민들로 구성된다. 이 두 평의회는 원래 법안을 논의하고 통과시키기 위한 기관이며, 시민들의 의사를 대변하여 중요한 국사를 결정했다. 다수의 시민들로 이루어진 것은 바로 집행부에서 숙고되고 결정된 것을 더 많은 시민들의 숙고와 동의를 얻어 견제와 균형, 나아가 추인의 역할까지를 수행하기 위한 것이다.

하층민들에 반감을 가진 중간층의 도움을 얻어 다시 정권을 잡은 엘리트

---

들을 대표한다. 기수는 각 구역의 민병대를 표시하는 깃발을 들고, 그들을 대표한다는 의미도 있다.
9) 진원숙(1992) 참조.

층은 1382년 이후 피렌체 정치를 이전과는 달리 제도화시킨다. 그 핵심은 위의 핵심적인 정부기구를 장악해나가는 방법을 예전과는 달리 세팅한 것이다. 이는 피렌체 정치제도와 사회제도 간의 관계를 바꾸는 것으로 나타난다. 즉 피렌체 길드 공화주의를 변형시키는 것이다. 푸비니의 "사회대표에서 정치대표로의 이동"이라는 논문에서 보듯이, 치옴피의 난 이후 귀족들은 인민들이 이전부터 길드를 통해서 그들의 권리를 증진하려는 노력을 다른 방법을 통해서 제어하려고 했다(Fubini 1991). 다시 말해서, 길드라는 사회적 대표기관이 아니라, 시뇨리아 등의 정치적 대표기관으로 정치 참여와 권리를 대변하는 통로를 제한함으로써 권력을 통제하고자 한 것이다. 이제 길드의 대표들이 정부에 참여하는 비율이 작아지거나 나중에는 그 통로가 사라지게 되고, 정부기구에 참여할 자격을 심사하는 기구와 발리아(balia) 등의 장악을 통해서 권력이 행사되게 된다. 이는 시뇨리아라는 중앙정부의 강화로 인해서 길드 체제의 원심력이 약해지고 중앙집권화가 진행됨을 의미한다. 물론 귀족들은 겉으로는 추첨이라든지 임기 제어라든지 연임이나 그 친척의 관직 등용 금지 등을 통한 옛 공화국의 제도적인 외관을 유지시킨다. 그러나 시뇨리아의 힘이 강화되고 집행부와 평의회의 관계가 시민적 평등함이라는 원칙에도 불구하고 지배자와 피치자의 관계처럼 변하게 된 것이다(Fubini 1991, 229).

물론 이렇게 된 데에는 당시 피렌체를 둘러싸고 있던 이탈리아의 정치 상황도 큰 영향을 미쳤다. 비스콘티 가문의 밀라노처럼 이탈리아의 큰 국가들은 주변 지역을 복속하려는 전쟁을 지속하고 있었다. 이에 따라 피렌체도 크고 작은 전쟁들에 끊임없이 연루되었다. 이 와중에 피렌체는 다른 이탈리아의 국가들처럼 주변 영역을 정복해나가는 영토국가로 발전하고 있었다. 이러한 위기의 영속화로 인해서 국내 정치제도의 변화, 특히 행정과 재정기구 같은 관료제의 강화에 정당성이 부여되었던 것이다. 예컨대 경찰 업무를 맡았던 "치안 8인회(Otto di guardia)"라든시 선쟁을 담당하는 "10인 회의 (Dieci di guerra)"가 지속적으로 권력을 강화시켰다. 한편 1382년 이후 발리 아가 점점 더 자주 소집되었고, 이는 공화정의 두 평의회, 즉 인민 위원회와 시 위원회의 권한을 약화시켰다. 이 두 평의회는 시뇨리아에서 제안된 법률 이 의회로 가기 전에 논의가 이루어졌던 곳으로 법안을 반려하는 등의 행위 로 행정부였던 시뇨리아의 권한을 견제하는 역할을 하고 있었다. 위기 같은 급한 문제 해결을 위해서 강한 권력이 부여된 한시적 기관인 발리아가 일상 적 업무를 처리하는 기관을 대체하게 된 것이다.

피렌체 정치권력의 장악은 시민들이 정치권력에 참여하는 과정을 제어 함으로써 이루어졌다. 다시 말해서, 공무원 혹은 정치인 충원 과정을 장악 하고 조정한 것이다. 관료가 될 수 있는 피렌체 시민들은 5년마다 심사를 거쳐 그 적격자 명부가 만들어졌고, 거기서 추첨을 통해서 담당기관의 공 무원이 될 수 있었다. 그 때문에 그 심사위원의 역할이 중요했다. 아코피아 토리(Accoppiatori)라고 불리는 이들이 정치권력을 가지게 된 이유이다. 중 요한 평의회 위원들로 뽑힐 자격을 선정함에서 Tre Maggiori에 뽑혔었거나 (seduti), 뽑혔지만 여타 이유로 그 직무를 수행할 수 없었던 이들(veduti)을 선택하게 되었다. 그리고 15세기에 들어서 그 경향은 강화되었고, 1427년 부터 공화정의 두 평의회도 점차 그 선출이 제한되었고 결국에는 seduti나 veduti에서만 추첨을 통해서 뽑게 되었다(Rubinstein 1966, 378-391; Höchli 2005, 164-165). 귀족들은 선거제도를 통제하고, 그 후보자로 뽑힐 수 있는 자격을 엄격히 제한함으로써 정치 엘리트 충원의 루트를 장악한 것이다. 예컨대 30년간 중단 없이 자신이나 그 아버지가 세금을 납부한 이에게 자 격이 허용되는 것 같은 것이었다.

그러나 1382년부터 메디치 가가 피렌체의 권력을 장악한 1434년까지의 피렌체 정치는 두 가지 경쟁하는 경향의 대립, 즉 한쪽은 기존의 공화제적 전통과 제도를 지키고자 하는 세력과 다른 한쪽에서는 그것을 무너뜨리려는 세력 간의 경쟁으로 이루어진 것으로 볼 수 있다.[10) 브루니는 1438년 펴낸 그의 『피렌체 정체론(*Peri tes ton Florentinon Politeias*)』에서 피렌체의 과두제적 경향과 그에 대한 견제 경향을 혼합정이라고 표현하고 있다(브루니 2003, 222). 혼합정이라고 말한 이유는 공화제적인 것과 귀족제적인 것이 공존했기 때문이다. 예컨대 옛 귀족들뿐만 아니라 하층계급의 사람들은 공직에 진출할 수 없었기 때문이다. 아울러 피렌체의 중요한 정부기구인 평의회 의원들과 행정관들의 선출방식에서도 그것들이 드러난다. 그것은 귀족주의적 방식과 민주적 방식의 혼합으로 요약된다. 행정관의 경우 선거와 추첨의 방식이 결합되는데, 매 5년마다 열리는 선거에서 자격이 되는 사람들을 투표로 뽑는다. 앞에서 언급된 squittino라는 자격심사 과정을 거쳐 적격자로 뽑힌 사람들의 명단을 큰 명부 자루에 넣고 기한이 되면 그중에서 추첨을 통해서 뽑힌 사람들이 행정관직을 맡는다. 그런데 바로 여기에 제약이 있는 것이다. 그것은 연령, 가문, 시간 그리고 세금납부로 요약될 수 있다(브루니 2003, 225).[11) 연령은 행정관직에 선출될 수 없는 나이 제한에 관한 것이다. 예컨대 9인 위원회 위원에 30세 미만의 시민은 선출될 수 없고, 45세 미만의 시민은 수석행정관이라고 할 수 있는 "정의의 기수"로 선출될 수 없다는 것이다. 가문도 공직 선출을 제한하는 요소가 될 수 있는데, 형제나 아버지 혹은 아들이나 친척 중에서 누가 공직을 이미 맡고 있다면 관직에 나갈 수 없다. 시간의 요소는 재선출의 기간을 정하는 것이다. 다시 말해서, 행정관을 지낸 지 3년이 경과하기 전에는 다시 관직을 맡을 수 없으며, 친척이 공직을 그만둔 지 6개월이 지나지 않으면 공직을 맡을 수 없는 것이다. 마지막으로 세금을 내지 않거나 국가

---

10) 퍼거슨도 비슷한 관점을 보이고 있다(퍼거슨, 218-219).

11) 이하 설명은 김경희(2013)에서 재인용했다.

에 부채가 있으면 공직을 맡을 수 없다. 세금과 관련된 제한은 부나 재산과 관련된 것이기 때문에 귀족정적 요소를 지니고 있다. 가문에 관한 것은 배경이 좋은 가문이 아무래도 더 많은 관직을 맡을 수 있기 때문에 반귀족정적인 요소라고 볼 수 있다. 재선출의 기간을 정한 것 또한 더 많은 시민들에게 관직 진출의 기회를 제공한다는 측면과 재원이 더 많을 수 있는 귀족가문 출신의 관직 진출 기회를 제어한다는 측면에서 반귀족정적 요소라고 할 수 있다.

피렌체 정체의 권력 집중을 제어하고 견제와 균형을 유지하는 시스템이 무너지게 된 것은 상존하는 위기에 대처하기 위해서 한시적으로 전권을 부여했던 발리아로 인해서였다. 처음에는 임시기관인 발리아가 행정기관의 견제와 권한 안에 있었다. 1300년대 후반 전쟁과 이에 따른 재정 문제는 항상 신속하고 과감한 결정을 요구했는데, 기존 제도로는 이를 완수할 수 없었다. 여러 과정을 거쳐서 결정을 내려야 했던 기존 결정구조의 문제에 더해 행정부를 장악했던 엘리트 계층과 입법기관에 포진해 있었던 비엘리트 시민들의 긴장과 갈등도 문제 해결의 한계를 드러냈다. 결국 결단성과 신속성을 담보할 수 있는 발리아는 엘리트 계층의 주도로 만들게 되었던 것이다.[12]

이제 피렌체 정체가 바뀌면서 예전의 세 가지 주요 기둥들, 즉 파르테 구엘파(Parte Guelfa, 교황당), 도시 구역 단위를 기반으로 한 민병대 조직 그리고 길드들이 그 힘을 잃게 되었다. 도시 구역과 길드를 기반으로 한 집단적이며 평등주의적 정체 구성이 무너지게 된 것이다. 길드 정체의 몰락은 또한 시민권과 한 직업의 현업 종사자의 연계가 무너짐을 의미했다. 행정부에 충원되는 것이 길드 기반에서 벗어나자 뽑힐 수 있는 시민들의 수는 급격히 늘어났다(Meier 1994). 그러나 주요 기관에 실제로 충원되는

---

12) 발리아의 기원과 역할 등에 대해서는 Molho(1968) 참조.

이들은 seduti와 veduti에 국한되었고, 이들은 소수 엘리트 가문과 연계되었다. 아울러 발리아가 영속화되고 힘을 얻게 되자 그들을 뽑는 소수의 엘리트 가문과 그들의 피후견인 집단에 권력이 집중되게 되었다.

1382년 이후 귀족제 정부의 변화로 길드 공화국에서 꽃을 피웠던 기회 평등보다는 자질과 능력에 따른 출세라는 이데올로기가 도입되었다. 이는 길드 공화주의에서 가능했던 사회와 정치권력의 연계가 탈각되고, 개인적 능력과 권력 획득의 새로운 연관관계가 생긴 것이다. 결국 집행부의 권력을 소수 엘리트 가문이 쥐게 된 것이다. 그러나 엘리트 가문 내에 갈등과 경쟁은 피렌체의 정치에서 피할 수 없었다. 이미 1300년대 중반에 알비치 가문과 리치 가문의 경쟁과 대립이 있었고, 이는 귀족파를 대변한 알비치 가문 대 인민파를 대변한 메디치 가문의 다툼으로 이어지게 된다.

요약하자면 1378년 이후 4년간의 길드 공화국이 무너지고 엘리트 지배 체제가 성립된다. 이는 하층민들의 지배에 저항한 엘리트와 중산층의 연합정체였다. 그런데 이를 통해서 피렌체 정체 및 시민들의 삶이 변하게 된다. 길드 체제가 무너지고 가문 중심의 엘리트 지배체제가 등장한다. 이전의 교황파, 길드 그리고 지역 기반의 시민들의 정치적 힘이 약화되고 민병대는 그 역할을 잃게 된다. 예전에 피렌체 시민들은 길드 간의 평등성 및 길드에의 소속감과 유대감 속에서 자유와 평등을 누렸다. 그러나 이제 길드가 약화되자 개인 시민의 능력주의가 지배하게 된다. 집단주의에서 개인주의로 이동한 것이다. 이것은 피렌체 정체를 지배했던 예전 집행부 보다는 임시 전권기관인 발리아와 공무원 충원기관의 강화를 통해서 피렌체 정체가 엘리트 지배체제로 변하는 가운데 일어난 것이다. 물론 이러한 정체 변화를 추동했던 것은 내부의 불안정뿐만 아니라 외적 요소도 결정적인 역할을 했다. 그것은 밀라노의 침략으로 대표되는 14세기 말 이탈리아 내 국가들의 확장 추세와 영토국가화이다. 피렌체도 여기에 적극 대응

할 수밖에 없있고 그 귀결은 피렌체의 영토국가화와 이를 위한 재정과 행정구조의 강화, 즉 중앙집권화였다.

## II. 엘리트 지배체제에서 일인 지배체제로

이 절에서는 코시모 데 메디치가 추방에서 복귀하여 정권을 장악한 1434년부터 프랑스의 국왕 샤를 8세의 이탈리아 침입으로 메디치 가문이 무너지는 1494년까지를 다룰 것이다. 60년의 기간 동안 피렌체 정치는 메디치 가문의 지배를 통해서 귀족정에서 일인 지배체제에 가까운 형태로 변하게 된다. 그 역할을 수행한 이들은 메디치 가문의 수장이었던 코시모 데 메디치(1389-1464), 피에로 데 메디치(1416-1469) 그리고 로렌초 데 메디치(1449-1492)이다.

코시모 데 메디치가 이룬 일은 사실 그 이전 세대에서부터 준비된 것이었다. 코시모 이전에 조반니 디 비치(1360-1429)는 그의 부와 지혜로 메디치 가를 피렌체의 지도 가문으로 바꿔놓았다. 특히 마키아벨리에 의하면 그는 리날도 델리 알비치처럼 귀족정치의 강화를 주장하며 폭력 행위도 불사하는 이들에게 동의를 표하지 않았다.[13] 아울러 피렌체에서 재산에 과세를 함으로써 일반 시민들보다 부자들에게 중과세를 하려고 시도했다. 많은 귀족들이 이 새로운 조세제도에 반대했다. 그러나 조반니는 다른 귀족들과 달리 이에 찬성했다.[14] 그는 분열보다는 통합을 외치면서 귀족들의 오만과 자기 이익 추구 경향을 제어하려고 했다. 부와 권력 측면에서 새롭게 떠오르는 가문인 메디치에 대해서 기존 권력자 가문들의 시기심을 잘 알고 있었던 조반니는 굉장히 조심스러운 대응을 해나갔다. 이러한 분

---

13) 마키아벨리, 『피렌체 사』 제4권 제9-10장(Machiavelli 1988, 153-156) 참조.
14) 마키아벨리, 『피렌체 사』 제4권 제14장(Machiavelli 1988, 158-160) 참조.

위기를 마키아벨리는 그가 두 아들들에게 남긴 유언의 형태로 표현하고 있다. 그는 국가와 시민들에게 많은 것을 베풀어야 함을 강조한다. 국가의 "법"과 "사람"이 요구하는 것은 언제든 받아들여야 안전할 것이며, 할 수 있는 한 자발적으로 많은 시민들에게 자비를 베풀고 도와주어야 함을 말한다. 이는 국가와 시민사회에 대한 헌신을 통해서 시기와 질투가 일어나는 것을 방지하기 위함이다. 질시는 위험을 불러오므로 안전을 담보할 수 없기 때문이다. 마키아벨리는 조반니가 부름을 받지 않으면 시청사 건물에 나타나지 않았다고 적고 있다. 그는 시민들에게 그의 부와 영향력이 권력욕으로 보일 것을 두려워한 것이다. 너무 드러나 위험에 노출되지 말 것을 두 아들들에게 당부한 것이다.[15)]

그러나 코시모는 아버지의 유언을 절반만 따르게 된다. 물론 코시모는 소박하고 검소한 모습을 보이고자 한다. 그러나 그는 피렌체의 실질적 권력자로 오르게 되는데, 이는 귀족 내부의 권력 다툼으로 인해서였다. 귀족파와 그들을 이끄는 리날도 델리 알비치는 인민들의 호의를 얻고 있는 메디치 가를 제거하고자 했다. 니콜로 다 우차노라는 현명한 귀족이 그들의 시도를 제어하고자 했고 그 결과, 귀족파의 시도는 지연되고 있었다.[16)] 그러나 다 우차노가 사망하고 귀족파를 제어할 사람이 없어지자, 알비치 파는 코시모 메디치의 제거를 서두르게 된다. 이미 피렌체는 알비치 파당과 메디치 파당의 불신과 반목으로 분열되어 있었다. 공무원의 임명에는 그가 과연 적격자인지보다는 어느 파의 사람이 되었는가가 관심사였다. 여기에

---

15) 마키아벨리, 『피렌체 사』 제4권 제16장(Machiavelli 1988, 161) 참조.

16) 마키아벨리는 『논고』 제1권 제33장과 『피렌체 사』 제4권 제27장에서 피렌체 귀족파의 지도자였던 니콜로 다 우차노의 현명함에 대해서 언급한다. 우차노는 코시모를 몰아내려는 귀족파의 기도에 반대한다. 반대의 이유는 코시모를 몰아내려는 시도가 사태를 악화시켜서 그 반대의 결과를 가져올 수 있다는 것이다(마키아벨리 2003, 179; Machiavelli 1988, 173-176).

중립과 공성을 지켜야 하는 관료들도 그들의 역할을 수행하지 못하고 있었다. 이런 와중에 피렌체의 "정의의 기수"로 베르나르도 구아다니가 뽑히게 된다. 그는 알비치 파의 사람으로 코시모를 제거해야 도시의 통합을 가져올 수 있다고 보았다. 의심과 반목 그리고 분열에 빠진 피렌체는 결국 코시모를 억류하게 된다. 코시모를 피렌체 시청사 탑 꼭대기의 조그마한 감옥인 알베르게티노(Alberghettino)에 가둔 시뇨리아는 발리아를 소집하여 코시모의 신병을 어떻게 처리할 것인지를 논한다. 그러나 분열되어 있던 피렌체 시민들은 결론을 도출하지 못하고 있었다. 갑론을박 끝에 코시모는 그를 죽이려고 했던 알비치 파의 칼끝을 벗어나 파도바로 추방된다.17)

그러나 1433년 10월 30일에 추방된 코시모는 추방자라기보다는 매우 귀중한 손님으로 환대를 받을 정도로 피렌체뿐만 아니라, 이탈리아 각 국의 인정을 받고 있었다. 리날도는 코시모를 제거하지 못하고 추방한 것이 불안하고 느끼고 피렌체 정치를 자파 중심으로 재정립하고자 했다. 그러나 여러 저항과 불운으로 인해서 결국 코시모를 추방한 지 1년 만에 메디치 파 사람이 피렌체 정부를 장악하게 된다. 이것은 리날도로 하여금 무기를 다시 들게 했다. 그러나 귀족파들 중에서 온건파인 팔라 스트로치와 조반니 귀차르디니 등의 머뭇거림으로 인해서 알비치의 정권 장악 기도는 수포로 돌아가게 된다. 결국 리날도는 추방당하고 코시모 메디치는 시민들의 환영을 받으며 귀국하게 된다.

구사일생으로 귀환한 코시모는 자신의 경험에서 교훈을 찾았다. 다시 말해서, 자신의 반대파였던 알비치 파가 실패했던 것을 반면교사로 삼았

---

17) 마키아벨리는 이를 코시모의 금권을 통한 매수의 힘으로 보고 있다. 탑 꼭대기의 조그만 감옥에서 빠져나갈 길이 없던 코시모는 독살의 위험을 느껴 제공되던 음식까지 거부하고 있었다. 그러나 그는 간수였던 페데리고 말라볼티를 돈으로 매수하여 정의의 기수에게까지 돈을 전달했고, 그 이후 정의의 기수는 좀더 온건하게 되었다고 마키아벨리는 적고 있다(『피렌체 사』 제4권, 제29장 ; Machiavelli 1988, 177-179).

다. 그것은 피렌체 정부의 장악력을 높이고 자기 당파의 응집력을 높이는 것이었다. 정치에서 주도권을 쥐려는 시도는 좀더 엄격하게 지배하는 것이었다. 그것은 많은 반대파의 추방과 더불어 잠재적 적대세력에 대한 숙청도 포함했다. 때문에 팔라 스트로치처럼 알비치에게 동조하지 않아 코시모를 도왔던 귀족들도 추방했다. 믿을 만한 사람 이외에는 그들의 세력이 커지는 것을 허락하지 않은 것으로, 잠재적 경쟁세력을 미리 제거하는 것이다. 정권의 장악력을 높이기 위해서는 자파의 사람들을 권부에 앉혀야 했다. 그러기 위해서 코시모는 기존의 제도를 이용했다.

제도적 수단들은 아코피아토리와 발리아였다. 관료가 될 수 있는 적격자들을 심사하는 아코피아토리들을 자파 사람들로 충원했다. 그렇게 되면 아무리 추첨으로 관료를 뽑는다고 해도 이미 결과는 뻔한 것이기 때문에 피렌체 사람들은 그것을 "손으로 뽑는(a mano)" 투표라고 했다(Najemy 2006, 282). 공화국을 위해서 일하는 사람보다는 메디치 파의 이해관계를 위해서 복무하는 사람들을 뽑는 것이다. 여기에 코시모는 임시 전권기구인 발리아를 통해서 기존의 정규 제도를 우회하여 지배했다. 그는 밀라노와 베네치아와의 전쟁에 처음에는 베네치아 편을 들다가 나중에는 밀라노의 스포르차와 동맹을 맺게 된다. 그 외에도 나폴리와의 전쟁 등 1454년에 로디 평화조약이 맺어지기 전까지 끊임없는 전쟁에 노출되어 있었다. 이러한 외부의 위기를 틈타 정규 평의회들을 대체하는 발리아를 설립하고, 그 임기 연장을 통해서 선거와 세금 문제 등 국가 장악의 중요 문제들을 해결했다.

코시모는 기존 공화국 제도의 전면전 개혁을 수행하지 않았다. 이전 귀족지배체제의 외관을 유지했기 때문에 정부가 연속적이라는 생각을 심어줄 수 있었다. 그는 조심할 줄 알았고, 남의 눈에 띄지 않으려고 항상 조심했다(Brucker 1990, 154). 그러나 앞에서 언급한 대로 자기 파 사람들의 권력 장악을 위한 제도의 핵심을 파악하고 있었기 때문에 피렌체가 코시모의 국가였다는 것은 의심의 여지가 없었다. 여기에 국제관계도 코시모의 권력 장악을 도와주고 있었다. 1440의 앙기아리 전투의 승리, 1441년에 도래한 평화 등으로 피렌체의 영토는 확장되었다. 여기에 1451년 피렌체를 위협하던 비스콘티 가문 대신 밀라노를 장악한 스포르차와의 새로운 유대관계는 강력한 외부의 동맹세력을 만들었다. 물론 이는 밀라노와 대립하고 있던 베네치아와의 동맹 파괴를 의미했고, 기존에 유대관계를 맺고 있던 교황과의 연대도 파괴되었다. 그러나 강력한 내부의 지배와 외부의 동맹세력을 통해서 중재자 역할을 수행할 수 있었던 코시모는 1454년에 로디 평화조약을 맺어 전란이 끊이지 않았던 이탈리아 반도에 평화체제를 수립할 수 있었다.

그러나 이러한 코시모 지배는 그의 용의주도함과 겸손함 등에도 불구하고 많은 약점을 가질 수밖에 없었다. 그것은 바로 귀족에의 의존이다. 귀족들은 자신들이 인민들과는 다르다고 생각하지만 귀족층 내에서는 동등함을 주장한다. 다시 말해서, 일인 지배를 인정하지 않는 것이다. 귀족들 간의 평등을 주장하는 것이다. 따라서 귀족들 간의 협력뿐만 아니라 경쟁과 저항의 경향도 있는 것이다. 메디치 파 내의 귀족들은 서로 협력하겠지만 귀족주의적이거나 공화주의적 성향을 지닌 귀족들은 당연히 메디치 파에 반대를 할 것이다. 결국 코시모는 그들에게 폭군으로 비치는 것이다. 이러한 반대파를 제어하기 위해서 위에서도 말했듯이, 코시모는 아코피아토리를 이용해서 자파 사람들을 관료로 등용했고, 발리아를 이용했으며, 8인 치안위원회에 경찰권 등을 부여하여 강력한 권력을 소유할 수 있게 되었다.

코시모 메디치는 1464년 8월 1일 사망한다. 그의 사후 피렌체 정치는 두 가지 문제에 봉착하게 된다. 하나는 귀족파들이 선호했던 집단지도체제로 복귀를 하느냐, 아니면 메디치 가의 장남인 피에로에게 권력이 계승되어야 하는가의 문제였다. 결국 피에로는 자신의 사병과 밀라노의 스포르차 군대의 힘을 빌려 반대파를 제압하고 권력을 장악하게 된다.

코시모 사후 피렌체의 귀족파는 좀더 그들의 참여가 보장되는 정체로 돌아가고자 했다. 다시 말해서, 아코피아토리에 의한 "손으로 뽑는" 선거를 폐지하고, 추첨제도가 강화되어야 한다는 주장 등을 펼쳤다. 이 와중에 1466년에 니콜로 소데리니가 "정의의 기수"로 선출되었다. 그는 "조국의 자유"만을 바라던 사람이었다.[18] 새로운 명부 조사가 이루어지게 되었고, 이것은 1458년 이후 30년 정도 만에 처음으로 발리아에 의해서 통제되지 않은 공무원 적격자 조사였다. 이런 상황은 메디치 파를 실망하게 만들었고, 반대파는 기뻐하게 되었다.

소데리니는 새로운 조사 이외에도 1434년 이래 모든 정의의 기수들이 조사 위원회에 자동적으로 들어오는 것을 통과시키려고 했다. 그런데 이것이 너무 과두적이라는 이유로 역풍을 받았고 결국 실패했다. 이것으로 반 메디치 파 전선이 파괴되었다. 이것은 당시 피렌체 정치의 파벌 대립의 결과였다. 피에로 시기에 피렌체는 메디치 파, 귀족파 그리고 인민파, 이렇게 세 파가 대립하고 있었다. 그런데 인민과 엘리트의 대립은 14세기와는 전혀 다른 양상을 띠고 있었다. 이미 인민들은 길드 조직과의 연계를 상실하고 있었다. 대신 관료 적격자 명부 조사나 추첨이냐 선거냐 같은 선거제도를 둘러싼 이슈에 관심이 있었다. 그런데 이것은 귀족 지배체제 하에서 만들어진 것이었다. 인민들은 자신들이 주도적으로 만든 프레임이 아니라, 이미 귀족들이 만든 프레임 속에서 활동하고 있었던 것이다. 한편 코시모가 사망하자 귀족파 중에서 예전의 공화주의적 담론이 부활했다. 이들은 메디치 가문의 정치를 참주정으로 비유하고, 그것에 반대하여 베

---

18) 마키아벨리, 『피렌체 사』 제7권 제14장(Machiavelli 1988, 292) 참조.

네치아를 모범으로 하는 귀족제의 장점과 자유를 강조했다.

이러한 대립의 와중에 1466년 메디치 파와 반 메디치 파 사이에서 서로 군사개입으로 우위를 점하려는 시도가 있게 된다.[19] 이들은 서로 외세와 군대의 힘을 빌리려고 했다. 먼저 피에로가 무장했다. 그러나 반 메디치 파는 주저했다. 그런데 이들의 행동을 주저하게 한 것은 바로 1378년에 있었던 치옴피의 난의 기억이었다. 다시 말해서, 하층민들의 폭동 같은 사태가 다시 일어날까봐 두려워했던 것이다. 귀족들은 1434년 코시모의 메디치 가를 공격하자는 리날도 델리 알비치의 제안을 거부한 팔라 스트로치와 비슷한 행동을 다시 보인 것이다. 폭군이냐 아니면 폭군을 물리치기 위해서 연대해야 하는 중간층 및 하층 시민들의 폭동 위협이냐라는 선택의 기로에서 귀족들은 마지못해 전자를 선택했던 것이다.[20]

반 메디치 파가 제안한 추첨제는 메디치 파의 로베르토 리오니가 정의의 기수로 뽑히게 됨으로써 진혀 나른 상황을 가져오게 했다. 피에로는 그의 군대를 피렌체로 불러들이고, 메디치 파만을 위한 정치가 행해지게 된다. 발리아가 만들어지고, "손으로 뽑는" 선거가 부활되었다. 이후 28년 동안 추첨에 의한 시뇨리아 선출은 일어나지 않았다. 또한 경찰권을 가진 8인 치안위원회에서 반 메디치 파의 대대적인 숙청과 추방이 일어나게 된다. 추방된 이들에 의한 음모 등이 일어나지만 그것은 대세에 영향을 미칠 수 없었다. 결국 1466년 이후, 평등한 시민들 가운데 첫 번째 시민으로서 메디치라는 신화는 사라지게 된다. 병약했던 피에로는 1469년 사망한다. 그는 아버지 코시모에서 아들 로렌초로의 이행을 확고히 하는 역할을 수행했다. 평등한 시민들 가운데 "첫 번째 시민"으로서 코시모에서 "군주"

---

19) 이에 대해서는 마키아벨리, 『피렌체 사』 제7권 제15장 이하 참조.

20) 주저하는 피렌체 귀족들의 모습은 마키아벨리, 『피렌체 사』 제7권 제13-14장에 잘 나타나 있다.

로렌초로의 이양을 확고히 준비해준 것이다(Najemy 2006, 306).

피렌체의 14세기와 15세기는 분명히 달랐다. 15세기는 양모 산업이 쇠퇴하고 대신 실크 산업이 성장했다. 전자는 노동집약적이지만, 후자는 기술집약적인 산업이었다. 15세기는 14세기와는 달리 비숙련 노동의 수요가 감소되었다. 이는 비숙련 노동자들의 열악한 삶으로 이어졌다. 임금은 오르지 않는데 생필품 값은 상승했고, 노동자 계층은 지속적인 빈곤 상태에 노출되었다. 여기에 농촌지역에서는 소작농업이 확산되었다. 부자들이 자영농들에게서 토지를 사들였다. 수입은 낮았고, 세금은 높았기 때문에 농민들은 땅을 팔았다. 이들은 소작인들로 들어갔고, 수확물을 50대 50으로 나누었다. 결국 동기부여가 될 리가 없었고, 생산의욕의 저하 속에서 악순환이 찾아왔다. 빈익빈 부익부 현상이 나타난 것이다. 단지 6퍼센트의 인구가 전 가계의 부(富) 중에서 50퍼센트 이상을 소유했다고 한다. 가진 자들을 위한 사치품 산업은 성장했고, 빈곤층과 노동자들의 삶은 열악해져 갔다.

경제관계의 변화는 사회관계의 변화를 이끌었다. 14세기에는 공적 혹은 제도적인 후견인들과 피후견인들의 관계가 사적인 관계들과 균형을 이루었다면, 15세기로 가면서 사적인 후견인과 피후견인 관계가 우위를 점하게 된다. 그리고 우월한 부와 권력을 소유한 엘리트 계층의 대두는 개인 후견인들이 자신들이나 그들 가문들의 지위, 명예 등을 과시하려는 욕망을 강화시킨다. 다시 말해서, 예전에 가능했던 인민 계층과의 견제와 균형 관계가 사라지자 귀족 계층의 과시욕이 빗장을 풀고 자유롭게 발산된 것이다. 이들은 문화와 사치품 등을 통해서 귀족 엘리트들의 사회적 상승과 욕망을 표현하는 데에 아낌없이 투자했다. 이는 당시 교회의 가문 예배당이 좀더 사적으로 변해갔던 것으로도 알 수 있다. 예전에는 피렌체의 시민적, 조합적 후견-피후견 관계의 틀 내에서 이루어지던 예술가들의 작업과

성공이 이제는 사적 엘리트들 후견인들의 취향과 선호에 의해서 이끌어지기 시작했던 것이다.[21]

코시모는 뒤에 숨어서 지배했다면, 로렌초는 앞에 나서서 군림했다. 권력구조의 중심에 자신을 드러내놓았던 것이다. 할아버지 코시모와 아버지 피에로 시대를 거치면서 로렌초는 선대의 실수를 극복하고자 했다. 그것은 권력을 대놓고 잡아 스스로를 군주로 보이게 하는 것이다. 이미 1480년대가 되면 메디치 가의 권력은 외관적으로 경쟁할 수 없는 막강한 힘을 지니고 있었다. 선거제도와 정부를 거의 완전히 통제했던 것이다. 그러나 한편으로는 공화정의 외형 속에서 실질적 군주였던 로렌초는 법적 권한을 가지고 있지 않았다. 따라서 귀족들의 지지가 약화되거나 그들과의 관계가 악화되기라도 하면 그것은 신뢰집단이 점점 더 적어지는 것을 의미했다. 이는 자신의 권력유지를 위해서 통제를 더 완강하게 만들었다. 경쟁가문의 강력한 도전에 맞서 로렌초는 코시모와 멀리 귀족들을 아우르고 간 것이 아니라 그들을 배제하고 그들과 분리되어 지배했다. 이것은 이전과는 전혀 다른 권력 행사 시스템을 필요로 했다.

로렌초는 약관 20세의 나이에 피렌체의 지배자가 된다. 공화정을 유지하고 있었지만 실질적인 군주와도 다름이 없었다. 로렌초가 태어났을 때부터 메디치 가는 피렌체의 지배가문이었기 때문에 그전의 다른 가문 사람들과는 다르게 메디치 가의 후계자이자 피렌체의 지배자로서 훈련과 교육을 받았다. 결혼은 로마의 귀족가문인 오르시니 가의 클라리체와 했다. 어린 나이에 지배자가 되니 아버지 때부터 있었던 주변의 측근들이 여러 가지 생각을 품게 되었는데, 그중에 피에로의 심복이었던 토마소 소데리니가 있

---

21) 앞에서 언급한 피렌체 경제 상황의 변모와 그에 따른 계층 간 관계의 변화는 나제미의 책(Najemy 2006) 11장 참조. 피렌체와 이탈리아의 경제 상황에 대해서는 프란체스키의 글(Franceschi 2004) 참조.

었다. 그는 자신의 정치를 해보고 싶었고 그것을 위해서 로렌초를 이용하려고 했다. 그는 과거의 공적인 귀족정치로 회귀하려는 것보다는 외교에서 자신의 사적인 영향력을 확대해보고자 했다. 그가 원했던 것은 나폴리 왕국 및 베네치아 공화국과 친교를 다시 맺는 것이었다. 그런데 이것은 밀라노와의 단교를 의미하는 것이었다. 그러나 로렌초는 밀라노의 갈레아조 마리아 스포르차의 지지와 군사적 지원을 받고 있었다. 따라서 소데리니는 자신만의 독자적 외교노선을 주장했던 것이다. 그러나 이것은 밀라노와 동맹을 유지하고자 했던 로렌초와는 다른 길이었다. 소데리니 같은 귀족 반대파가 존재하자 로렌초는 정치적 시험에 직면했고, 그는 정치개혁을 통해서 상황을 돌파하려고 했다. 이 정치개혁의 특징은 코시모 이래 내려오던 100인회(Cento)의 개혁을 통해서 반대파를 제어하는 것이었다. 기존의 방식은 100인회에서 아코피아토리를 임명하는 것이었는데, 이제 40명 혹은 1434년 이래 공직 맡은 사람들 중에서 아코피아토리를 임명하자고 주장했다. 로렌초는 1471년에 더 완화된 방법을 제안했다. 100인회는 그대로 두되 그것을 자신의 사람들로 장악하는 것이었다. 우선 자신을 포함한 40명의 측근들을 100인회에 배치하여 군사, 선거 그리고 세금 등을 다루는 배타적 권력을 장악하려고 했다. 이를 통해서 로렌초는 100인회에 실제로는 종신으로 임명된 40명의 측근을 앉히고, 기존의 인민 평의회 그리고 코뮌으로부터 이전의 법적 최고권을 박탈하여 100인회에 부여하고자 했다. 이를 통해서 공화정 제도는 껍데기만 남게 되는 것이다. 여기에 나중에는 70인 회의까지 만들어 공화국 헌정을 무력화시켰다(Najemy 2006, 345-348: Höchli 2005, 172-173).

이렇듯 로렌초는 메디치 권력의 기반인 후견-피후견 시스템을 확고히 하고자 했다. 그러나 그것은 두 가지 약점이 있었다. 첫째는 라이벌을 인정하지 않기 때문에 질시와 저항을 사는 것이다. 후견-피후견 관계의 배타적 집중은 그 내부자들에게는 권력독점을, ⊥ 외부자들에게는 배제와 소외를 가져온다. 이는 결국 반목을 낳게 된다. 이러한 로렌초의 정책은 두 가지 사건을 통해서 잘 드러난다. 하나는 볼테라 학살이며, 다른 하나는 파치 가문의 음모이다. 볼테라 학살은 볼테라 지역에서 발견된 백반 광산에서 시작된다. 백반은 염색에 필요한 자원으로, 피렌체 및 이탈리아의 섬유 산업의 핵심 원료였다. 따라서 많은 이권이 개입된 사건이었는데, 볼테라 시정부는 이 운영권을 자신들이 가지고자 했다. 그러나 이것은 이미 메디치 가와 그들과 후견-피후견 관계에 있었던 일부 볼테라인들이 장악하고 있었던 것이었다. 이권과 후견-피후견 관계를 고려할 때 로렌초는 빠른 개입이 낫다고 판단했고 결국 볼테라의 정벌로 끝나게 된다. 이를 통해서 로렌초의 위상은 한층 더 올라가게 된다.[22]

로렌초의 위상 강화는 내외의 적을 만들게 되었다. 피렌체의 오랜 귀족 가문인 파치 가는 은행업을 통해서 거대한 부를 축적했고, 피렌체에서 메디치 다음가는 위치를 차지하게 되었다. 메디치 가는 경쟁자를 남겨두지 않는다는 행동방침을 수행했고, 파치 가는 피렌체 선거 명부 구성에서 불이익을 받게 된다(Reinhardt 1998, 84). 그런데 메디치 가와 파치 가의 대결을 불러온 계기는 피렌체 밖에서 일어나게 된다. 피렌체는 밀라노 및 베네치아와 동맹을 맺고 있었다. 이것은 반대로 교황과 나폴리 왕의 연대를 강화시켰다. 교황 식스투스 4세는 교황국의 영토 및 영향권을 확대시키려는 야망을 가지고 있었다. 이는 피렌체 동맹시들과 교황 간의 불화를 가져오고, 메디치 가와 교황 간의 반목과 대립을 낳게 되었다. 감정의 골이 깊어가던 와중에 교황은 프란체스코 살비아티를 피사의 대주교로 임명하지만, 피사에 영향력을 행사할 수 있었던 메디치 가는 그의 부임을 거부하도록 사주한다. 교황과 메디치 가의 대립이 극에 달하자 파치 가는 움직이기

---

22) 마키아벨리, 『피렌체 사』, 제7권, 제29-30장(Machiavelli 1988, 307-309) 참조.

시작했고, 1478년 음모를 도모하게 된다.

여러 가지 우여곡절 끝에 1478년 4월 26일, 피렌체 대성당의 미사 시간에 음모를 결행하게 된다. 로렌초 메디치와 그의 동생 줄리아노 메디치를 암살하려던 계획은 그의 동생만 죽인 채 실패로 돌아가게 된다. 로렌초는 가벼운 부상만 입은 채 도망가게 된다. 문제는 그 다음이었다. 음모자들은 기선을 제압하기 위해서 인민들의 지지를 얻어야 했다. 그들은 피렌체 시내로 들어가서 자신들이 피렌체의 공화주의 전통을 부활시키려고 봉기했다는 것을 보여주려고 했다. 그들이 골목을 누비며 외쳤던 말은 "인민과 자유(popolo e libertà)"였다. 그러나 자유의 이름으로 봉기를 유도한 음모자들은 피렌체 인민들이 메디치 가를 지지하고 있었던 것을 간과했다. 결국 음모는 실패로 돌아갔고, 피의 보복이 시작되었다.[23] 실패한 음모는 구사일생으로 살아난 로렌초의 힘을 강화시키는 결과를 가져왔다. 피렌체뿐만 아니라 밀라노 등에서도 일어난 이탈리아의 모반들은 결국 음모자들의 의도와는 달리 권력자의 힘만 강화시켜줄 뿐이었다.[24]

파치 가의 음모가 실패하자 이제 교황과 나폴리 왕이 나섰다. 교황은 파문으로, 나폴리 왕은 군대로 로렌초를 공격했다. 교황과 나폴리는 피렌체에 전쟁을 선포했고, 그들은 피렌체 영토의 남부 지역을 침입하여 영토를 정복해나갔다. 이에 다급해진 로렌초는 베네치아와 밀라노에 도움을 요청했지만, 그들은 국내 상황의 어려움으로 인해서 로렌초를 도울 수 있는 처지가 아니었다. 결국 도움을 받지 못한 로렌초는 위기를 홀로 감당해야 했다. 이미 피렌체 시민들은 이러한 상황들에 동요하기 시작했다. 이 난국을 해결할 수 있는 유일한 해결책은 교황과 나폴리의 동맹 파기였다.

---

23) 파치 가의 음모에 대해서는 마키아벨리, 『피렌체 사』, 제8권, 제3-9장(Machiavelli 1988, 319-327) 참조

24) 마키아벨리, 『피렌체 사』 제8권 제1장(Machiavelli 1988, 317) 참조.

결국 로렌초는 모두의 예상을 뛰어넘어 홀로 나폴리로 향하게 된다. 그런데 문제 해결은 뜻하지 않게 외부적 환경에서 오게 되었다. 그것은 프랑스의 침공과 오스만 튀르크의 공격이었다. 프랑스가 침공하자 나폴리 왕은 위협을 받게 되었고, 오스만 튀르크의 공격으로 교황은 연합의 필요성을 느끼게 되었다. 결국 로렌초에 대한 공격을 접을 수밖에 없는 상황이 도래한 것이다.

1480년에 로렌초는 피렌체로 금의환향하게 된다. 피렌체를 혈혈단신(孑孑單身)으로 구해낸 영웅으로서 로렌초의 권력은 더 강화된다. 그는 나폴리에서 귀환한 후에 더 적은 이너 서클(inner circle)을 기반으로 한 정체를 세우려고 개혁을 시도한다. 그 개혁의 핵심은 새로운 평의회, 즉 70인회 (Settanta)를 만드는 것이었다. 로렌초는 이 새 기구에 전에 없는 행정, 입법, 선거 권력을 포함하는 권한을 부여하려고 했다. 70인회가 실질적으로 시뇨리아를 내제하게 되는 것이다. 여기서 외교를 담당하는 8인 회의체 (Otto di pratica)와 재정을 담당하는 12인 검찰관(Dodici procuratori)의 구성원들을 뽑게 된다. 70인회 구성원들은 5년의 임기를 가지며, 5년마다 임기연장이 가능하다. 이들은 100인회를 대체하고 시뇨리아를 "손으로 뽑는" 선거로 뽑을 권리와 치안 8인회(Otto di guardia)를 선출할 권한을 가지게 된다(Höchli 2005, 173; Najemy 2006, 362). 이들을 통제하는 로렌초는 전인미답의 권력을 장악하게 되는 것이다. 다양한 정부 기능과 권한을 통제할 수 있는 기관을 만들고, 그것을 지배함으로써 자신의 권력을 더 강화시킨 것이다. 그러나 이렇게 더 좁아진 기반에 근거해서 권력기반을 세우면 역설적으로 그 권력은 더 약화된다. 왜냐하면 한 사람의 권위와 권력을 기반으로 한 것은 권력의 개인적이고 자의적인 행사 가능성을 상승시키기 때문이며, 그것은 역설적으로 그 권력기반이 약하다는 것을 뜻하기 때문이다.

로렌초는 이러한 권력의 집중을 위해서 자신만의 새로운 권력 자원을 계발했다. 그것은 우선 오직 그에게만 충성할 수 있는 사람들을 피렌체의 엘리트 층 외부의 사람들로 충원하여 관직을 제공하는 것이다. 피렌체 지배 영토의 도시들에서 충원된 개인적 비서나 심복들은 피렌체 정치관계에 연줄로 얽히지 않았기 때문에 그것과 무관하게 오직 로렌초에게만 충성할 수 있었던 것이다. 또 그는 피렌체 지배 도시나 지역 내의 사람들과 후견-피후견 관계를 형성했으며, 피렌체 하층민들로부터 종교의식과 카리스마의 정치를 통해서 호의를 이끌어냈다. 나아가 이탈리아의 귀족 가문들과의 결혼동맹을 통해서 유대관계를 확산시켰으며, 교회권력의 중요성을 느끼고 교회 내에 자신의 세력을 확산하고자 했다(Najemy 2006, 364).

후견-피후견 관계와 호의를 베푸는 것은 비공식적이며 사적인 지배 시스템을 일상화하는 핵심 기제였다. 여기에 로렌초는 종교 의식이나 축제 등을 이용하여 피렌체인들의 삶에 항상 자신을 드러냈고, 피렌체 국가에 필요불가결한 인물로 각인되고자 했다. 막대한 부를 통해서 가문의 건축물과 예배당 등을 세우며, 예술품의 제작과 학문 활동을 아낌없이 후원했던 로렌초는 피렌체인들에게는 경외의 대상이었을 것이다. 여기에 죽음을 불사하고 나폴리 왕과 대적하는 모습 등은 카리스마와 희생정신을 가진 지도자로 로렌초를 부상시켰다. 그는 또한 예전에 별로 관심을 두지 않던 젊은이들과 노동자들 그룹을 보살피고 그들을 후원하는 역할을 떠맡았다. 여기에 교황과의 연대를 부활시켰다. 이는 피렌체의 정치 변화에 좌우되지 않기 위해서 이탈리아 내의 강한 세력과 동맹을 추구한 것이다. 그 일환으로 교황 이노켄티우스 8세의 아들과 자신의 딸을 결혼시켰고, 가문의 사람들을 추기경에 도전하게 했다. 이는 결국 그의 둘째 아들 조반니를 1489년 13세의 나이에 추기경의 자리에 오르게 했다. 조반니는 후에 교황 레오 10세가 된다.

로렌초는 기존의 귀족정치와는 다른 형식의 권력을 추구했다. 그것은 동료 귀족을 약화시키고, 자신의 가문과 측근들만의 권력 강화를 추구했다. 이것은 반대파의 음모와 위기를 겪으면서 강화되었다. 그러나 그것은 그만큼 나약한 기반 위에 세워진 권력이었다. 일인 지배자에 권력이 집중되자 그의 상황에 전적으로 의존하게 된다. 로렌초 사후 2년 만에 메디치 가가 추방된 것을 보아도 알 수 있는 것이다. 메디치 가는 공적 기관을 사사화(私事化)했다. 그것은 공적 기반의 붕괴였다. 인민과 귀족이라는 좀 더 광범위한 기반 위에 국가를 세운 것이 아니라, 자신의 사적인 관계 속에서 국가를 사사화했다. 그 결과는 국가의 나약화였다.

메디치 가의 지배기를 요약하면 귀족정치에서 군주정치로의 이행 시기라고 볼 수 있다. 형식적인 외피는 공화국이었지만, 실질적으로는 군주국처럼 한 사람에게 권력이 집중되었다. 여기에 세 명의 메디치 가 수장들이 중요한 역할을 수행했다. 그들은 성생하는 귀족가문들을 제어하기 위해서 사적 권력을 강화시켰고, 이는 기존에 있던 공적 제도의 유명무실(有名無實)화를 가져왔다. 메디치 가문과 그 반대파 간의 대립은 귀족정치체제에서 인민파 대 귀족파의 대결이었다. 인민파의 수장으로 메디치 가는 귀족파를 억압하고 후견-피후견 관계를 통해서 인민들과 자파의 귀족들을 통제했다. 그 과정에서 반대파의 반란과 음모는 실패로 끝나고 메디치 가의 권력을 강화시키는 역할을 수행했다.


피렌체는 구성원들의 분열과 대립 속에서 공화정을 발전시켰다. 피렌체의 전통 귀족들은 황제파와 교황파로 나뉘어 대립했고, 상공업의 발달 속에서 권력을 장악한 시민들은 상층, 중층 그리고 하층 시민들로 분열되었다. 시민들은 동업조합, 즉 길드를 구성하여 그들의 의사를 대변했고 정체 구성에 참여했다. 도시의 상공업 시민계층은 길드 정체를 만들어 전통 귀족들의 정치권력을 제압했다. 그러나 이들은 승리 후에 상층, 중층, 하층으로 나뉘어 경쟁하고 대립했다. 상층이 중층과 같이 지배하는 사이 하층은 소외되었고, 그들은 양모공을 중심으로 치옴피의 난을 일으켰다. 그러나 하층 시민들의 정권은 오래가지 않아 중층의 지원을 받은 귀족의 반격을 받아 무너지고, 귀족정체가 세워진다. 귀족들은 그들의 승리 후에 분열되어 대립하게 된다. 그들은 귀족파와 인민파였다. 인민파의 수장으로 메디치 가문이 부상하고 그들은 피렌체를 실질적인 군주정으로 만들게 된다.

물론 이 과정에서 피렌체는 이탈리아 중부를 장악하고 반도의 정치를 좌우하는 주요 세력으로 성장하게 된다. 그러나 내부적으로 피렌체는 시민들 간의 평등과 자유를 중요시했던 공화정체제에서 귀족들과 일반 시민들 간의 후견-피후견 관계가 중요해지는 시기를 거쳐 군주적 인물에 의존하는 일인 지배체제로 변하게 된다. 시민들 간의 수평적 관계가 수직적 관계로 변한 것이다. 이러한 변화는 시민들의 정치적 지위의 기반이 길드나 거주 구역 같은 공적인 것에서 가문이나 개인 간의 후견-피후견 관계 맺기 같은 사적인 것으로 옮겨가면서 일어난 것이다. 치옴피의 난에서 하층 시민들의 봉기 이유는 자신들의 길드를 가지고 싶어 했던 것이었다. 그러나 나중에는 메디치 가문이나 그 측근 가문에 연줄을 대는 것이 더 중요해진다.

귀족정체 이후 메디치 가문의 지배로 이어지는 시기에 나타난 주요 변화 가운데 하나는 가문 이데올로기와 가부장 이데올로기의 등장이라고 할 수 있다. 귀족정체의 수립 후에 피렌체 정치는 귀족 가문 중심으로 이루어지게 되었고, 여기서 나타난 현상이 가문 이데올로기이다. 그런데 가문끼리의 경쟁과 대립은 그 수장의 역할을 강화시켰고 여기서 나타난 것이 가부장 이데올로기이다. 코시모 데 메디치는 그의 사후 "조국의 아버지(pater patriac)"리고 불렸을 정도이나. 그런데 귀족들이 자신들의 권력을 강화한 수단이 바로 후견-피후견 관계이다. 측근에게는 공적인 지위나 재물 등을 통해서 호의와 대가를 지불하고, 반대파는 그러한 관계에서 배제하는 것이다. 메디치 가는 이것을 좀더 강화하여 권력과 자원을 독점했던 것이다. 이러한 관계에서 나타난 가문과 가부장 이데올로기는 공(公)과 사(私)의 구분을 모호하게 만들었다. 귀족들은 공적인 것을 자신들의 가문의 일로 사사화했고, 공에의 개입을 통해서 사적인 지배를 강화했다. 여기서는 평등한 관계가 사라지고 지배와 복종 그리고 추종의 관계만이 나타날 뿐이다. 피렌체에는 평등이 부과한 절제가 사라지자 사치욕과 과시욕이 지배하게 된다. res publica가 무너진 곳에 res privata가 나타난 것이다.

제3부

# 마키아벨리의 국가론

# 제1장
# 정체론[*]


중세의 정치이론에서 공동체 혹은 국가를 인간의 신체에 비유해서 논의하는 유기체적 정치체(organic body politic)론이 유행했다. 이것은 성경과 아리스토텔레스에 의지하는 것이다. 전자는 주로 교회에 의해서 발전되었다. 예수님과 신도들을 하나의 몸으로 언급한 사도 바울의 "고린도 전서"에 기초하여 교회는 교황을 머리로, 왕들이나 황제를 그 아래쪽으로 묘사했다. 후자는 1200년대 중반에 번역된 아리스토텔레스의 『정치학』에 영향을 받아 정치공동체를 인간의 신체에 비유하는 정치체 논의이다. 그런데 이러한 논의들은 위계적이며 권위적인 상태 혹은 질서를 옹호하는 방향으로 사용되었다. 국가가 자연적 몸이라면 그 몸이 그 부속기관들로 이루어져 있듯이, 국가도 다양한 세부 기관들로 이루어져 있다는 것이다. 그리고 그 세부기관들은 그 중요성에서 차이가 있다는 것이다. 예컨대 사제는 영혼이며, 군주는 머리이고, 원로원은 심장이며, 군인은 손이며, 국고는 위장이고, 농민들은 발이라는 것이다. 한편, 중세의 정체론이 위계적이라는 기

---

[*] 이 장은 『政治思想研究』 제11호(2011)에 실린 졸고 "公共性と善き生—マキャベリの 政治体論"을 일부 수정하고, 『한국정치학회보』 42집 3호(2008)에 게재된 졸고 "마키아벨리의 선정론—『군주론』에 나타난 '건국'과 '치국'의 정치학"의 3장 1절의 일부 내용을 수정하여 실은 것이다.

존 주장에 더해 네더먼은 전혀 다른 정체론의 경향들을 보여준다. 그에 의하면 정체론은 몸체 내의 균형에 대한 이념, 즉 일종의 평등한 조화라는 이념을 가지고 있는데, 이것은 몸의 건강, 즉 정체의 복리를 위해서 반드시 준수되어야만 하는 것이다(Nederman 2004). 따라서 이러한 정체론은 각 구성, 지절들 간의 상호 소통을 추구하게 되고 그것은 평등주의적이며 반위계적 성격을 띤다는 것이다. 그러나 이러한 논의들도 전체를 위한 지절들 간의 조화롭고 평화로운 협동들을 강조한다는 의미에서 기능적이고 정태적인 성격을 벗어날 수는 없었다.

한편 이런 논의와는 다른 정체론이 있으니 그것이 바로 마키아벨리의 체액정체론(humoral body politic)이다. 이것은 인간의 몸을 국가에 비유하며, 국가의 혼란을 병에 비유하는 것 등에서 볼 때, 앞에서 언급한 정체론과 일맥상통한다. 그러나 고대 의학인 체액설에 기반을 둠으로써 그것들 간의 역동적인 관계에 주목하고 그 관계 속에서 형성되는 국가의 행동양식에 주목하게 된다. 체액설을 통해서 정치 현상에 내재적인 역관계와 정치세력들 간의 관계 속에 구성되는 정체와 그것의 특정한 행동양식에 주목할 수 있게 되는 것이다.

서양 정치사상에서는 인간의 몸과 정치공동체를 비유하여 설명하는 오래된 전통이 있어왔다. 그것이 바로 정체론(body politic theory)이다. 정체론의 핵심 관심은 인간의 신체와 정치체제를 비교하는 가운데 인간 몸의 건강 및 병리 현상을 정치공동체의 융성 및 몰락 현상과 비교하여 설명하는 것이다. 정체론을 주장하는 사람들은 대개 신체를 여러 가지 지절로 구성된 유기체로 파악한다. 각 지절들은 전체와의 관련 속에서 그 의미를 지니고 있으며, 각 지절들의 균형과 조화 속에서 몸의 건강이 유지된다고 파악했다. 따라서 그들에게는 정치공동체 구성원들 간의 조화와 균형이 핵심적이었다. 정치인을 의사에 비유하는 것은 바로 이렇게 정치공동체를 유기체로서 인간의 몸과 비교하는 데에서 나올 수 있었다. 의사가 몸의 건강을 챙기듯이 정치인은 국가 혹은 공동체 속에서 서로 연결되어 있는 시민들의 행복한 삶, 즉 좋은 삶을 염려해야 했다.

다양한 지절들로 구성된 유기체는 그 구성 부분들이 조화를 이루고 제 기능들을 다할 때에 제대로 유지될 수 있다. 국가공동체 또한 다양한 부분들로 구성되고, 그들의 조화와 균형 속에 평화와 안정이 유지된다. 나아가 좋은 시민은 좋은 사람과 동일시되었고, 덕성을 지닌 시민으로의 교육이 국가공동체의 좋은 삶을 위한 초석이라고 생각되었다. 이렇게 볼 때, 정체론은 기능론적 설명과 도덕주의적 설명을 공히 지닌다고 할 수 있다.

반면 마키아벨리는 고대의 정체론자들과 다른 모습을 보여준다. 물론 그도 국가공동체를 다양한 구성 부분들로 이루어진 유기체로 바라본다. 그러나 그 구성 부분들 간의 기능적인 조화와 균형보다는 그들 간의 긴장과 대립에 주목한다. 그리고 그 긴장관계의 유지와 구성을 통한 공동체의 힘과 활력을 생산하는 데에 초점을 맞춘다. 나아가 좋은 사람이 정치영역에서 좋은 시민이자 좋은 정치가가 될 수 없음을 지적한다. 정치영역에서 좋은 사람이 좋은 정치인이 될 수 없다면, 좋은 삶이란 도덕적인 삶과는 다른 의미를 지니게 된다. 그 좋은 삶이란 바로 국가의 활기찬 삶이며, 그 속에서 개개인들의 능력을 마음껏 발휘할 수 있고 나아가 그것이 인정받는 삶이다. 이렇게 개인의 능력이 만개하고 국가공동체의 활력이 충만해지기 위해서는 공공성이 보장되어야 한다고 마키아벨리는 말한다. 반대로 공동체 구성원들이 서로의 사적인 이해관계만을 추구하여 정치가 사사화(私事化)될 때, 한 국가공동체는 활력을 잃고 안으로부터 무너지며, 외적의 침입에 쉽게 몰락하고 마는 것이다.

## I. 마키아벨리의 체액정체론

고대로부터 정치공동체의 이해에 신체의 은유를 사용한 정체론은 크게 보아 두 가지로 나눌 수 있다. 정치공동체를 자연적 신체(natural body)로 이해하여 그 지절들의 조화와 균형 속에서 공동체의 번영을 사고했던 것이 하나이다. 이것은 생물학과 의학에 조예가 깊었던 아리스토텔레스에 의해서 대표된다. 다른 하나는 신비한 몸체(mystical body) 이론을 주장하는 이들로 사도 바울이 이들을 대표한다. 교회를 신자들로 구성된 한 몸체로 파악하는 것이다. 아리스토텔레스는 그의 『정치학』에서 국가는 자연의 산물이며, 여러 부분들의 구성체임을 언급하고 있다.[1] 특히 그는 국가를 구성하는 여러 계급을 다음과 같이 나누고 있다 : 농민 계급, 직공 계급, 상인 계급, 품팔이꾼 계급, 전사 계급, 공직자 계급, 심의 기능을 맡은 계급 그리고 재판 기능을 맡은 계급 등이다. 그리고 몸과 영혼의 관계 속에서 후자가 전자보다 더 본질적임을 언급하면서, 국가에서도 육체적 필요를 담당하는 부분보다 혼(魂)에 해당하는 전사 계급 그리고 재판 업무와 심의 기구를 담당하는 계급을 더 우위에 놓는다.[2] 유기체를 구성하는 각 지절들은—몸과 영혼 같은 위계적 구분하에—전체와의 관련 속에서 그 의미를 가지기에 각자의 기능을 잘 수행할 때 전체의 복리에 봉사하게 된다. 조화 속에 균형을 이루는 것이 바로 이러한 자연주의적 유기체론을 기반으로 한 정체론의 핵심이다.

한편 사도 바울은 "코린트인들에게 보내는 서한"에서 몸과 지체의 비유를 사용한다 : "몸은 하나인데 많은 지체가 있고 몸의 지체가 많으나 한 몸임과 같이 그리스도도 그러하니라. (……) 몸은 한 지체뿐 아니요 여럿이

---

1) 아리스토텔레스(2009), 1253a1, 1289b27, 1290b24 등 참조.
2) 이하의 내용은 아리스토텔레스(2009), 1290b37-1291a33 참조.

니 만일 발이 이르되 나는 손이 아니니 몸에 붙지 아니했다 할지라도 이로 인하여 몸에 붙지 아니한 것이 아니요. (……) 이제 지체는 많으나 몸은 하나라. (……) 너희는 그리스도의 몸이요 지체의 각 부분이라"("고린도 전서" 제12장 제12-27절).

그리스도의 몸에서 하나가 되는 신자들의 초자연적 공동체로서 교회라는 개념은 중세에 널리 쓰이기 시작한다. 그리고 그것은 교회법학자들에 의해서 전용된다. 교회는 corpus mysticum이자 corpus politicum이라는 것이다. 다시 말해서, 교황은 성(聖)과 속(俗)을 책임지는 교회의 우두머리이고, 왕과 황제는 그 부분들이다. 중세 후기까지 교황의 세속군주에 대한 우위는 끊임없이 주장되어왔는데, 그 이론적 기반을 제공한 것이 바로 정체론이다. 몸체에서 영혼이나 머리의 역할이 여타 다른 기관의 역할을 압도하고 그들을 지도하듯이 교황이나 사제의 역할이 세속의 지배자나 다른 계층을 지도해야 한다는 것이다.[3] 이것은 중세 후기에 교회와 국가의 분리 속에 국가에서 군주의 역할을 강조하는 논리로 사용되기도 한다. 그러나 고대 이래로 정체론에 나타나는, 전체를 구성하는 지절들의 조화와 균형에 대한 사고는 유지되었고, 위계적 우주론 속에서 머리의 역할을 강조하여 교황이나 군주의 지배적인 위치는 강화되었다. 요약하자면, 고대 이래로 정체론은 각 지절들로 구성된 유기체로서 정치공동체에 대한 사고를 유지했다. 각 지절들은 전체 안에서 서로의 역할에 충실하며, 조화와 균형을 유지해야 했다. 나아가 지배하는 부분과 지배받는 부분 간의 구분 속에 위계적 질서관을 수용했다.[4] 이에 따라 머리, 즉 우두머리의 지배적인 지위가 강조되었다. 전체 공동체를 위한 지절들의 기능과 그 역할도 중요했

---

3) 이에 대한 짧은 언급은 Hale(1973) 참조. 좀더 자세한 설명은 Struve(1978) 참조.
4) 한편 Nederman(2004)은 그의 글에서 기존에 주로 주장되었던 중세의 위계적 질서관을 기반으로 한 정체론 대신에 반(反)위계적 정체론이 있음을 소개한다.

지만, 전체의 이익을 위한 우두머리의 역할이 강조되었다.

이러한 관점에서 볼 때 어느 한 부분의 비대한 성장, 즉 불균형은 혼란을 가져오게 된다. 아리스토텔레스는 이러한 불균형한 성장을 통해서 정체에 변혁이 일어날 수 있음을 언급하고 있다.[5] 불균형을 비정상적 상태로 보는 것이다. 신체에 생로병사(生老病死)가 있듯이 정치공동체도 부침(浮沈)이 있다는 것이다. 이렇게 국가가 생명체처럼 병에 걸릴 수 있다는 사고는 정치인을 의사로 비유하여 설명하는 것으로 나타난다.[6] 중세에는 국왕을 medicus rei publicae로 파악했다. 위계적 질서관 속에서 우두머리로서 국왕에 주어진 막중한 임무는 국가의 병을 치료해야 하는 의사와도 같은 역할이었다. 그런데 정체론에서 국가가 건강한 상태란 전체 속에서 각자에게 주어진 임무에 충실하고, 전체를 이루는 부분들과의 조화 속에서 전체의 균형을 맞추는 일이다. 그렇다면 병든 상태란 그 반대일 것이다. 즉 자신의 권한과 역할을 뛰어넘어 더 많은 것을 원하고 지배하려고 할 때 나타나는 것이다. 이것을 제어하기 위해서 지도자 혹은 군주들의 덕성이 강조된다. 그들의 덕치(德治)가 곧 좋은 정치가 되는 것이고, 그것을 통해서 살기 좋은 공동체가 가능해지는 것이다.

마키아벨리 또한 사회와 정치 현상을 보는 데에 신체의 비유를 사용한다. 우선 그는 『로마사 논고』(이하 『논고』) 제2권 제5장에서 신체의 비유를 통해서 인류의 자기 정화작용을 다음과 같이 언급하고 있다.

---

5) "국가의 한 부분의 불균형한 성장도 정체 변혁의 원인이 될 수 있다. 몸은 여러 부분으로 구성되어 있는데, 전체가 균형을 유지하기 위해서는 이들 부분들이 균형 있게 성장하지 않으면 안 된다. (……) 마찬가지로 국가도 여러 부분으로 구성되어 있기 때문에, 그중 한 부분이 모르는 사이에 불균형하게 성장할 수 있다"(아리스토텔레스 2009, 1302b33).
6) 키케로(2007)의 『국가론』 5.5와 5.8참조.

단순한 신체의 예를 보더라도, 불필요한 물질들이 상당량 신체에 축적되면 자연은 스스로 작동해서 신체(corpo)의 건강을 위해서 자기정화 작용을 행하는데, 똑같은 과정이 인류라는 복합체(corpo misto)에도 일어난다(Machiavelli 2003, 290).

또한 제3권 제1장에서는 국가와 종파를 복합체라고 언급하며, 그것을 오래 보존하기 위해서는 주기적으로 초심의 상태로 돌려야 함을 언급한다.

내가 여기서 논하는 공화국이나 종교와 같은 복합체(corpi misti)의 경우에도 그것들을 시초로 되돌리는 변화가 이로운 것이라고 말하겠다. (……) 만약 이들 복합체가 갱신되지 않는다면 오래 지속되지 못하리라는 사실은 불을 보듯 명확하다. (……) 따라서 만일 그 복합체를 올바른 위치로 복원시키는 어떤 사태가 일어나지 않는다면, 그 부패는 필연적으로 그 본체(corpo)를 파멸시킨다. 인체에 관해서 말할 것 같으면, 의사들이 "날마다 무엇인가가 우리 몸에 보태지고 그것은 이따금 치료를 요한다"고 말하듯이 말이다 (Machiavelli 2003, 411).

이렇게 신체의 비유를 통해서 국가와 정치를 바라보는 마키아벨리의 관점은 국가사에 대한 정치인의 대처방식을 의사의 진단과 비교하는 데에서 잘 드러난다. 그는 『군주론』 제3장에서 의사들이 소모성 열병에 대해서 말하는 바를 정확히 "국가를 통치하는 일"에도 적용할 수 있음을 이야기하고 있다. 병이 초기에는 치료하기는 쉬워도 발견하기 어렵고, 시간이 지나면서 발견하기는 쉬워도 치료하기가 어려워짐을 언급하면서 정치적 문제를 일찍이 인지하여 미리 대처해야 함을 주장하고 있다.[7]

---

7) 마키아벨리 『군주론』 제3장 참조(Machiavelli 2008, 25).

그렇다면 마키아벨리는 복합체로서 국가공동체를 구성하는 요소들을 무엇이라고 보았을까? 마키아벨리는 국가공동체를 구성하는 핵심세력에 우모리(umori)라는 용어를 사용한다. 『군주론』 제9장에서 그는 "모든 도시에는 인민(populo)과 귀족(grandi)의 두 계급(umori)이 있다"라고 말하고 있다. 인민은 귀족에게 지배받거나 억압받지 않기를 원하며, 반면 귀족은 인민을 지배하고자 한다고 말한다. 그리고 이들의 관계 속에서 군주정, 공화정 그리고 무정부 상태가 초래된다고 말한다. 이와 똑같은 언급이 『논고』 제1권 제4장에서도 나타난다. "모든 공화국에는 두 개의 대립된 파벌(due umori diversi), 곧 평민(popolo)의 파벌과 부자(grandi)의 파벌이 있다"는 것이다. 그런데 마키아벨리가 여기서 사용하는 우모리라는 개념은 원래 의학 개념이었다. 우모리는 고대 의학의 4체액설에서 나온 개념이다. 기질 혹은 성향으로 번역될 수 있는 우모리는 "체액"이나 "습기"의 의미를 가지고 있는 umor에서 나온 말이다. 4체액이란 혈액(blood), 점액(phlegm), 흑담즙(black bile) 그리고 황담즙(yellow bile)을 일컫는다. 인간은 몸에 이러한 네 가지 체액을 지니고 이것들의 구성에 따라서 사람의 성격이 결정되며, 나아가 몸의 건강과 질병도 이 체액들의 조화와 균형 상태에 의존한다는 것이다.[8]

---

8) 마키아벨리의 우모리 론에 대해서는 Parel(1992) 참조. 체액설을 가장 압축적으로 보여주는 그의 말을 인용하면 다음과 같다 : "인간의 몸은 혈액, 점액, 황담즙 그리고 흑담즙을 가지고 있다. 이것들은 인간의 몸의 체질을 규정하는 것들이며 병과 건강의 유발요인이다. 건강 상태는 무엇보다도 이 구성요소들이 그 강도나 질에서 각각 정확한 균형을 이루고 있는 그리고 잘 혼합되어 있는 상태이다. 고통/병은 그 요소들 중 하나가 부족하거나 과도해질 때에 나타난다. 이것들 중 하나가 다른 것들로부터 분리되어 홀로 있을 때, 그것이 떨어져 나온 부분들뿐만 아니라 그것이 모여서 과도해진 곳에서 병이 나는 것은 필연적이다"(Parel 1992, 101). 또한 파렐은 마키아벨리에게서 우모리가 다음의 네 가지 의미로 쓰인다고 말한다. 우선 한 사회집단의 자연적인 욕구와 성정, 둘째, 한 정치공동체의 사회집단들, 셋째, 정치집단들 간의 상호관계 속에서 나타나는 행위들. 넷째, 정치체제를 구분하는 용어가 그것이다(같은 책, 105-107). 우모리를 정치공동체 구성세력으로 파악하는 이 글에서는 첫 번째와 두 번째 의미에 주목할 것이다.

마키아벨리는 자신의 정체론에서 신체의 비유를 국가공동체에 대한 설명에 사용하면서 의학 개념을 적용하고 있다.[9) 그것은 의사와 정치인의 비유에서 드러나고, 생로병사의 비유를 국가공동체에 적용하는 데에서 명백히 드러난다. 앞의 예문에서 보았듯이 마키아벨리는 국가의 병든 상태를 부패한 상태로 표현한다. 그리고 몸이 병든 것은 그 기력이 쇠했을 때이고, 그것은 국가가 타락했을 때이다. 마키아벨리는 이러한 국가공동체의 성쇠를 비르투(virtù)의 생성과 소멸로 설명한다.[10)

마키아벨리는 정치공동체라는 몸의 핵심 구성 요인으로 인민과 귀족을 들고 있다. 그런데 이들은 서로 대립되는 기질들을 가지고 있다. 귀족은 지배하려는 야망을 가지고 있다.[11) 반면 인민은 억압받지 않고, 자유롭게

---

9) 이러한 body politic의 관점이 『군주론』을 관통함에도 불구하고, 『군주론』에서는 정치와 신체의 유비가 명시적으로 언급되지는 않고 있다. 제3장에서 소모성 열병의 비유를 통해서 정치에서 선견지명의 중요성을 강조하는 정도이다(마키아벨리 2008, 25). 그러나 『논고』 제3권 세1상에서는 복합체(corpo misto)라는 표현을 쓰면서 정치공동체와 신체의 유비를 직접적으로 사용한다(Machiavelli 2003, 411-412). 한편 신체와 정치체의 유비에 관한 body politc 론에 대한 간략한 해설은 Hale(1973) 참조. 르네상스 시기의 body politic 논의는 Archambault(1967) 참조.

10) 당시 일반적이던 정치체의 논의는 중세의 위계적 질서관 속에서 교회나 왕을 신체의 중심인 머리나 심장으로 비유하고, 다른 사회 계층이나 제도를 손이나 발 등 덜 중요한 몸의 일부로 파악하는 것이었다. 그러나 마키아벨리는 체액의 논의를 도입함으로써 정치 세력들을 서로 다르지만 같이 조화를 이루어 상생해야 하는 것으로 파악하고 있다. 브리구글리아는 마키아벨리의 이런 논의를 "corpo umorale dello Stato"로 표현한다(Briguglia 2006).

11) 귀족은 "grandi"를 옮긴 말이다. 귀족은 한 정치공동체의 주도권을 쥐고 있는 층을 가리키는 말이다. 중세 시기에는 가문과 혈통에 의한 귀족이 득세를 하고 그들이 정치권력을 가졌던 반면, 르네상스 도시국가에서는 옛 혈통귀족이 신흥 상업세력에 주도권을 내어주게 된다. 경제적 부를 축적하여 경제권력과 그에 따르는 정치권력을 획득한 이들도 귀족으로 불리게 된다. 르네상스 시기 귀족을 표현하는 용어로는, "grandi" 외에도 "nobili", "signori", "ricchi", "principali", "gentiluomini", "potenti" 그리고 "ottimati" 등이 있었다(Bonadeo 1969, 11). 『군주론』에서는 주로 사용되는 "grandi" 외에도 "nobili"(제12장), "potenti"(제19장) 그리고 "signori"(제8장) 등을 사용한다. 마키아벨리의 귀족 개념에 대해서는 보나데오(Bonadeo, 1969) 참조.

살고자 하는 욕구를 가지고 있다.[12] 서로 대립적인 기질들을 가지고 있기에 이들의 관계는 항상 긴장 속에 있다. 권력의 불균형 속에서 귀족이 인민에 대한 과도한 지배권을 가지고 억압하고 착취할 때, 공동체는 혼란에 빠진다고 마키아벨리는 보고 있다. 마키아벨리가 『군주론』에서 보여준 주요 관심사는 이러한 혼란 상태를 극복하기 위한 것이다.

귀족과 인민 간의 관계 속에서 당시 정치를 바라보는 것은 『군주론』을 관통하는 핵심 주제였다. 『군주론』에 나타난 정치세력들의 관계에 대한 언급들을 살펴보면, 우선 헌정사에서 군주와 인민의 관점의 교환에 관해서 언급한다. "인민의 성격을 잘 이해하기 위해서는 군주가 될 필요가 있고, 군주의 성격을 잘 이해하기 위해서는 평범한 인민이 될 필요가 있는" 것이다(Machiavelli 2008, 12). 군주와 인민의 연결은 여기서 그치지 않는다.[13] 그것은 다시 『군주론』 제9장에서 좀더 분명히 드러난다.

모든 도시에는 인민(populo)과 귀족(grandi)의 두 계급(umori)이 있기 때문입니다. 이러한 상황은 한편으로 인민은 귀족에게 지배당하거나 억압당하는 것을 원하지 않기 때문에, 다른 한편으로 귀족은 인민을 지배하고 억압하고자 하기 때문에 초래됩니다. 도시에 존재하는 상이한 이 두 가지 요인으로부터 세 가지 가능한 결과가 초래되는데, 곧 군주정, 공화정 그리고 무정부

---

12) 인민은 populo 혹은 popolo를 옮긴 것이다. popolo는 피렌체에서 도시민 전체를 가리키거나 혹은 정치에 참여할 수 있는 시민들을 가리키기도 했으나, 주로 사용된 것은 중산층 시민들을 가리키는 데에 사용되었다. 특히 popolo는 권력을 가진 엘리트 귀족과는 대비되는 비 엘리트 계층의 시민들을 가리키는 정치투쟁 용어였다(Najemy 2006, 35). 마키아벨리의 저작들에서 사용된 popolo의 개념에 대해서는 보나데오(Bonadeo, 1970)와 신철희 (2011) 참조.

13) 고대 로마가 자유를 향유하게 된 이유를 논하는 『논고』 제1권의 제4장과 그 자유의 수호자를 논하는 제5장에서도 마키아벨리는 공동체를 구성하는 두 핵심 세력으로서 귀족과 인민을 논하고 있다(마키아벨리 2003, 86-88).

가 그것입니다.[14)

마키아벨리는 여기서 자신의 정체관을 드러내는데, 그것은 공동체 핵심 구성세력 간의 관계 속에서 이루어지는 정체에 대한 사고이다.[15) 한 공동체의 정치는 그것을 구성하는 세력들에 초점을 맞추어야 하는 것이다. 피렌체와 이탈리아 국가들의 문제는 귀족과 인민 간의 관계였지만, 고대 로마의 황제정에서는 이들 이외에도 군인이라는 또다른 세력이 있었기 때문에 마키아벨리는 황제들의 사례를 논할 때 군인 세력이라는 변수를 놓치지 않았던 것이다.[16) 이러한 관계 속에서 구성된 정체는 서로 다른 특징들을 가지게 된다. 국내정치 세력의 관계가 정체에 반영되고, 그것은 그 국가의 특성을 좌우하는 것이다. 마키아벨리는 이러한 사고를 『군주론』 제4장에서 튀르크와 프랑스를 비교 설명하는 데에 사용하고 있다. 튀르크는 군주의 권한이 막강하여 귀족들을 자신의 "가신들, 곧 그의 은덕과 선임에 의해서 국정을 보좌하는 자"로 만들었다. 반면 프랑스의 경우는 "군주가 제후들과 더불어 통치"를 한다(Machiavelli 2008, 33-34). 제후는 세습적인

---

14) 마키아벨리(2008), 68-69쪽. 이와 똑같은 언급이 『논고』 제1권 제4장에서도 나타난다. "모든 공화국에는 두 개의 대립된 파벌(due umori diversi), 곧 평민(popolo)의 파벌과 부자(grandi)의 파벌이 있다"는 것이다.

15) 마키아벨리의 우모리 개념에 대한 풍부한 논의는 Parel(1992) 참조. 이러한 우모리 론은 인민과 귀족의 "불화"가 로마 번영의 주된 원인이라는 마키아벨리의 언급에 힘입어 공화주의를 설파하는 『논고』의 분석 도구로 많이 논의되어왔다(Coby 1999: Briguglia 2006). 그러나 『군주론』을 우모리 관점에서 본 연구는 거의 전무하다시피 한 것이 사실이다. 한편 파렐도 자신의 저서에서 『군주론』을 우모리 론으로 다루고 있다. 그러나 그는 신군주를 개혁가 혹은 무질서에서 질서를 창조하는 인물로만 그림으로써 "건국자"로서의 군주만을 보고 있다. "치국자"로서의 군주가 빠진 것이다. "건국자"와 "치국자"로서의 군주에 대해서는 김경희(2008) 참조.

16) "첫째로 지적할 사실은 다른 군주국에서는 귀족의 야심과 인민의 무례함만을 염두에 두면 되었지만, 로마 황제들은 또 하나의 문제에 직면했다는 점입니다. 곧 그들은 군인의 잔악함과 탐욕에 대처해야 했습니다"(Machiavelli 2008, 129).

권리를 가지며, 자신의 영토와 신민들을 가지고 있기 때문에 군주에 비견할 만한 힘을 가지고 있다. 튀르크는 군주의 권위하에 귀족과 인민들이 일치단결하기 때문에 외적의 침입을 받았을 때 쉽게 막아낼 수 있다. 그러나 일단 승리를 거두어 군주를 제거하면 구심점이 사라져 지배하기는 쉬워진다. 반면 프랑스의 경우는 제후와 귀족들의 경쟁과 반목 등으로 인해서 일사불란함을 찾기 힘들 것이다. 거기에 불만세력이 항상 있을 수 있기 때문에 그들은 외세와 결탁함으로써 타국의 침입에 쉽게 노출될 것이다. 그러나 침략은 쉬워 보여도 완전한 지배는 힘들어 보인다. 왜냐하면 군주를 제거해도 다른 제후들이 건재하기 때문이다. 이렇게 프랑스와 튀르크의 서로 다른 특성들은 그 나라들을 구성하고 있는 군주, 귀족 그리고 인민들의 관계 속에서 나온 것이었다.


## II. 국가의 활기와 공공성

국가 존립이 불투명한 위기의 시대에 살았던 마키아벨리에게 국가의 유지와 보호는 그 무엇보다도 중요했다. 그의 저작들을 관통하는 주된 문제의식은 바로 국가의 존립이었다. 그것을 위해서는 도덕도 잠시 무시될 수 있었으며, 계약의 파기도 이해될 수 있었다. 그런데 마키아벨리는 국가의 존립이 위태로운 상황에 놓인 이유를 국가의 허약함에서 찾았다. 그 허약함은 바로 국가의 활력, 즉 비르투의 부재에 원인이 있었던 것이다.

비르투는 마키아벨리 정치사상의 핵심 개념으로 이해되어왔다. 그것은 힘, 역량, 덕성 등 여러 가지 개념으로 옮길 수 있다.[17] 정체론에 초점을

---

17) 마키아벨리 정치사상의 핵심 개념 중 하나인 virtù는 라틴어 virtus를 어원으로 가지고 있다. virtus는 vir에서 온 말로, vir는 남자, 남성을 뜻한다. virtus는 원래 고대 로마의 시민이자 군인이었던 남성들의 용맹과 역량 등을 의미했다. 스토아 철학자들에 의해서 나중에는 윤리적 덕성의 의미도 포괄하게 된다. 중세를 거쳐 종교적인 윤리까지 포괄하

맞추는 이 절에서는 그 의학적 의미에 주목하고자 한다. 길버트는 르네상스 시기에 사용되었던 비르투의 여러 용례 중에서 그 의학적 표현을 강조한다. 비르투는 생명체에 생기를 부여하는 힘을 의미했으며 유기체의 생명과 힘이 그것에 의존했다는 것이다. 비르투가 강해야 건강하다고 이야기되었던 것이다. 또한 당시 피렌체의 유력 시민들이 모여 정치를 논하는 회의에서 한 피렌체 시민은 "비르투를 잃은 몸의 상태에서 좋은 의사들은 무엇보다도 비르투를 강화하는 데 관심을 가져야 하며, 따라서 우리의 관심은 군대의 조직이 되어야 한다"라고 말했음을 적고 있다(Gilbert 1951, 54). 의학적 용어를 정치적 분석에 적용하여 사용했던 것이다.

마키아벨리는 강대국의 전쟁터가 된 이탈리아와 피렌체의 문제를 이러한 비르투의 부재로 파악한다. 우선 그는 야만족의 지배로부터 이탈리아의 해방을 호소하는『군주론』제26장에서 이탈리아에 잠재해 있는 역량들을 추동해내고 지도해내지 못하는 시뇨사의 유약함을 비판한다.

이곳에서(이탈리아/저자) 몸의 사지인 개개인들에게는 탁월한 역량(virtù)이 잠재해 있는데, 머리인 지도자들은 이러한 역량을 가지고 있지 못합니다. 결투나 적은 수의 사람들이 싸울 때, 이탈리아인들의 힘, 능력 및 재주가 얼마나 탁월한가를 보십시오. 그러나 일단 군대라는 형태로 싸우는 일에서는 결코 두각을 나타내지 못합니다. 이 모든 것은 지도자의 유약함에서 비롯됩니다(마키아벨리 2008, 171).

『군주론』에서 마키아벨리는 비르투 없는 정치 지도자들을 비판하고 있

는 광범위한 의미를 지닌 virtus/virtu 개념에 마키아벨리는 고대 로마, 특히 공화정 초기의 전통을 복원시킨다. 윤리적 덕성보다는 용맹과 역량 등 그 정치적 의미 및 효과에 초점을 맞추게 된 것이다. 마키아벨리의 비르투 개념에 대해서는 Whitfield(1943), Wood(1967), Price(1973), Hannaford(1977), Münkler(1994) 그리고 박상섭(1998) 등 참조.

다. 그들은 자국군의 구성과 훈련을 소홀히 해서 이탈리아를 비르투가 없는 나약한 나라로 만들었다. 한편『논고』에서는 비르투가 충만했던 고대 로마의 예를 통해서 당시의 피렌체 문제를 진단하고 있다. 비르투가 충만한 삶이 건강한 삶이라면, 정체론의 관점에서 보았을 때, 건강한 국가란 비르투가 충만한 국가공동체에서 자신의 비르투를 실현시킬 수 있을 때 가능하다. 마키아벨리는 고대 로마에서 정확히 이것을 보았다.

마키아벨리는『논고』제1권 제4장에서 로마 공화국을 칭송하고 있다. 그 이유는 로마는 "공공의 자유에 도움이 되는 법률과 제도"를 가지고 있었기 때문이다. 이로 인해서 좋은 군대와 좋은 정부가 가능했다고 말한다. 또한 이것들을 통해서 로마는 시민들의 "그토록 많은 명예로운 처신들 (esempli di virtù)"로 가득 찼다고 말하고 있다. 그런데 이러한 로마의 좋은 제도와 법률은 귀족과 인민의 불화에서 나왔음을 마키아벨리는 명백히 밝히고 있다. 지배욕(支配慾)을 가진 귀족과 자유애(自由愛)를 가진 인민은 서로 대립하고 반목할 수밖에 없다. 그러나 로마는 그들의 대립을 통해서 서로를 견제하고 그들의 장점을 공동체에서 발휘할 수 있는 정치체제를 만들어낼 수 있었다. 그것이 바로 혼합정이었다. 마키아벨리가 로마의 혼합정 속에서 특히 주목한 것은 자유였다. 이 자유는 귀족과 인민들 간의 대립 속에서 제정된 법과 제도에 의해서 보호되고 유지되는 것으로, 인민의 자유와 더불어 귀족의 자유를 포괄하는 공공의 자유였다. 물론 권력관계에 주목하는 마키아벨리는 더 많은 권력을 쥐어 지배욕을 지닌 귀족보다는 자유애를 지닌 인민에 그리고 그들을 대변하는 호민관에 자유의 수호자의 위치를 부여한다. 귀족보다는 인민이 자유에 더 민감하고 그것을 더 수호하려고 한다는 것이다. 이렇게 생성된 자유로운 삶/자유정체(vivere libero)는 귀족과 인민의 과도한 욕구를 억제하고, 그들 간의 대립이 극단으로 흐르는 것을 제어해주는 법과 제도에 의해서 유지된다. 법과 제도는 귀족과 인민 그 어느 누구의 편도 들지 않기 때문에 "공공의 자유(publica libertà)"와 "공동의 자유(comune libertà)"를 위한 것이었다(Machiavelli 2003, 87; 144).

그런데 이러한 자유는 공동체 전체를 부강하게 만든다. 그 이유는 자유로운 삶이 인구를 증가시키고, 그 증가한 인구 개개인의 능력을 국가공동체에서 자유로이 발휘할 수 있기 때문이다.

세계의 어느 곳에서나 자유를 누리는 모든 도시와 지방들은 매우 커다란 번영을 누린다. 이는 무엇보다도 인구가 증가하기 때문이다. 결혼이 사람들에게 보다 자유롭고 매력적인 것이 되고 각자 자신의 가산을 빼앗길 것이라는 두려움이 없게 되어 아이들을 기꺼이 낳아 키우기 때문이다. 또 사람들은 아이들이 노예가 아닌 자유인으로 태어난다는 사실뿐만 아니라 자신의 능력(virtù)을 통해서 뛰어난 인물이 될 수 있다는 사실도 알게 되기 때문이다(Machiavelli 2003, 278).

정치공동체를 구성하는 수많은 시민들이 자신들의 능력을 마음껏 개발하고 자유롭게 분출할 수 있을 때, 그들은 자신들의 공동체에 애착을 느끼게 된다. 그 속에서 자신들의 사익을 잠시 접어두고 공동의 이익과 공동체의 이익을 우선시하는 태도가 싹튼다. 자유로운 도시만이 영토와 부를 증대시키고, 그 번영의 이유가 공동선을 추구하는 시민들에게 있음을 여기서 알 수 있다(Machiavelli 2003, 272). 이렇게 자유로운 도시에서 공동선을 추구하는 가운데 시민들 각자의 비르투가 모이게 되어 로마는 강성해질 수 있었다. 시민들의 비르투와 애국심으로 뭉친 군대의 비르투, 이 모든 것들이 하나가 되어 로마라는 국가공동체의 힘과 활력을 이루어냈다.[18]

18) 마키아벨리는 『군주론』 제13장에서는 로마 제국의 비르투를(마키아벨리 2008, 98) 그

그러나 이렇게 비르투로 충만했던 시민들과 그들의 공동체도 신체가 생로병사의 과정을 겪듯이 부패를 하게 된다. 마키아벨리는 이러한 부패의 이유를 비르투의 고사(枯死)에서 찾고 있다. 비르투의 고사를 가져오는 환경은 시민들 사이에 널리 퍼져 있는 불평등이다.[19] 이러한 불평등은 귀족, 즉 권력 있는 자들과 인민, 즉 권력을 가지고 있지 못한 자들 간의 힘의 불균형에서 나온다. 귀족들은 경쟁과 공정한 방법을 통해서 자신의 지위를 유지하려는 것이 아니라, 사적인 방법을 통해서 배타적인 권한을 장악하려고 한다. 반면 인민은 이러한 관계 속에서 좌절하거나 귀족들의 수혜에 편승하게 된다 : "(명성을 얻는/저자) 사적인 방법은 다양한 개인들에게 사사롭게 돈을 빌려주고, 그들의 딸을 결혼시키며, 행정관들로부터 그들을 보호하고 그밖에도 사적으로 유사한 호의를 베푸는 등 시혜를 제공하는 것이다. 이것들은 사람들을 시혜자의 파당으로 만들고, 그들이 추종하는 사람에게는 공공을 부패시키고 법을 위반해도 무방하다고 생각할 수 있는 용기를 심어준다"(Machiavelli 2003, 525). 공동체 구성원 간의 힘의 불평등으로부터 나오는 부패, 즉 권력의 사사화는 시민들도 타락시켜서 국가의 일을 담당하는 정치인이나 행정관을 역량이 아니라 그들에게 돌아오는 이익을 가지고 선출했던 것이다. 마키아벨리는 로마 인민들이 부패하고 나서 일어난 일은 바로 집정관직을 임명할 때 그 지원자의 역량(virtù)을 더 이상 고려하지 않고, 자신들을 "기쁘게 하는 방법을 가장 잘 알고 있는 자를 임명하게 된 것"이라고 언급하고 있다(Machiavelli 2003, 143). 이러한 분위기에서는 역량을 자유로이 개발할 수 없을 뿐만 아니라, 개발된 역량 또한 공정하게 쓰임을 받을 수 없다. 역량과는 상관없는 가문이나 혈통 같은

---

리고 『논고』 제2권 서문에서는 세계 제국의 순환에 대해서 언급하면서 그 순환의 핵심 기제로서 국가의 비르투를 언급하고 있다(마키아벨리 2003, 263).

19) "부패나 자유로운 삶에 대한 자질의 결여는 도시에 존재하는 불평등으로부터 유래한다"(Machiavelli 2003, 141).

사적인 배경이 역량의 위치를 대신하게 된다. 이러한 공동체에서는 권력의 빈익빈 부익부 현상이 심화될 것이며, 인민들은 타락하여 자신의 역량을 개발하기보다는 귀족들에게 복종하는 신민의 위치로 떨어지게 된다. 자유로운 삶이 아니라 노예적 삶을 사는 것이다. 권력의 불평등에서 나오는 부패는 공동체를 구성하는 시민들의 비르투를 고사시키고 이것은 공동체 전체의 힘을 약화시킨다. 그 귀결은 대외적으로는 강한 나라의 종속국이 될 수 있으며, 대내적으로는 인민들의 노예적 삶을 낳게 된다.

그렇다면 이렇게 비르투를 고사시켜 인민과 한 나라의 노예화를 가져오는 부패를 어떻게 막을 수 있을 것인가? 그것은 공공성의 강화를 통해서 가능하다고 마키아벨리는 말하고 있다.[20] 부패는 권력과 그것을 얻고 유지하는 방법의 사사화를 의미한다. 따라서 사사화의 경향을 제어해야 한다. 그것을 위해서 마키아벨리는 공개성과 공정성 그리고 공공선을 핵심으로 하는 법과 공적 제도의 중요성을 강조한다. 이러한 법과 공적 제도가 의도하는 것은 귀족을 제어하고 인민을 보호하는 것이다. 다시 말해서, 능력을 통한 공정한 경쟁의 기회를 제공하기 위한 것이다. 공공성의 강화를 통해서 비르투의 계발과 산출을 유도하는 것이다.

마키아벨리는 귀족과 인민의 대립과 반목은 정치에 내재적인 것으로 보았다. 따라서 그 대립과 긴장은 없애기보다는 창조적인 에너지의 산출을 위해서 잘 관리해야 하는 것으로 보았다. 이러한 공동체 구성 세력으로서 귀족과 인민의 대립을 관리해야 하는 핵심 기제는 공공성을 담보하는 법과 제도이다. 이런 역할을 수행한 것으로는 우선 로마 시대의 고소, 고발 제도이다. 고소, 고발은 다른 무엇보다도 당파적 증오를 공적으로 해소할 수 있는 배출구 역할을 했다. 합법적으로 고발할 수 있는 제도가 없으면 대립

---

20) 마키아벨리의 공공성 개념에 대해서는 이 책의 제3부 제3장 참조.

은 사적인 방법을 통해서 해결을 시도하게 된다. 그러나 사적이거나 불법적인 방법을 통한 시도는 해소보다는 갈등의 증폭을 가져올 뿐이다. 과거 고대 로마에 공적인 고소, 고발 제도가 있었다면 마키아벨리의 동시대에는 프랑스의 고등법원(parlamento)이 있었다. 고등법원 또한 귀족과 인민의 대립을 해소하기 위한 제3의 기관으로 의미가 있다. 마키아벨리는 『군주론』 제19장에서 질서 잡힌 국가로 프랑스를 거론하며 그 핵심기관으로 고등법원을 언급한다. 그 기능은 중립적인 제3의 심판기관으로서 귀족을 견제하고 인민들을 보호하는 것이었다(Machiavelli 2008, 127). 또 『논고』 제3권 제1장에서는 고등법원이 어떤 왕국보다 더 질서정연했던 프랑스의 법과 기율을 유지하는 근간이라고 표현한다. 그 이유는 고등법원이 국왕을 기소할 수 있었고, 그에게 불리한 판결을 내릴 수도 있었으며, 나아가 귀족에 대항하여 법을 엄격히 집행해왔기 때문이다(Machiavelli 2003, 417).

이렇게 공공성을 강조하는 법과 공적 제도는 부와 정치권력을 포괄하는 권력의 불평등화를 제어한다. 앞에서도 이야기되었듯이 불평등은 시민들의 자유를 질식시키고 노예적 삶을 추동시킨다. 그리고 그것은 파당화를 낳게 되어 있다. 파당화는 공동체 구성세력의 사사화를 의미한다. 그들이 속한 공동체를 위해서 복무하는 것이 아니라 자신들의 사적 이해관계만을 위해서 사사로운 방법을 사용하게 된다. 이것은 귀족과 인민 모두, 즉 정치공동체를 구성하고 공동체가 기반으로 하고 있는 핵심 자원의 무력화(無力化)를 가져온다. 불평등한 관계와 그로 인한 파당화와 사사화는 능력을 개발할 수 있는 자유로운 삶의 분위기를 질식시키기 때문이다. 시민 개개인의 비르투가 질식되면 공동체 전체의 활력으로서 비르투는 소멸될 수밖에 없다. 그런데 이렇게 활력의 소통을 막고 생기 없는 부패한 공동체를 만드는 권력의 독점과 사사화에 반대되는 것이 공공성이다.

공공성은 귀족과 인민들의 관계 속에서 귀족들을 제어하고 인민들을 보호하는 역할을 수행한다. 약자를 강자로부터 보호하는 것이다. 그러나 그것은 더 센 강자의 사적 폭력이 아니라 공적 제도와 절차를 통한다. 이것은 약자, 즉 인민의 억지와 과도한 욕망으로부터 귀족을 보호하는 역할도 수행한다. 공평무사(公平無私)함이라는 공공성의 역할을 통해서 그 누구에게도 편향되지 않는 자유로운 삶이 가능해진다. 이것을 통해서 귀족과 인민 모두는 자신들의 역량을 개발할 수 있고, 공정한 경쟁을 통해서 그 역량은 공동체 속에서 인정을 받게 된다. 정치공동체의 활력을 강화시키는 것은 그 구성원들 중에서 어느 한 부분이 권력을 독점하여 다른 한 부분을 전일적으로 지배하지 않는 가운데 가능하다. 구성원 각자의 활력을 개발하고 그들의 소통 속에 서로 상승시켜야만 공동체 전체의 활력이 증진될 수 있기 때문이다. 그것을 가능하게 하는 것은 "자유로운 제도의 신경이자 생명"인 법률과 공적 제도이며, 그것들이 담보하는 것이 바로 공공성이다.

중세에서 르네상스에 이르기까지 정체론은 주로 국가내의 각 구성원들의 기능적 분화와 그들의 조화 속에 평화를 지향했다. 기능적 분화는 위계적 질서관 속에서 사고되어 머리, 즉 우두머리로서 군주의 중요성이 강조되었다. 좋은 정치는 몸체를 지도하는 우두머리인 군주의 덕치에 의해서 결정되었고, 그 덕치의 지도하에 각 지절들의 조화로운 삶이 가능한 것으로 간주되었다.

반면 마키아벨리는 유기체의 은유를 통해서 정치공동체를 바라보지만 의학적 개념인 비르투를 사용하고 있다. 활력으로 옮겨질 수 있는 이 비르투가 정치적 용어로 사용되면, 그것은 다양한 의미를 지니게 된다. 그것은 정치 행위자 개인 차원에서는 용맹, 불굴의 투지 등의 정신적 능력뿐만 아니라 훈련받은 육체의 뛰어남 등 신체적 능력도 포함한다. 나아가 덕성 등 도덕적, 윤리적 뛰어남도 포함한다. 건강한 몸에서 건전한 정신이 가능하다면 이러한 "건강함"과 "건전성"을 다 포괄하는 심신의 활력의 의미를 가진다고 볼 수 있다. 이러한 비르투는 집단이나 국가 전체 차원에도 적용된다. 애국심으로 무장하고 좋은 훈련을 받은 군대는 어떤 적군도 이길 수 있는 뛰어난 무용을 지니고 있다. 그것이 군대의 비르투이다. 이러한 군대의 비르투와 시민적 덕성으로 충만한 시민들로 이루어진 국가는 제국으로 성장하는 위용과 활력을 지니게 된다. 그것이 바로 한 국가의 비르투이다.

강대국에 의해서 피폐화된 이탈리아와 피렌체의 현실 속에서 마키아벨리는 위기에 초점을 맞출 수밖에 없었다. 힘없음에 대한 절실한 인식은 병리현상에 대한 인식을 더 깊게 했을 것이다. 힘과 권력 그리고 활력에 대해서 관심을 가질 수밖에 없는 상황이었다. 이렇게 활력의 관점을 기반으로 한 마키아벨리는 전통적인 정체론과 결별하게 된다. 그는 공동체 구성원 간의 균형 속에서 나오는 조화와 평화보다는 긴장 속의 균형에 초점을 맞춘다. 귀족과 인민 간의 "불화"를 강조한 마키아벨리는 그들 간의 긴장에서 나오는 역동성이 활력을 유지할 수 있는 것으로 본다. 마키아벨리에게 평화는 안락과 나태를 그리고 결국은 부패를 가져올 수 있는 것이었다. 카르타고를 멸망시키고 평화를 가져온 로마가 만난 것은 바로 평화와 나태로 인한 부패였다고 마키아벨리는 적고 있다. 여기에 마키아벨리는 우두머리, 즉 군주 중심의 위계적 유기체관이 활력의 최적화를 가져올 수 없다고 적고 있다. 군주는 역량 있는 인물을 두려워하기 때문이다. 따라서 다양한 역량 있는 인물들을 정치에 충원할 수 있는 공화제에 비해 군주제는 역량의 충원에 부적합하다는 것이다.

이렇게 활기 있는 공동체의 삶은 자유로운 정체에서 가능하다. 자유로운 정치체제는 공동체 구성원들이 권력을 나누었을 때에 가능하다. 이러한 권력의 분점은 공동체 구성세력들의 대립과 반목을 제도화시킨 것이다. 그리고 그러한 제도의 핵심은 공개성, 공정성 그리고 공공선 등이다. 바로 공공성인 것이다. 반면 권력의 독점은 불평등을 가져오고 그 불평등은 권력의 사사화를 가져온다. 권력의 독점과 사사화는 자유로운 삶이 아니라 노예적 삶을 강요하게 된다. 부패가 도래하는 것이다. 그것은 나태와 무질서 속에서 활력이 소멸되는 결과를 가져온다. 이것을 방지하고 극복하기 위해서는 자유로운 삶의 핵심인 공공성이 필요하다.

마키아벨리는 노예적 삶이 아닌 자유로운 삶을 강한 국가의 근간으로 본다. 자유로운 삶이 도덕적이고 윤리적으로 우월하기 때문이 아니다. 자유로운 정체 속에서 가능한 자유로운 삶만이 시민 개개인들의 역량을 계발시키고 그것을 공동체 내에서 발휘할 수 있는 환경을 만들어주기 때문이다. 그것은 활기 있고 강력한 공동체의 힘을 만들어내는 데에 필수적인 요소이기 때문이다. 위기 속에서 정치를 사고했던 마키아벨리는 힘과 권력에 대해서 사고했고, 그 귀결은 활력과 힘으로 표현할 수 있는 비르투에 대한 주목이었다. 활기를 잃어버린 조국에 닥친 노예적 삶을 극복하기 위해서 마키아벨리는 공공성을 회복시켜서 비르투를 재생시키려고 했던 것이다.

# 제2장

# 공공선과 국가<sup>*</sup>

이 장에서는 마키아벨리에게서 나타나는 공공선(公共善) 개념을 절대선(絶對善)과 공동선(共同善)의 긴장관계 속에서 살펴보고자 한다.[1] 절대선은 전체의 관점이 강조된 공(公)이 과도할 때 나타나는 개념이며, 공동선은 부분과 개별이 강조된 공(共)에 중점을 두는 개념이다. 전체가 강조되어 부분이 사상(死狀)될 때, 공공선은 절대선화된다. 반면 부분과 개별이

---

* 이 장은『정치사상연구』제18집 1호(2002)에 게재된 졸고, "국가와 공공선/공동선: 절대선과 개별선 사이의 마키아벨리"를 일부 수정하여 실은 것이다.

1) 여기서 사용되는 공공선은 public-common good의 의미를 지니고 있다. 보통 서양에서 사용되는 public interest 혹은 public good은 공익(公益) 혹은 공공선으로, common good은 공동선으로 번역된다. 그러나 이들 개념은 명확한 구분 없이 종종 사용된다. 공동체는 그 구성원들로 구성되고, 그 구성원들이 합의한 것이 전체의 이익과 동일할 수 있다는 사고는 공익과 공동선을 명확한 구분 없이 사용하게 했다. 서양에서 utilitas communis, utilitas publica, salus publica 그리고 bonum commune 등이 같은 의미로 사용된 것을 보더라도 그것을 알 수 있다(Eberhard 1988). 그러나 이 글에서는 public과 common의 문제의식을 구분하여 사용하고자 한다. 이 두 단어는 그 어원상으로나 용례에서도 서로 다른 의미를 가지고 있다. 전자는 공적 질서라든지 개인이나 부분과는 다른 전체의 이익 등을, 후자는 사회구성원 간의 합의나 동의 등에 바탕한 공동의 이익을 지시한다. 그러나 서구 개념에는 public과 common이 같이 사용된 용어가 없다. 이 두 단어가 서로 치환되어 사용되어 그 각 개념이 가지고 있는 문제의식을 명확히 드러내기 힘든 것이 사실이다. 그런데 우리의 경우 public과 common이 같이 사용된 공공선(公共善)이라는 개념어가 있다. public과 common의 긴장관계를 통해서 마키아벨리의 공공선에 대해서 살펴보려는 저자는 따라서 그의 공공선 개념을 public-common good으로 표현하고자 한다.

강조되는 공동선은 그 파편화의 경향을 제어하기 위해서는 전체와의 조화 속에서 사고되어야만 한다. 마키아벨리의 공공선 개념은 이러한 공(公)의 절대화와 공(共)의 개별화 사이에서 균형을 잡으려고 노력한 좋은 예를 보여준다.[2]

서양 정치사상사에서 공공선의 개념에 대한 언급은 그리스 아테네 시대에까지 거슬러올라간다.[3] 전체를 부분에 우선시하는 유기체론적 사고와 궁극적 선을 추구하는 목적론적 사고방식 속에서 공공선은 아테네인들이 정치를 사고하는 중요한 개념이었다. 아리스토텔레스는 정체를 구분하는 데에서 지배자의 수와 그들의 목적, 즉 공공선을 위해서 정치를 하는지 아니면 그들만의 사익을 위해서 하는지를 가지고 구분했다(아리스토텔레스 2009, 151-152).[4] 고대 로마인들이 정치를 사고하는 데에서도 공공선은 핵심 개념이었다. 그들은 자신들의 국가를 res publica라고 불렀는데, 이는 사적인 것이라고 불리는 res privata에 대비되는 것이었다. res publica

---

2) 저자는 public과 common의 문제의식을 분명히 드러낼 때 마키아벨리에서 나타나는 공공선 개념을 잘 이해할 수 있다고 본다. 마키아벨리에게 있어 공공선 개념의 중요성은 연구자들에 의해서 많이 언급되었지만 본격적으로 연구된 것은 최근의 Hanasz의 논문이 유일하다고 해도 과언이 아니다. 그러나 Hanasz의 경우에도 common good 개념에 집중함으로써 마키아벨리의 공공선 개념의 또다른 중요 축인 public의 측면을 분명히 드러내지 못한 한계를 가지고 있다. 그는 common을 강조하다보니 마키아벨리의 공화주의 저서인 『논고』를 주로 다루게 된다. 이는 『논고』에서 나타나는 public한 측면, 즉 "전체 정치체의 이익(the good of the whole political body)"도 언급하기는 하지만 public 논의의 중요한 저서인 『군주론』을 간과하는 데로 나아가게 한다(Hanasz 2010, 68).

3) 자유주의의 등장과 전체주의의 폐해는 현대 정치이론에서 공공선에 대한 논의를 급격히 감소시켰다. 이에 따라 공공선에 대한 연구는 정치이론보다는 정치사상사의 한 주제로 자리잡게 되었다. 그러나 자유주의와 개인주의를 비판하며 공동체주의나 공화주의 사조가 다시 등장하면서 공동선에 대한 관심도 증가하고 있다. 우리나라의 공동선에 대한 연구 문헌으로는 김비환(1999), 서병훈(1995), 홍영두(2003) 등 참조.

4) 고대부터 중세 후기까지 주요 사상가들의 공공선 개념을 개괄적으로 분석한 연구로는 Hibst(1991) 참조. 아리스토텔레스의 공공선 개념에 대해서는 Hibst(1991, 127-131)와 Smith(1999) 참조.

는 국가공동체 전체를 구성하는 인민의 것으로 그러한 인민들은 그들의 법에 대해서 동의하고 자신들의 공동의 이익을 인정하고 동의한 사람들인 것이다(키케로 2007, 130-131). 반면 파당이 난립하는 곳에서는 res privata 만 있지 res publica는 존재하지 않는다고 말한다(같은 책, 244).[5]

이러한 고대 정치사상의 영향은 중세 성기(盛期)와 후기에 아리스토텔레스의 정치학과 고대 로마 법의 수용을 통해서 르네상스 시기로 전해지게 된다. 토마스 아퀴나스 같은 대표적인 스콜라 철학자들과 다른 중세 사상가들은 아리스토텔레스의 정치학 이론을 수용하여 "군주의 귀감서(Speculum Principum)"라고 불리는 저서들을 편찬한다.[6] 그것은 군주가 행해야만 하는 정치를 논하는 저서들로서, 그 핵심은 군주는 추덕(樞德)들을 행해야만 하며 공공선을 추구해야 한다는 것이다. 공공선(bonum commune)을 추구하면 성군(聖君)이 되어 선정(善政)을 펼치게 되지만, 자신만의 이익(bonum proprium)을 추구하면 폭군으로 전락하게 된다는 것이다.

공공선 개념의 역사와 관련하여 중세에 전래되고 수용된 로마 법의 의미는 로마 인민(populus romanus)과 로마 황제의 권위에 관한 논의에서 찾을 수 있다. 로마 인민을 대표하는 공적인(public) 지배자로서 황제권이 신성 로마 제국의 황제에게도 똑같이 주어졌다는 것이다.[7] 이러한 논의는 후에 두 가지 함의를 가지고 정치 상황에 따라 전혀 다른 의미를 가지게 된다. 다시 말해서, 한 나라를 구성하는 인민들 전체를 대표하는 공적인 인물로서 황제나 군주를 옹호하는 군주권의 논리로도 사용되지만, 다른

---

5) Suerbaum은 키케로의 populus 개념에서 이해관계의 공통성을 강조하고 있다(Suerbaum 1977, 24). 한편 키케로의 공공선 개념에 대해서는 Hibst(1991, 131-137)와 Böckenförde (2002, 49-51) 참조.

6) 아퀴나스의 공공선 개념에 대해서는 Hibst(1991, 185-189)와 Kempshall(1999)의 책 제3장 참조. 나아가 중세 시기 군주의 귀감서에 대한 연구로는 Berges(1952)를 참조.

7) 로마 법의 중세 정치사상에 대한 영향으로는 스키너(2004)의 책 89-92쪽 및 Gierke(1958) 참조.

한편으로는 이러한 군주권의 기반은 인민에게 있는 것이기 때문에 그들이 더 중요하다는 인민주권론적 논리로도 사용될 수 있었다.[8]

이렇듯 중세의 공공선에 대한 논의는 대체로 군주를 공공선의 담지자로 파악한다. 군주는 한 국가공동체의 머리로서 그 나라와 구성원들인 인민을 대표한다.[9] 여기에 기독교 교리, 즉 하느님의 대리인으로서 지상세계의 통치를 대리하는 군주라는 이미지가 더해져 군주는 공공선이 무엇인지를 규정할 수 있는 절대적인 권한을 가지게 된다. 절대적인 군주의 위치 속에서 공공선은 이제 절대선의 위치에 오른다. 그리고 그 공공선이 지시하는 것은 대체로 정의와 조화를 구현하는 평화 상태를 의미한다.[10]

한편 일찍이 상업경제의 발전과 도시의 발달로 시민 계층의 성장을 이룩했던 르네상스 시기 이탈리아의 도시국가에서는 공화정이 수립되었다. 자신들의 정체성을 고민했던 이탈리아 공화국들의 사상가들 중에서 특히 피렌체인들은 자유와 공공선 그리고 공화정의 관계에 주목했다.[11] 국가의 위기 시에는 대외적 자유, 즉 자립을 지키는 것이 그들의 공공선으로 사고되었다. 아울러 국내정치적인 자유 또한 그들의 공화정을 유지시켜주는 공공선으로 사고되었다. 전자의 경우, 도시를 전체로 보아 하나의 행위자로 사고하는 관점이 적용되고, 국가의 생존은 그 무엇과도 바꿀 수 없는 절대적인 것으로 사고된다. 후자의 경우, 공화정을 각계각층의 정치 참여

---

8) 로마 법의 수용과 더불어 국가이성론을 아리스토텔레스의 중세 수용, 즉 13세기 중반 이전에도 발견할 수 있다고 주장하는 Post(1961)의 글을 참조.

9) 고대로부터 중세에까지 이어지는 유기체적 정체관은 대체로 위계적인 질서관에 근거하고 있다. 몸체를 국가공동체에 비유하고 이성과 정신을 가지고 있는 머리를 군주에 비유함으로써 군주의 지배권을 정당화하고 있는 것이다. 유기체적 정체관에 대한 논의는 Struve(1978) 참조.

10) 중세의 공공선 논의에 대해서는 Eberhard(1985 ; 1986 ; 1988)의 글들을 참조.

11) 르네상스 시기 피렌체 정치사상에 대해서는 Baron(1966), 스키너(2004), 포칵(2011) 등을 참조.

와 권력의 분점 속에서 이루어지는 혼합정 개념으로 파악하면서 아래로부터 그리고 부분으로부터 파악하는 관점도 작용한다. 이렇게 볼 때, 공화정에서 사고된 공공선의 경우 그 담지자는 시민들이 되고, 그들은 사익보다는 공공선에 기꺼이 복무하려는 시민의식 혹은 시민적 덕성(civic virtue)을 함양해야 한다.

끊임없는 전쟁 속에서 국가 존립의 위기를 공화정이라는 공간 속에서 사고한 이가 마키아벨리이다. 따라서 그는 절대선과 공동선 사이의 긴장 관계 속에서 공공선을 사고한 전형적인 예라고 할 수 있다. 그에게서 공공선은 국가의 상황에 따라 절대선과 공동선으로 구별되어 나타난다. 국가의 위기 상황 속에서 그 존립을 최우선으로 하는 시기에 공공선은 바로 국가의 유지 그 자체이다. 국가라는 공공선은 절대화되어 그 앞에서는 다른 어떤 주장도 빛을 잃게 된다.12) 반면 국가가 질서를 유지하고 있는 시기에 공공선은 공동선으로 나타난다. 국가를 구성하는 구성원들의 이익이 바로 국가의 이익이라는 사고인 것이다.

이렇게 볼 때, 본문에서 사용하고 있는 공공선과 절대선 그리고 공동선에 대한 정의는 명확해진다. 공공선은 공동체 전체를 하나로 바라보는 위로부터의 관점(公)과 그 공동체의 구성원들을 중심으로 바라보는 아래로부터의 관점(共)이 혼합되어 있다.13) 흔히 국제관계 속에서 각 나라들이

---

12) 마키아벨리는 1527년 베토리에게 보낸 편지에서 "자신의 영혼의 구원보다 조국을 더 사랑한다(amo la patria mia più dell' anima)"라는 말을 하고 있다(Machiavelli 1993, 1250). 또한 그는 『피렌체 사』에서 피렌체인들이 교황 그레고리 11세에 저항한 소위 "8성인의 전쟁"을 두고 "이 피렌체 시민들은 영혼의 구원보다 조국을 더 사랑했다(tanto quelli cittadini stimavano allora più la patria che l'anima)"라고 평하고 있다(Machiavelli 1993, 696). 한편 기젤라 보크는 1527년 편지의 구절을 당시의 현실 정치 상황 속에서 해석하고 있다. 알프스 이북에서 넘어온 황제군이었던 란츠크네히트(Landsknecht)들이 피렌체를 침공할지 로마로 진격할지가 미정인 상황에서 피렌체인이었던 마키아벨리에게는 조국인 피렌체보다는 영혼의 고향인 로마로 진격하기를 바라는 마음을 표현하고 있다는 것이다. 이에 대해서는 Bock(1986) 참조.

하나의 행위자로서 자국의 모든 국민들을 대표하여 행동할 때 나타나는 것이 바로 이러한 공(公)의 관점이라고 한다면, 국내적으로 한 국가를 구성하는 다양한 층들과 개인들의 이익이 곧 공동체의 이익과 연관된다고 생각하는 것이 바로 후자의 공(共)의 관점이다. 그러나 국가가 처해 있는 각각의 상황에 따라 공공선의 강조점과 이해는 달라지게 된다. 전체가 강조되어 부분을 염두에 두지 않을 때, 그것은 절대선의 위치를 차지하게도 되는 것이다.

마키아벨리의 공공선 개념에 대한 연구는 크게 둘로 나눌 수 있다. 첫째는 그를 국가이성론자로 파악하는 연구자들의 주장이다. 마이네케가 대표하는 이 주장은 마키아벨리를 국가의 이익과 존립을 위해서는 도덕이나 계약 파기 같은 윤리적 행위는 무시해도 좋다는 마키아벨리즘의 창시자로 파악한다(마이네케, 2010). 여기서는 공공선 개념을 국가이성 혹은 국가 이익 개념이 내재하고 있다. "전 국민의 공공복지를 생생하게 느낄 수 있었던 국가이성의 윤리적 높이에 마키아벨리가 서 있다"(같은 책, 112)라고 하는 마이네케의 언급에서 볼 수 있듯이, 국가이성론의 관점에서 본 공공선은 이성을 가진 행위자로서 국가가 그 절대적인 권력을 행사하는 가운데 위로부터 규정되는 것이었다.

마키아벨리의 공공선을 바라보는 다른 관점은 그를 공화주의자로 파악

13) 김비환은 common good을 "공동 가치"로 번역하면서 그것을 두 가지로 나누고 있다. 하나는 공공적 가치(public good)이고, 다른 하나는 공동 참여적 가치(communal good)이다. 전자는 "개인이 배타적으로 누릴 수 없고, 집단에 속해 있는 구성원들이 함께—그러나 개별적으로—누리는 가치이다. 즉, A가 누리게 되면, 같은 집단에 속한 B, C는 물론 모든 구성원들이 동시에 누릴 수밖에 없는 가치이다." 반면 후자는 "참여하는 모든 구성원들에 의해서 집단적으로 산출될 뿐만 아니라, 참여하는 모든 구성원들이 동시에 누리지 않는 한 개별적으로 향유할 수 없는 가치이다"(김비환 1999, 181-182). 전자는 public, 즉 공(公)을 강조하는 것이고, 후자는 common 즉 공(共)을 강조하는 것이다. 이러한 구분은 비록 명칭은 다를지라도 전체와 부분 간의 관계를 착목한 구분이라는 점에서 이 책의 관점과 일맥상통한다고 볼 수 있다.

하는 이들의 것이다. 비롤리는 마키아벨리에게 공공선은 일반 시민들의 자유욕이며, 공화정에서 가능한 것이었다. 아울러 공화정에서는 공공선의 논의가 군주 일인에게 맡겨지는 것이 아니라, 시민들의 적극적인 참여 속에 이루어지는 것이었다.

> 마키아벨리에게 있어서 공공선이라는 것은 남에게 예속(隸屬, dependence)되는 것도 원치 않고 또한 남들을 예속시켜 사적(私的)으로 지배하려는 (또는 주인처럼 지배하려는[domination]) 야심도 없는 그런 시민들에 이로운 것을 의미한다. 그리고 그는 이렇게 예속을 피하려는 욕구가 바로 자유를 향한 욕구이며, 이러한 공공선을 실현하는 데는 공화정이 군주정보다 더욱 효과적인 정치형태라고 주장한다(비롤리 2006, 35-36).[14]

국가이성론의 국가 이익 개념으로 파악된 마키아벨리의 공공선 개념은 절대선의 측면이 강하다고 볼 수 있다. 국가 이익 앞에서 국가를 구성하는 부분으로서 시민들 및 정치세력들은 그 존재감을 잃기 때문이다. 실재로 마키아벨리 이후 국가이성 개념을 공식화한 조반니 보테로의 경우 공공선을 국가 전체가 아니라 군주의 지배권과 연결시키게 된다. 군주제가 강화되어 국가권력이 군주에 독점되어가던 시기에 보테로는 공공선을 군주 지배권의 보존과 강화로 바라보았다(Simon 2001, 139-140).

그러나 마키아벨리는 절대선으로서의 공공선 개념을 주장하지는 않았다. 그는 위기 시에 국가의 질서 회복을 위해서 군주적 권력의 필요를 이야기했지만 그것이 절대화되어야 한다고는 주장하지 않았다. 절대선으로서

---

14) 한편 자유롭게 살고자 하는 시민들의 자유욕구가 공공선이라는 비롤리와는 달리, 이탈리아의 마키아벨리 전문가 사소는 마키아벨리가 말하는 공공선은 한 국가의 모든 정치세력들의 협동에서 나오는 구성원 모두의 이익이라고 말하고 있다(Sasso 1965, 234).

의 공공선 개념은 절대화된 권력을 전제로 하는데, 마키아벨리는『군주론』에서조차 절대화된 권력의 필요성을 옹호하지 않았기 때문이다. 반면에 공화주의 이론가들이 주장하는 것처럼 일반 시민들의 참여 속에 논의되는 공동선의 관점만이 마키아벨리의 공공선 논의에 나타나는 것은 아니다. 그는 로마식 공화주의를 옹호하는『논고』에서조차 질서를 세우는 일인(一人)에게 권력이 집중되어야 할 때가 있음을 설파하고 있기 때문이다.

아래에서는 마키아벨리의 공공선 개념은 공동체 혹은 국가 전체를 사고하는 공(公)과 공동체 구성원들의 관계 속에서 사고하는 공(共) 사이의 긴장관계 속에서 이루어지고 있음을 밝힐 것이다.

## I. 공(公)의 공공선

공(公)은 흔히 public을 의미한다. 이러한 public의 의미는 그 어원 분석을 통해서 명확해진다. 그것은 publicus로 "성숙함"이라는 의미를 지닌 pubes의 영향을 받아 populus가 변한 말이다.15) 성숙한 인민들이라는 말은 앞에서 언급했던 키케로의 res publica의 정의에서 명확히 드러난다. 그것은 법에 대해서 동의하고, 공동의 이익을 인정하고 동의한 사람들의 모임이라는 것이다. 다시 말해서 국가, 즉 res publica를 구성하는 인민들은 우연히 혹은 개별적으로 아무렇게나 모인 일군의 사람들이 아니라, 공동체의 법과 그들의 공동이익을 인정하고 모인 하나의 집합체라는 것이다. 개별이 아닌 전체의 의미가 강조되어 있는 것이다.16) 이렇게 국가나 공동체

---

15) 이에 대해서는 이 책의 제3부 제3장 참조.

16) 이것은 public의 한자어인 공(公)의 의미에서도 보이는 것이다. 공은 사사로운 일(厶)과 서로 등지고(八) 있다는 뜻이 합하여 그 반대의 의미로 "공변되다"를 뜻하거나, 글자의 옛 모양은 무엇인가 닫힌 것을 여는 모양으로, 옛날에는 신을 모시고 일족의 사람이 모이는 광장을 나타냈다가 그후부터 거기에 모셔지는 사람, 즉 일족의 장(長)을 뜻하는 높은

전체의 의미가 강조된 public의 의미에서 해석된 공공선의 논의를 마키아 벨리의『군주론』에서 우선 찾아볼 수 있다.

『군주론』에서는 공공선을 의미하는 단어인 bene pubblico라는 단어는 한 번도 등장하지 않는다. "공적인"이라는 의미의 pubblico는 한 번 등장하는데, 그것은 제10장에서 "공적인 비용"을 언급할 때 사용될 뿐이다. pubblico의 반대어로 "사적인"이라는 의미의 privato를 찾아보면 군주나 관료 신분이 아닌 "일개 시민" 등을 지적할 때 주로 사용된다. 그러나 제11장 "교회형 군주국"에서 마키아벨리는 이 "사적인"이라는 표현을 가지고 주목할 만한 언급을 하고 있다. 그것은 교황 알렉산더 6세와 교황 율리우스 2세를 비교하는 것이다. 마키아벨리는 교황 알렉산더의 목적이 교회가 아니라 자신의 아들인 발렌티노 공작의 세력을 확장하는 것이었다고 비판하고 있다. 반면 교황 율리우스 2세를 평하고 있는 부분에서는 그가 "특정 개인(privato)을 위한 것이 아니라 교회의 권력을 확대하기 위해서 이 모든 일을 성취했기 때문에, 이 점에서 그의 공적은 칭송받을 만했습니다"라고 적고 있다(마키아벨리 2008, 81-82). 교회의 군주라고 할 수 있는 교황이 자신의 사적인 이익을 추구할 때는 비난받아야 하지만, 그가 교회공동체의 이익을 위해서 행동할 때는 칭찬받아 마땅하다는 것이다. 교황의 이익과 교회의 이익은 다르며, 교회 전체의 이익, 즉 공적인 목적이 우선시되어야 한다는 것이다.

이렇듯『군주론』에서 사적인 것과 대비되는 공적인 것으로 나타나는 것은 주로 "국가"로 번역될 수 있는 stato이다.[17] 군주의 권력이건 혹은 군주의 국가이건 그것은 개별적인 것을 떠나 공적인 성격을 가지고 있다. 그런

---

사람을 의미하게 되었다고 한다.

17) 과리니는 마키아벨리가 1499년에 쓴 한 편지에서 자신을 "공인(uomo pubblico)"으로 표현함을 지적하고 있다. 아울러 그의 직업은 바로 "국가(stato)"와 관련된 것임을 언급한다(Guarini 1990, 21).

데 마키아벨리는『군주론』제18장에서 이 stato의 공적인 측면을 일반인들의 개별적인 측면들과 분리하여 이야기하고 있다.

> 군주는, 특히 신생 군주는 좋다고 생각되는 방식으로 처신할 수 없다는 점을 분명히 명심해야 합니다. 왜냐하면 자신의 권력(stato)을 유지하기 위해서, 그는 종종 신의 없이, 무자비하게, 비인도적으로 행동하고 종교의 계율을 무시하도록 강요당하기 때문입니다(마키아벨리 2008, 120-121).

국가를 새로 세운 신생 군주가 나라를 유지하기 위해서는 일반인들이 공유하고 있는 "좋다는 것"을 사용할 수 없다는 것이다. public의 관점과 일반 개별인들의 사고는 다를 수밖에 없다는 이러한 사고는『군주론』의 유명한 장들인 제15장에서 제18장까지의 논의를 구성하는 핵심 전제가 된다. 흔히『군주론』의 현실주의 및 비윤리적인 논리가 서술되고 있는 장들로 이해되고 있는 이 장들에서 마키아벨리는 도덕적인 삶과 실제적인 삶은 다르다고 강조하며, "권력을 유지하고자 하는 군주는 상황의 필요에 따라서 선하지 않을 수 있는 법을 배워야" 함을 역설하고 있다. 선하고 윤리적인 것이 일반인들의 사고라면 그러지 않을 수 있음이 바로 통치자의 방식이라는 것이다. 이것은 관후함과 인색함을 언급하는 부분에서도 드러난다. 일반적으로 덕성의 하나라고 알려져 있는 관후함을 비판하면서 군주는 "인색함이야말로 통치를 가능하도록 하는 악덕들 중의 하나"임을 명심해야 함을 말하고 있다(같은 책, 110). 이러한 공(公)과 사(私) 혹은 전체와 개별을 대별하는 관점은 잔인함과 인자함에 관해서 서술하는 제17장에서 더 명확하게 드러난다.

> 현명한 군주는 자신의 신민들의 결속과 충성을 유지할 수 있다면, 잔인하

다는 비난을 받는 것을 걱정해서는 안 됩니다. 왜냐하면 너무 자비롭기 때문에 무질서를 방치해서 그 결과 많은 사람이 죽거나 약탈당하게 하는 군주보다 소수의 몇몇을 시범적으로 처벌함으로써 기강을 바로 잡는 군주가 실제로는 훨씬 더 자비로운 셈이 될 것이기 때문입니다. 전자는 공동체 전체(universalità)에 해를 끼치는 데에 반해서 군주가 명령한 처형은 단지 특정한 개인들(particulare)만을 해치는 데에 불과할 뿐입니다(같은 책, 112-113).

공동체 전체를 개인들보다 우선시하는 이러한 모습은 공적인 관점에서 전체를 먼저 사고하고 행동해야 하는 군주의 모습을 보여주는 것이라고 할 수 있다. 제19장에서는 전체와 부분의 논리는 다름을 언급하고 있다. 정치의 관계 속에 들어올 때 선한 의도는 악한 결과를 가져올 수 있기 때문이다. "악행은 물론 선행도 미움을 초래할 수 있다"는 것이다. 따라서 "국가를 유지하고자 하는 군주는 종종 선하지 않게 행동하도록 강요당한다"고 말한다(같은 책, 131). 일반인들 사이의 사적인 관계에서 선행은 좋은 것이다. 그러나 국가를 유지하는 정치의 영역에서는 선행이 악행도 될 수 있는 것이다. public의 영역과 common의 영역은 물론, 전체를 유지하기 위한 논리는 부분의 논리와 다르다는 것이다. 그러나 마키아벨리는『군주론』에서 군주의 공적인 관점이 절대적인 것으로 서술하고 있지는 않다. 그것은 군주가 국가를 유지하기 위해서는 자신의 절대성이 아니라, 인민과 귀족 등 국가 구성 세력들과의 관계에 의존해야 함을 주장하는 데에서 알 수 있다.

　『군주론』제18장에서 마키아벨리는 "보이는 것"의 중요성 또한 강조한다. 군주는 사람들에게 "자비롭고 신의가 있으며 정직하고 인간적이며 경건한 것처럼 보여야 한다"는 것이다. 그는 또한 제19장에서 군주는 "미움을 받거나 경멸을 받는 일은 무엇이든지 삼가야 한다"고 말하고 있나. 이는 군주의 지위와 권력이 그만큼 불안정하며, 자신이 아닌 타인 즉 국가 구성 세력인 인민과 귀족에 의존함을 말하는 것이다. 군주 권력의 이런 의존성은 제19장에서 "질서가 잡힌 국가와 현명한 군주는 귀족들이 분노하지 않도록 또 인민이 만족하도록 항상 세심한 주의를 기울여야" 한다는 설명에서도 잘 드러난다. 당시 이러한 나라의 하나인 프랑스는 좋은 제도로서 고등법원을 가지고 있었다. 고등법원은 귀족과 인민의 갈등을 해소해주는 제3의 심판기관이다. 군주는 갈등에 직접 개입함으로써 귀족이나 인민이 그에 대해서 가질 수 있는 불만을 제3의 기관에 떠넘겼던 것이다. "군주와 왕국 자체를 강화하는 데에 이보다 더 적절한 제도는 있을 수 없을" 것이라고 마키아벨리는 다시 한번 강조한다. 이렇게 귀족과 인민 양자 사이에서 줄타기를 해야 하는 군주는 전혀 절대권을 가진 인물은 아니었다.

그렇다면 『군주론』에서 군주가 추구해야 할 공공선은 무엇일까? 이것은 마지막 장인 제26장을 통해서 그 단초를 볼 수 있다. 이탈리아의 각 나라들은 타국에 의해서 약탈당하고 자신을 지킬 힘마저 없는 "절망적인 상황에 봉착했다"고 말한다. 그런데 이러한 허약한 상태에 놓여 있는 그 국가를 구성하고 있는 부분들은 아직도 능력이 있다고 말한다 : "이곳에서 몸의 사지인 개개인들에게는 탁월한 역량이 잠재해 있는데, 머리인 지도자들은 이러한 역량을 가지고 있지 못합니다. 결투나 적은 수의 사람들이 싸울 때, 이탈리아인들의 힘, 능력 및 재주가 얼마나 탁월한가를 보십시오. 그러나 일단 군대라는 형태로 싸우는 일에서는 결코 두각을 나타내지 못합니다. 이 모든 것은 지도자의 유약함에서 비롯됩니다"(같은 책, 171). 문제는 머리인 지도자들에게 있었다. 국가라는 공적인 전체를 생각할 수 있고, 그것이 개개인들의 생각과는 다르게 움직인다는 것을 이해할 수 있으며, 국가 업무를 잘 수행할 수 있는 능력 있는 군주가 필요했다.[18] 국가공동체의 구성원들인 귀족들과 인민들로 이루어진 자국 군대 및 그들 간의 갈등을 해소할 수 있는 좋은 제도를 만들어내는 것은 구성원들인 귀족과 인민이 할 수 있는 일은 아니었던 것이다. 군주가 수행해야 할 공공선은 "새로운 법과 제도를 창안하여" 국가 구성원들의 역량을 모아낼 수 있는 강력한 나라를 만드는 것이었다.

## II. 공(共)의 공공선[19]

공공선을 공동체 전체의 관점에서 바라보는 논의는 공화주의를 설파하는 『논고』에서도 나타난다. 이는 주로 국가 건설 초기 입법자의 권력 장악을 정당화하는 논의 속에서 나타난다. 마키아벨리는 『논고』 제1권 제9장에서 "무릇 공화국의 신중한 건설자로서 그 의도가 자신의 이익이 아니라 공동선(bene comune)을 추구하고자 하고, 자기 자손이 아니라 공동의 조국(comune patria)을 염두에 둔 자는 모든 권위를 자기 수중에 넣기 위해서 애써야 한다"라고 말한다. 공공선의 추구 속에서 나타날 수 있는 비도덕적,

---

18) 국가 전체를 통치하는 안목에 대한 설명은 제3장에서 소모성 열병의 비유를 들어 언급하는 곳에서 잘 드러난다. 소모성 열병은 "초기에는 치료하기는 쉬우나 진단하기가 어려운 데에 반해서, 초기에 발견하여 적절히 치료하지 않으면 시간이 흐름에 따라서 진단하기는 쉬우나 치료하기는 어려워"진다는 것이다. "국가를 통치하는 일도 또한 마찬가지"인데, 정치적 문제를 일찍 인지하면 쉽게 해결 가능하나 미처 알아채지 못하고 사태가 악화되면 백약이 무효가 된다는 것이다. 그런데 마키아벨리는 이는 "현명하고 장기적인 안목을 가진 사람만이 가능"하다고 말하고 있다(마키아벨리 2008, 25). 국가의 그리고 공(公), 즉 public의 관점과 안목을 가져야 한다는 것이다.

19) 공(共)은 common의 번역어이다. common은 라틴어 communis에서 온 말로, 자치공동체를 의미하는 commune과 같은 어원을 가지고 있다. 한편 한자어 공(共)은 스무 사람이 모두 손을 바친다는 뜻에서 "함께하다"의 뜻을 나타낸다. 公이 통합된 전체의 의미가 강조되어 위에서 조절하는 상위의 의미가 강하다면, 共은 구성원들 각각의 개별성 및 그들이 함께 나누는 공동성(共同成)이 강조되는 개념이라고 할 수 있다. 동양의 공(公)과 공(共)의 의미에 대해서는 장현근(2010) 참조.

폭력적 행위는 또한 정당화될 수 있다. 파괴하기 위해서가 아니라 선설하기 위해서 폭력이 사용되기 때문이다. 역사적으로 로물루스를 들 수 있는데 그는 자기 동생을 죽이는 반인륜적인 행위를 저질렀음에도 원로원을 즉각 창설함으로써 자신의 행위가 "자신의 야심이 아니라 공동선(bene comune)을" 위해서 한 일임을 증명했다. 이외에도 마키아벨리는 모세, 리쿠르고스, 솔론 등을 언급하며 이들이 공동선에 부합하는 법률을 제정할 수 있었던 것은 그들이 "전권"을 장악하고 있었기 때문이라고 말한다. 전권이 공동선을 실현할 수 있는 수단과 방법의 수행과 관련된다면, 앞에서 언급된 이들이 공동선을 위해서 일했다고 하는 것은 그들이 자신들의 사적 이익을 추구하지 않았기 때문이다. 공동선은 사적 이익과 대비되는 것이다. 나아가 권력의 집중이 아닌 분산과 관련되는 것이다. 문제는 권력의 분산을 위해서는 단기적인 권력의 집중이 불가피함을 마키아벨리가 지적하고 있는 것이다. 공(公)적인 질서가 서야 하는 것이다.

여기서 나타나는 공과 사의 대립에 대한 논의는 로마 공화정 초기 브루투스가 자신의 아들을 사형에 처하는 장면에서도 잘 드러난다. 공화정의 성립 초기 브루투스의 아들들은 이전 군주정의 사람들과 음모를 꾸미다가 발각되게 된다. 공화정 건설에 앞장섰던 브루투스는 자신의 아들을 형장으로 보냈고, 이는 로마 시민의 사보다는 공을 우선시하는 정신으로 추앙받게 된다.

앞에서 입법가들이 공동선에 복무했다는 것은 그들이 자신들의 권력을 세습하지 않고 사사화하지 않았다는 데에서 드러난다. 그리고 브루투스의 경우도 가족관계보다는 공무를 더 우선했음을 드러내준다. 이러한 공과 사의 대립은 한 나라에서 명성을 얻는 방법의 차이에서도 명확히 드러남을 마키아벨리는 보여주고 있다. 공적인 방법은 모두에게 열린 통로를 통해서 공동선(beneficio comune)을 위해서 숙고하고 잘 행동하여 영광을 얻

는 것이다. 반면 사적인 방법은 사사롭게 돈을 빌려주거나 결혼을 통해서
인척관계를 만들어 공무에서도 사적인 호혜관계를 서로 베푸는 것이다.
이것은 사적인 파당을 만들어 공적인 질서를 무너뜨리게 된다.

권력의 개인에의 집중과 파당화로 인한 사사화의 폐해를 가장 아프게
경험한 사례는 로마 공화국의 몰락에서 찾을 수 있다.[20] 마키아벨리는『논
고』제3권 제24장에서 로마 공화국이 해체된 원인들 중 하나를 "최고 지휘
권의 연장"에서 찾고 있다. 제국의 확장과 더불어 로마는 장군의 지휘 기간
을 연장하게 되었는데, 이는 소수의 지휘관들만이 오랜 경험을 쌓게 하고
그들에게 명성을 집중시키는 결과를 낳게 했다. 아울러 그러한 장군이 오
랫동안 지휘하게 된 군대는 전장에서의 동고동락을 통해서 더 이상 공화국
의 군대가 아니라, 그 장군의 사병이 되었다. 이렇게 공공선(bene publico)
에 반하게 된 장군의 사병들로 인해서 로마 공화국은 무너지게 되었다.

그런데 마키아벨리가 공화국이라는 공적인 전체와 공적인 질서를 만들
어내기 위해서 입법자들이 행한 행동들 속에 언급한 공동선이라는 것은
누구에 의해서 어떻게 구성되는 것인가?

우선 마키아벨리는 공적인 인물에 의한 공적인 방법을 통한 공동선의
추구를 언급했다. 그런데 로물루스의 경우에서도 드러나듯이, 원로원을
만들었다는 행동에서 나타나는 것은 공화정의 수립을 이끌었다는 것이다.
그렇다면 마키아벨리가 보기에 공화정이라는 것은 무엇일까? 이것은『논
고』제1권의 초반부에 잘 나타나 있다. 마키아벨리가 보기에 로마는 혼합
정이었다. 그것은 군주정, 귀족정 그리고 민주정이 서로의 몫을 가지고 혼
합되어 있는 정치형태이다. 이들을 각각 대표하는 집정관, 원로원, 호민관

---

20) 마키아벨리는 로렌초 데 메디치가 사망한 후에 기로에 선 피렌체 정치에 대해서 논한
    한 소저작에서 기존의 피렌체 정체를 언급하는데, 그것들은 "공동선(bene comune)의 증
    진이 아니라 파당의 강화와 안전만을 꾀했기 때문"에 결점 투성이었다고 말하고 있다
    (Machiavelli 1990, 348).

혹은 민회라는 기관을 두어 서로 견제하고 균형을 이루게 하는 것이다. 각 세력들이 서로의 몫을 분점하는 가운데 어느 하나에 의한 전일적인 권력지배를 방지하는 것이 혼합정체의 특징이다.

> 세 유형의 모든 정부 형태가 자기 몫을 갖게 됨으로써 공화국의 조건은 더욱 견고해졌다. (……) 로마가 왕과 귀족의 정부에서 인민의 정부로 전환했지만, 그럼에도 불구하고 귀족에게 권위를 주기 위해서 왕으로부터 모든 권위를 빼앗는 법도 없었고, 인민에게 권위를 주기 위해서 귀족들로부터 권위를 전적으로 박탈하는 일도 없었다(마키아벨리 2003, 83).

이러한 혼합정의 핵심 정치기관들은 모든 정치공동체를 구성하며 서로 다른 기질을 가진 귀족과 인민이라는 세력들을 대변한다. 귀족과 인민들은 지배하고자 하는 욕구 혹은 야망과 자유롭게 살고자 하는 욕구를 각각 가지고 있다. 따라서 그들은 긴장관계에 있을 수밖에 없다. 그러나 그러한 긴장관계를 통해서 로마는 어느 한 쪽이 전일적으로 지배하는 체제를 만들 수 없었다. 이들의 "불화"로 인해서 서로를 공적으로 견제하며 균형을 이루는 좋은 법률과 좋은 제도를 만들게 되었다. 이 제도들을 통해서 로마 시민들은 한 쪽이 절대적으로 지배할 수 있는 가능성을 차단했기 때문에 서로 자유를 누릴 수 있게 되었다. 이것을 통해서 또한 그들은 공동선을 유지할 수 있었으며 공공선을 추구하는 훌륭한 시민들의 행위들이 가능해졌다 : "좋은 모범적 처신은 좋은 교육에, 좋은 교육은 좋은 법률에, 좋은 법률은 많은 이들이 무분별하게 규탄하던 그러한 대립과 불화에 기원을 두고 있 (……) 다. 즉 그 결과를 엄밀히 검토한 자라면 누구나 그러한 대립이 공동선(commune bene)에 유해한 추방이나 폭력보다는 공공의 자유(publica libertà)에 도움이 되는 법률과 제도를 생산해냈다는 점을 발견하게 될 것이 (……) 다"(같은 책, 87).

이렇게 볼 때, 혼합정으로서 로마의 공화정은 구성원들 간의 자발적 합의와 의지에 의해서 구성되고 이루어지는 국가이다. 전체도 중요하지만 그것을 이룩한 것은 부분들이기 때문이다. 전체를 유지하기 위해서 부분들의 희생이 때로는 필요하다. 공을 위해서 사적인 관계가 무시되는 경우이다. 그러나 부분들의 공유된 합의가 없다면 전체는 깨지게 된다. 일개인이나 하나의 계층에 의한 권력 독점과 사사화가 공동선에 해가 되는 것은 바로 이 때문이다.[21]

부분들의 중요성이 강조되고, 그들이 공동선에 합의하여 그것에 자발적으로 동의하게 될 때 나오는 힘은 『논고』 제2권의 초반부에 잘 언급되어 있다. 앞에서 언급했던 자유로운 정부는 그곳에 사는 사람들의 애착과 헌신으로 인해서 번영을 누릴 수밖에 없다고 말하면서 마키아벨리는 제2장에서 그 번영의 이유가 공동선(bene comune)의 추구에 있다고 한다. 한 나라를 위대하게 만드는 것은 개별선(bene particulare)이 아니라 공동선인데, 그것은 공화국에서만이 가능하며 많은 사람들이 그 이익을 누리기 때문에 공화국에서 더 정열적으로 공동선을 추구한다는 것이다. 제2장의 후반부에서 마키아벨리는 자유로운 정체가 누리는 번영을 다음과 같이 그리고 있다.

세계의 어느 곳에서나 자유를 누리는 모든 도시와 지방들은 매우 커다란

---

21) 마키아벨리는 『논고』에서 고대 로마의 공화정을 모범으로 삼아 당시 피렌체 정치를 비판한다. 그중에 하나가 바로 피렌체는 파당화가 극심해 공동의 이익을 위해서 정치를 할 수 없다는 것이다 : "그들은(피렌체인들/저자) 결코 공동의 이익(comune utilità)을 위해서 정부를 개편한 적이 없었고, 항상 자기 당파에 유리하게 개편할 뿐이었다. 이로 인해서 그 도시에 질서가 정착하기는커녕 오히려 커다란 혼란만 야기되었던 것이다"(마키아벨리 2003, 223).

번영을 누린다. 이는 무엇보다도 인구가 증가하기 때문이다. 결혼이 사람들에게 보다 자유롭고 매력적인 것이 되고 각자 자신의 가산을 빼앗길지 모른다는 두려움이 사라지게 되어 아이들을 기꺼이 낳아 키우기 때문이다. 또 사람들은 아이들이 노예가 아닌 자유인으로 태어난다는 사실뿐만 아니라 자신의 능력(virtù)을 통해서 뛰어난 인물이 될 수 있다는 사실도 알게 되기 때문이다.

한편 자유로운 국가 내에서는 농업과 산업으로부터 재부가 커다란 규모로 배가되는데, 이는 사람들이 그러한 재부를 기꺼이 증대시키고 또 획득한 재산을 자신들이 향유할 수 있다고 믿음에 따라 그러한 재화를 얻으려고 애쓰기 때문이다. 이로부터 사람들은 사적 이익과 공적 이익을 얻기 위해서 경쟁적으로 몰두하게 되며, 그 결과 두 종류의 이익이 경이적으로 증가하게 된다(Machiavelli 2003, 278).

인구가 번성하고 산업이 융성하며 시민들이 자신들의 능력을 자유롭게 계발할 수 있는 것은 공동의 선을 보장하는 자유로운 정체가 시민들에게 자유와 참여의 공간을 만들어주기 때문이다. 공동선이 보장되기 때문에 사적 이익과 공적 이익 간의 대립보다는 경쟁과 양자의 성장이 가능하게 되는 것이다.

전체를 이루는 부분 혹은 개별이 중요하다는 사고는 공화정이 급변하는 세계 속에서 군주정보다 우수함을 입증하는 『논고』 제3권 제9장에서도 잘 드러난다. 마키아벨리는 로마가 한니발과의 전쟁에서 승리를 거둘 수 있었던 원인을 다양한 기질과 능력을 가진 인물들을 충원할 수 있었던 로마의 정체에서 찾는다. 한니발의 기세에 로마가 눌리고 있을 때, 로마군을 이끌었던 이는 파비우스 막시무스였다. 그는 신중하고 조심스러운 사람으로서, 한니발의 파죽지세와 같은 공격에 지연술로 맞섬으로써 로마 군의 패배를 막을 수 있었다. 그러나 전쟁을 끝내기 위해서 로마 군이 아프리카로 건너려고 했을 때, 파비우스는 조심스러운 자신의 본성을 바꾸지 못하고 반대를 했다. 이에 반해서 스키피오가 로마 군을 이끌고 가 결국 전쟁을 끝낼 수 있었다. 상황이 변함에 따라 전쟁의 방법이 변해야 했음에도 파비우스는 그럴 수 없었다. 이에 대해서 마키아벨리는 로마가 왕정이었고, 파비우스가 로마의 왕이었다면 전쟁에서 패배했을 것이라는 점을 상기시키고 있다. 여기서 일인이 지배하는 군주국보다 다양한 시민들이 충원되어 공무에 봉사하는 공화국의 우수성이 나타난다. 다양하고 급변하는 상황에 대처해야 하는 국가의 입장에서 권력이 한 사람에게 집중되어 있어 행동의 유연성이 떨어지는 군주국보다는 다양한 개인들과 부분들로 구성되는 공화국이 더 유연하고 신속한 대응을 할 수 있다는 것이다.

그런데 이렇게 능력 있는 일반 시민들이 적재적소에 충원되고, 공동체를 위해서 복무할 수 있는 것은 공적 질서가 있어야 가능하다. 그리고 이러한 공적 질서는 일반 시민들의 연대와 협동 그리고 소통을 가능하게 한다. 불편부당한 공정한 질서 속에서 시민들은 공동의 이익에 대해서 공감하고 공공선을 위해서 연대할 수 있다.[22] 공(公)은 공(共)이 구성될 수 있는 공간을 마련해주는 것이다. 반면 후자의 공은 전자를 강화시켜준다. 국가의 공적 질서가 완비될 때, 그 구성원들은 서로 연대하여 국가질서의 수호에 복무하기 때문이다. 반면 정치권력의 사사화와 파당화는 한 국가의 공적 질서를 파괴하고 그 구성원들을 분열시킨다. 공(公)과 공(共)이 공히 무너지는 것이다. 이렇게 되면 공공선 논의가 설 자리도 없어지게 된다. 불공정한 질서에서 사는 시민들은 분열과 반목에 익숙해지며, 공공선보다

---

22) 앞에서 언급했던 『군주론』 제19장의 프랑스 고등법원도 제3의 공적 기관이었다. 공적 질서를 통해서 인민들의 지지를 얻어냈던 것이다.

는 사익의 추구에 전념하게 되는 것이다.

　한 국가공동체 구성원 각각의 개별 이익의 합이 그 공동체 전체의 이익과 동일하지는 않다. 역으로 공동체 전체의 이익이 구성원 개별의 이익들로 다 나누어지는 것은 아니다. 흔히 전자가 개인주의적 사고에 바탕을 둔 것이라면, 후자는 국가주의적 사고를 기반으로 한 것이라고 할 수 있다.
　절대선은 그것을 전체에서 본다고 하는 입장이 전제되어 있다. 그러한 능력을 가진 자만이 전체를 볼 수 있고, 또한 정당성이 있다고 파악되는 것이다. 그리고 그러한 능력을 가진 자가 보는 것이 바로 전체 공동체 구성원들의 이익이라고 주장한다. 구성원들의 의견은 중요하지 않다. 왜냐하면 그들 일반인들은 전체 공동체 혹은 국가의 이익을 볼 수 없기 때문이다. 이것은 일방적인 관계를 내포하고 있다. 쌍방적인 관계와 소통이 부재하는 상황인 것이다. 주로 권력이 독점된 정치질서에서 등장했던 것으로 중세에는 신에 의해서 지배의 정당성이 주어진 상황에서 군주나 성직자만이 공동체 전체의 이익을 볼 수 있었다.
　마키아벨리는 중세의 보편적 권위였던 제국과 교황제가 무너지는 혼란의 시기에 살았다. 따라서 그는 하나의 질서가 사라지고 그것을 대체하는 새로운 질서가 태동하는 이행기의 특징을 잘 보여주고 있다. 마키아벨리는 국가의 무질서와 그로 인한 나약함 속에서 공적 질서의 무너짐을 느끼고 있었다. 질서를 유지하는 전체성으로서 공(公)이 강조되는 공공선은 개별 이익과 사적 이익에 주도권을 내주고 희미해지고 있었다. 그런데 그것을 다시 세우기 위해서는 강력하고 집중된 권력이 필요하다. 그러나 그 강력한 권력은 공(公)을 세우기 위한 한시적인 권력이어야 한다. 그렇지 못할 경우 다시 권력의 사사화가 일어나 공은 무너지게 된다. 공공선이 무엇인지 그것을 해석하고 실행할 수 있는 권력을 일개인이나 한 계층이 독점할 때, 그 공공선은 더 이상 공공선이 아니라 절대선으로 변하게 된다. 따라서 절대선은 타락한 사사화된 공공선이라고 부를 수 있을 것이다.

그런데 공공선이 사사화되는 것을 제어하기 위해서는 부분에 대한 통찰이 필요하다. "공(公)"이 제대로 서기 위해서는 "공(共)"이 필요하기 때문이다. 전체는 부분으로 이루어져 있기 때문에 부분들의 의지와 도움 없이 전체가 올바로 서는 것은 불가능하기 때문이다. 마키아벨리는 『군주론』에서 국가질서를 세우는 신군주에게 부분으로서 일반인들이 좋다고 생각하는 것과는 다르게 사고할 것을 권하고 있다. 이것은 새로운 질서를 세우기 위해서는 전체로서 공(公)을 사고해야 한다는 것이다. 그러나 마키아벨리는 신군주가 일반인들, 나아가 인민과 귀족들을 무시하고 자기만의 길을 가야 함을 설파하지 않는다. 그들이 국가의 구성원으로서 전체의 부분을 담당하고 있기 때문이다. 자국민으로 이루어진 군대, 인민의 지지 등 국가의 근간은 부분들로부터 나오기 때문이다. 그러나 전체로서의 공(公)의 관점을 파악하기에는 부분들은 한계가 명확하다. 따라서 군주는 공(公)을 담지하되 그것을 사사화함으로써 공공선이 절대선으로 변하는 것을 막아야 한다.

로마 공화정이 공공선을 어떻게 이룩했는지를 살펴보는 『논고』에서는 전체보다는 구성 부분이 강조되는 공(共)의 입장에서 공공선을 다루고 있다. 전체를 강하고 풍요롭게 하기 위해서는 공동선이 강조되어야 한다는 것이다. 로마는 혼합정을 통해서 분점의 미학을 완성시킨 나라였다. 대립하는 귀족과 인민들이 서로를 견제함으로써 균형을 이루게 하는 법과 제도를 완성시킨 것이다. 공공의 자유를 확립함으로써 어느 한 계층이나 개인이 권력을 독점하고 정치를 사사화할 수 있는 가능성을 제한한 것이다. 그렇게 구성된 정체에 그 구성 부분들은 자발적으로 합의하고 적극적으로 참여할 수 있었던 것이다. 공화주의적으로 부분들을 구성하여 그 어느 나라보다도 융성하고 강한 전체를 만들어냈던 것이다. 그렇게 구성된 정체와 그 속에서 누리는 자유가 자신들의 사익뿐만 아니라 공동의 이익에도 부합한다는 점을 일깨웠던 것이다.

마키아벨리는 공(公)과 공(共)이 조화를 이룰 때 비로소 올바른 공공선이 탄생할 수 있다고 본다. 그러나 그 둘은 긴장관계에 있다. 전자의 공이 권력을 독점한 이에 의해서 사사화될 때, 공공선은 절대선화되어 공동의 이익을 추구하기보다는 독점으로 인한 억압과 배제의 정치를 생산하게 된다. 반면 후자의 공은 부분과 개별의 입장에 있기 때문에 전체의 관점을 간과하기 쉽다. 부분과 개별이 강조되면 파당화의 경향을 낳게 된다. 그리고 사사화와 파당화는 같은 지점에서 만나게 되는데, 그것은 부조화와 불균형 그리고 불만족의 정치이다.

공(共)이 강조되는 공동선만으로는 공공선을 이해할 수 없음을 마키아벨리는 보여주고 있다. 전체와 부분, 공(公)과 공(共)의 조화를 통한 공공선 논의는 국가 존망의 위기를 목도했던 마키아벨리가 전체와 부분의 조화를 통해서 국가 역량을 극대화하려는 노력을 보여주고 있다.

# 제3장

# 공공성과 국가<sup>*</sup>

이 장에서는 마키아벨리의 stato론을 국가와 공공성 간의 관계를 통해서 살펴보고자 한다.[1] 마키아벨리가 사용하는 stato라는 개념에 대한 연구는 많이 되어온 것이 사실이다. 그것은 특히 중세에서 근대로 넘어오는 시기에 마키아벨리의 stato 개념이 "얼마나 근대적인가"라는 문제에 집중되어 왔다. 그 질문에 대한 답은 크게 보아 세 가지로 나누어 있다: 첫째는 마키아벨리의 국가 개념이 전근대적 성격을 벗어나지 못했다는 것이며, 둘째는 그의 국가 개념이 충분히 근대적이라는 것 그리고 마지막으로 마키아벨리의 국가 개념은 전근대성과 근대성을 혼합하고 있다는 것이다.

마키아벨리의 국가 개념의 전근대성은 헥스터에 의해서 강조된다. 그는

---

\* 이 장은 『정치사상연구』 제16집 1호(2010)에 게재된 졸고, "국가와 공공성—마키아벨리의 Stato론"을 일부 수정하여 실은 것이다.

1) 서구의 국가 개념인 state(英), Staat(獨), état(佛), stato(伊) 등은 근대에 형성된 국가를 지칭한다는 의미에서 근대 국가라고 부르는 것이 정확할 것이다. 그러나 국가는 이러한 역사특수적인 의미뿐만 아니라, 시대를 초월하는 일반적인 의미도 가지고 있다. 인간들의 군집생활을 구성하는 "정치 질서" 혹은 "권력이나 권위를 가지고 있는 정치 제도"를 가리키기도 한다(D'Entreves 1973, 312-318; Münkler 1998, 2-30). 플라톤의 politeia와 키케로의 de re publica 등을 "국가"로 번역하는 것이 바로 그 이유 때문이다. 이러한 넓은 의미의 국가 개념이 역사특수적인 (근대) 국가 개념을 포괄하는 것으로 볼 수 있을 것이다. 이 글에서는 국가 개념을 근대 국가 개념에 국한시키지 않고 좀더 넓은 의미로 사용할 것이다.

마키아벨리의 국가 개념은 일관성이 없는 데다가 근대 국가의 득성인 주체성이나 사회 혹은 지배집단과는 분리되어 있는 정치체(body politic)의 성격을 가지고 있지 않다고 지적한다(Hexter 1973, 168-171). 특히 마키아벨리는 그의『군주론』에서 stato를 115번 언급하는데, 그것들이 거의 전부 통치자의 지위(status regis)나 통치영역의 상태(status regni)를 의미한다고 말하면서 그것들은 정확히 모두 중세 후기의 용례라는 것이다.[2] 여기에 stato라는 단어는 대부분 다음 5개의 동사와 주로 연관되어 사용된다고 말한다 : 획득하다(acquistare), 보유하다(tenere), 유지하다(mantenere), 빼앗다(togliere) 그리고 잃다(perdere). 그리고 이러한 동사들과 어울려 stato는 그러한 동사들의 목적어로만 사용되지 행동하는 주체로 사용되지는 않는다는 것이다. 다시 말해서, 마키아벨리의 국가 개념은 항상 수동적이고 대상적인 것이지 행동의 주체는 아니라는 것이다(Hexter 1973, 156).[3]

마키아벨리의 국가 개념에서 근대성을 발견하고지 힌 논의들은 그것이 "정치권력과 영토적 지배의 혼합"을 의미하기 때문에 근대적 국가 개념에 가깝다고 이야기한다(Chiappelli 1952, 59-68; Rubinstein 1971, 320-321).[4]

---

2) Hexter(1973), 156쪽 참조. 한편 헥스터의 1973년 책은 그전에 발표했던 논문들을 모아 편집한 책인데, 마키아벨리의 국가 개념에 관한 논문은 1957년에 발표한 것이었다. 이 논문에서는 마키아벨리의『군주론』에 나온 stato의 횟수를 114번으로 언급하고 있다. Hexter(1957) 117쪽 참조. 버크도 헥스터의 연구에 기대어 마키아벨리가『군주론』에서 stato를 115번 언급한다고 지적한다. 그러나 그 전통적인 의미로는 단지 5번만을 언급할 뿐이라고 말한다(Burke 1996, 191).

3) 스키너 또한 마키아벨리의 국가 개념은 대부분 지배자나 지배집단의 국가나 그 지배 상태를 의미하는 데에 쓰이고 있다고 지적한다. 인격체의 정치권력 소유를 나타내기에 전근대적 성격이 강하다는 것이다(Skinner, 1989, 103). 비롤리도 마키아벨리의 국가 개념은 근대적이지 않음을 지적한다. 즉 "그것을 책임지는 사람들과는 무관한 권력 구조를 의미하는" 용어로 쓰이지 않았다는 것이다(Viroli 1992, 131).

4) 콘체 또한 16세기 이탈리아에서 stato라는 단어는 부가어를 가지지 않고 하나의 포괄적인 정치-지배 조직의 통일성을 표시하는 개념으로 완성되는데, 마키아벨리가 그것을 가장 잘 보여준다고 이야기한다(Conze 1990, 10).

마키아벨리에게서 근대 국가 개념의 시초를 찾고자 하는 논의들은 부르크하르트의 작업으로까지 거슬러올라간다. 그는 르네상스, 특히 피렌체 도시국가에서 근대적인 개인의 생성과 근대 국가의 탄생을 찾고자 했으며, 『이탈리아의 르네상스 문화(*Die Kultur der Renaissance in Italien*)』 제1장 "예술작품으로서의 국가"에서 "피렌체는 실로 세계 최초의 근대 국가라는 이름을 받을 만하다"라고 적고 있다(부르크하르트 1988, 103). 마키아벨리 국가이론의 근대성을 주장하는 이들 중에서 카시러도 빼놓을 수 없는 인물이다.5) 그는 자연과학에서 갈릴레오가 한 역할을 정치학에서는 마키아벨리가 수행했다고 주장한다. 새로운 정치과학을 도입한 마키아벨리와 더불어 현대세계는 시작되며, "국가는 그 완전한 자율성을 획득하게 된다"고 설파한다(카시러 1988, 179). 한편 이탈리아의 마르크스주의자였던 그람시는 마키아벨리가 "봉건적 무정부 상태에 종지부"를 찍기 위해서 "국민적, 민중적 집단의지"를 형성하여 국민국가의 형성을 도모했다고 말한다(그람시 1986, 136). 이를 이어받은 알튀세르 또한 마키아벨리의 진정한 목적은 "모든 봉건적 질곡에서 자유로운" 통일된 국민국가의 건설이었다고 언급한다(알튀세르 1992, 228-229).6)

마지막으로 마키아벨리의 국가 개념이 전근대성과 근대성을 혼합하고 있다는 논자들이 있다. 맨스필드는 근대 국가의 특징을 비인격성(impersonality)과 중립성(impartiality)에서 찾고 있다. 이렇게 볼 때, 마키아벨리의 stato 개념은 "누구누구의" 국가라는 식으로 자주 쓰이기 때문에 근대 국가의 성격을 가지고 있지 못하다고 이야기한다(Mansfield 1983, 852).

---

5) 독일의 역사학자 마이네케도 마키아벨리에게서 근대 국가이성론의 시초를 발견하고 있다(마이네케 1990).

6) 마키아벨리의 정치사상을 통일 국민국가 건설과 연결 지은 알튀세르의 논의는 그의 다른 책에도 잘 나타나 있다(알튀세르 2001). 알튀세르의 마키아벨리 독해에 대해서는 김경희의 글 참조(김경희 2005).

그러나 맨스필드는 마키아벨리의 국가 개념이 전근대성을 탈피하고 있는 측면도 간과해서는 안 된다고 이야기한다. 이러한 "결정적 전환"을 구성하고 있는 마키아벨리 국가 개념의 특징은 그 "획득적인 인격 국가(acquisitive personal state)"에서 나타난다(Mansfield 1983, 855-856). 아리스토텔레스가 바라보는 국가는 지배권을 장악한 시민층의 성격을 반영한다. 군주정, 귀족정, 민주정 등의 정체 설명은 그 국가권력을 손에 쥔 계층의 성격을 반영한 것이다. 따라서 아리스토텔레스의 국가 설명은 인격적이고 당파적인 성격을 지닐 수밖에 없다. 마키아벨리에게서도 국가의 표현은 "그의" 국가 혹은 "메디치 가"의 국가 등으로, 그것을 장악한 인물이나 집단의 소유적 특성을 강조한다. 그러나 맨스필드가 보기에 마키아벨리가 전통적, 특히 아리스토텔레스적인 국가 개념과 다른 것은 그 "획득적" 특징을 강조했다는 데에 있다. 마키아벨리는 국가를 어떻게 효과적으로 획득하는가에 초점을 맞추었기 때문에 군주정이나 공화정처럼 국가 내 시민들의 권력 배치 같은 전통적인 분류 틀에 무관심했다는 것이다. 획득과 보존의 효과성이 중요해지자 정체에 대한 도덕적 판단보다는 중립적 판단과 획득의 가능성이 사고되고, 이것은 근대 국가 개념으로 가는 데에 초석을 놓았다는 것이다.[7]

마키아벨리의 국가 개념에 대한 기존의 논의들은 주로 전통적인 국가 개념, 특히 stato의 어원인 status가 어떻게 쓰였고 그것이 마키아벨리의 stato 개념에 어떤 식으로 잔존하고 있는지를 분석해왔다. 권력자의 상태

---

7) 길버트는 마키아벨리가 사용하는 stato라는 말이 전혀 새로운 단어가 아니었다고 지적한다. 당시 그것은 한 지배자나 지배집단의 권력 혹은 권력기구를 의미하는 용어였다는 것이다. 그러나 마키아벨리는 고유한 존재법칙을 가지는 집단체로서 정치사회라는 자신의 새로운 이념을 표현하고자 했고, 당시 그것을 담을 용어가 없었기 때문에 그것을 stato라는 기존 용어를 통해서 표현하고자 했다. 그렇기 때문에 마키아벨리의 stato는 좀더 추상적인 의미를 담게 되었고, 근대 국가 개념으로의 길을 놓았다고 말한다(Gilbert 1965, 177-178).

나 정치체제의 상태를 의미했던 status가 그대로 마키아벨리의 stato 개념에 남아 있다고 보는 이들은 마키아벨리 국가 개념의 전근대성을 주장했다. 반면 stato 개념의 근대성을 주장하는 이들은 stato가 지배영토를 포괄적으로 지시한다던지 혹은 권력과 영토의 획득과 보존에 초점을 맞추고, 효율성과 중립성을 추구하는 경향에 주목한다. 전통적인 status 개념에 담겨져 있는 지배자 혹은 지배계층의 인격성과 편파성을 중심에 놓고 그것에 근접하면 stato의 전근대성을, 벗어나면 근대성을 지적한 것이다.[8]

비인격성과 중립성을 근대 국가 개념의 특징으로 놓고 본 것이다. 지배자 혹은 지배집단과는 동떨어진 중립적인 국가기구 혹은 한 영토의 거주민과 시민들이 모여 사는 시민사회와 분리되어 그것들을 포괄하는 정치체로서 국가 개념이 바로 그 근대적인 특징들을 나타내는 표지인 것이다. 그런데 이러한 비인격성과 중립성 개념과 더불어 근대 국가 개념의 중요한 특성을 나타내는 것이 바로 공공성 개념이다. 지배자나 권력자들의 사적 지배기구로서 정치권력이나 정치기관을 이용하는 것이 아니라, 정치체가 공동체 구성원들과 떨어져 독립적인 공적 기구로 존재하는 것 그리고 그 기구들이 공동체의 이익을 위해서 복무하는 것이 공공성 논의의 핵심이라고 할 수 있다.

그러나 기존 연구들은 비인격성과 중립성에만 초점을 맞추었지 마키아벨리의 국가 개념과 공공성(公共性)의 관계를 논구하지는 않았다.[9] 공공

---

8) 국가 개념을 다루는 국내 문헌들도 대부분 마키아벨리의 국가 개념을 다루고 있다. 예컨대 박상섭과 김기봉의 연구를 들 수 있다. 박상섭은 서양의 연구 문헌들에 대한 언급과 더불어 마키아벨리 국가 개념의 전통성을 지적함과 동시에 그 근대적 성격을 언급하고 있다. 이에 대해서는 그의 책 제10장 참조(박상섭 2002). 한편 김기봉은 근대 국가 개념에 대한 개념사적 고찰을 수행한다. 마키아벨리의 국가 개념에 대한 고찰 부분에서는 스키너의 논의에 기대어 "마키아벨리는 국가 자체를 스스로 자율적으로 행동하는 주체로 인식하면서 동시에 사회적 가치의 기반을 이루는 정치체(body politic)로 보는 근대적 관점이 아직 결여해 있었다"라고 결론짓는다(김기봉 2004, 21).

성을 주목하지 못할 경우 마키아벨리의 stato 개념 연구는 그 한계를 노정할 수밖에 없는데, 그 이유는 마키아벨리의 문제의식은 정확히 공공성의 강화를 통한 국가의 공고화에 있었기 때문이다. 이러한 문제의식하에 이 장에서는 마키아벨리의 국가 개념과 공공성의 관계를 주목하고자 한다. 마키아벨리는 이탈리아가 나약해진 원인을 정치와 국가의 사사화(私事化)에서 찾고 있다. 용병대장의 사병이었던 용병대 대신 자국군에 의지해야 함을 주장했던 것이나, 정치적 문제들을 공적 제도가 아니라 사적인 관계들을 통해서 해결하려 했던 당시의 상황을 비판했던 것은 이러한 사사화의 경향을 공공성의 확립을 통해서 극복하고자 한 것이다. 공적 제도와 공공성의 확립을 통해서 정치공동체의 공고화를 꾀했던 것이다.

아래에서는 마키아벨리의 stato 개념과 공공성 논의를 살펴볼 것이다. 이러한 과정을 통해서 마키아벨리의 국가 개념은 지배자나 지배집단의 사적인 권력기구가 아니라, 공적인 제도를 통해서 지배되는 공공의 공동체임을 밝힐 것이다.

---

9) 레너드의 연구는 마키아벨리의 정치이론을 공(public)과 사(private)의 대립관계 속에서 살펴본 드문 논문이다(Leonard 1984, 491–506). 레너드가 보기에 마키아벨리 정치사상의 핵심 개념인 virtù는 virtue와 동의어가 아니다. 전자는 역량이고 후자는 덕인 것이다. 즉 전자는 영예(glory)를 목적으로 하는 것이다. 그리고 그 영예는 공적 영역(public sphere)에서만 얻어질 수 있는 것이다. 사적 야망과 요구들이 공적 영역을 침해하는 데에서 문제를 발견한 마키아벨리는 공적 영역의 우선성을 주장한다고 레너드는 말하고 있다. 공과 사의 대비 속에서 공의 중요성을 강조한다는 점에서 이 글은 레너드의 연구와 일맥상통한다. 그러나 공공성을 좀더 포괄적으로 논구하고 나아가 그것과 국가 개념을 연관시켜 설명한다는 점에서 이 책은 레너드의 연구와 차이를 가진다고 말할 수 있다. 다시 말해서, 레너드는 공의 강화가 궁극적으로는 국가의 강화와 연결되는 것임을 파악하지 못했다. 마키아벨리의 공에 대한 논의는 국가와의 관계 속에서만 제대로 이해될 수 있다는 점에서 레너드의 논의는 한계를 가진다고 말할 수 있다.

## I. 마키아벨리의 stato론

### 1. 마키아벨리의 stato 개념

stato의 어원은 라틴어 status이다. status는 동사 stare에서 나온 것으로, "서 있는 상태" 혹은 "현재 지위나 상태" 등을 나타내는 말로 쓰였다(Mager 1968, 8).[10] 여기서 파생된 status는 "어떤 물건이나 사람 또는 계급, 지역 등이 차지하고 있는 위치나 자세를 의미하게 되었고, 이 자세는 단순히 물리적 의미를 넘어서 지적, 도덕적 또는 정치적 자세나 입장이라는 의미도 포괄하게 되었다"(박상섭 2008, 29). 고대에서부터 정치 상황 등을 의미했던 이러한 status가 정치와 더 밀접한 연관을 맺게 되는 것은 현실의 변화와 그것을 뒷받침하는 이론의 변화 때문이다. 현실의 변화는 중세 후기, 특히 이탈리아에서 발달하기 시작했던 도시국가의 부흥이고, 그것에 대한 이론적 뒷받침은 로마 법의 재발견과 아리스토텔레스 정치학의 부흥이다. status reipublicae나 status rei Romanae 같은 용례에서 보이듯이 로마 법 전통에서 status는 공동체의 복리, 공공의 이익 등을 나타내는 용어로 쓰였다. 정치공동체 전체의 복리 혹은 번영 상태 등을 나타내던 status는 군주제하에서는 status regis 혹은 status regni 처럼 통치자의 지위 혹은 통치영역의 상태/번영 등을 의미했다.

한편 status는 정체나 정부 형태를 의미하기도 했다. 이것은 아리스토텔레스의 『정치학』을 라틴어로 번역한 뫼르베크의 기욤과 그것을 기반으로 해서 자신의 논의를 펼쳤던 토마스 아퀴나스의 용어에서 볼 수 있다. 아리스토텔레스의 유명한 정체 분류를 라틴어로 옮긴 것을 살펴보면, 귀족제는 status paucorum, 과두제는 status optimatum 그리고 민주제는 status

---

10) 나아가 status의 자세한 의미와 용례에 대해서는 바이나히트의 저서 53-68쪽 참조 (Weinacht, 1968).

popularis로 옮겨졌다(Rubinstein 1971, 315). 도시국가의 흥기로 인해서 고대와 비슷한 정체들이 형성되자 고전 속에 묻혀 있던 정체 구분 용어가 다시 살아날 수 있었다. 이것은 14세기 피렌체인들이 자신들의 정부 형태를 popolare stato 혹은 popularis status로 부른 것에도 그리고 아리스토텔레스의 정치학을 재번역한 피렌체의 레오나르도 부르니 또한 demokrati (δημοκρατι)를 popularis status로 번역했던 것에서도 드러난다. 요약하자면 고대 로마시기부터 사용된 status의 의미와 용례에서 중요한 두 가지 점은 "status라는 단어가 어떤 정치 상황을 언급하는 것으로 사용되었다는 점과 동시에 그때까지는 부가어 없이 사용된 경우가 거의 없었다는 점이다"(박상섭 2008, 30). 주로 로마 법의 영향을 받은 이러한 용례는 정치공동체의 상태나 그것의 가장 좋은 상태를 의미하게 되었다. 여기에 아리스토텔레스의『정치학』이 수용되면서 status는 정치공동체 내의 권력 배분의 양식과 밀접히 연관을 맺는 정체라는 의미를 가지게 되었다.

마키아벨리의 stato 개념은 status의 두 가지 용례를 전부 계승하고 있다.[11] 우선은 통치자나 통치의 상태 그리고 그 권력 및 그 지배권이 미치는 영역을 의미했다.『군주론』제1장 첫 번째 구절은 그것을 가장 극명히 드러낸다.

인간에 대해서 지배권을 가졌거나 가지고 있는 모든 국가나 모든 통치체는 공화국 아니면 군주국입니다.[12]

---

11) 박상섭은 마키아벨리에게 stato는 기본적으로 세 가지 방식으로 쓰인다고 말한다 : "첫째, 통치자/지배자의 권위 또는 영향력, 둘째로는 통치 권력의 지배하에 있는 지역 및 대상물 그리고 셋째로 군주 및 그의 일당"을 의미한다(박상섭 2008, 39). 한편 비롤리에 의하면 마키아벨리는 자신의 소논문 Ai Palleschi에서 stato를 서로 다른 네 개의 의미로 사용한다고 한다. 그 첫째는 민족 혹은 정치공동체의 의미로, 둘째는 정치체제의 의미로, 셋째는 정치권력의 의미로 그리고 마지막으로 일인(一人) 지배자의 권력이라는 의미이다. 이에 대해서는 비롤리(Viroli 1992) 129쪽 참조.

또한『군주론』제4장의 첫 부분에서 알렉산드로스 대왕이 평정한 아시아 "전 지역(tutto dello stato)"을 언급할 때 알 수 있듯이, 영토를 의미하는 용어로도 stato를 사용하고 있다. 지배자의 권력을 의미하는 경우는『군주론』제10장의 첫 부분에 나오는 "군주가 필요시에 자신을 방어할 만큼 충분히 강력한 권력(tanto stato)을 가지고 있는가 아니면 항상 타인의 도움을 받아야 하는가의 문제입니다"라는 구절에서 볼 수 있다. 그런데 이러한 stato는 추상적이고 객관적인 의미로 쓰이지는 않았다. 다시 말해서, 근대 국가의 특징인 비인격성을 아직 가지지 못하고 권력자에 속하는 것으로 여겨졌다. 이것은『군주론』제9장에서 스파르타의 군주 나비스가 자신의 나라와 그 지배권 혹은 권력을 지켜낸 경우를 언급할 때 "그의 국가와 권력(la patria sua et il suo stato)"이라는 표현을 쓴 것에서도 알 수 있다.

마키아벨리가 사용하는 stato의 두 번째 의미는 정체 형태를 가리킨다. 그것은『군주론』제5장에서 소수의 사람들로 구성된 과두정부(stato di pochi)를 가리킬 때 사용된다. 또한 정체 순환론을 언급하고 있는『논고』제1권 제2장에서도 소수지배체제 혹은 과두제를 언급할 때 stato di pochi를 그리고 민중정부를 의미할 때는 stato popolare를 적시하고 있다.[13] 이러한 정체 형태를 가리키고 있는 stato의 경우에도 그 핵심은 역시 공동체를 구성하고 있는 세력들 간의 관계 속에서 권력의 향배에 따른 정부 형태를 지시하는 것으로 볼 수 있다. 제도적 차원의 정체 문제가 아니라 정치 세력 간의 권력 분배에 따른 정치체제의 문제였던 것이다.

---

12) "Tutti gli stati, tutti e' dominii che hanno avuto e hanno imperio sopra gli uomini, sono stati e sono o republiche o principati"(Machiavelli1995, 7).

13) "군주정과 그 체제로부터 받은 폐해에 대한 기억이 여전히 생생한지라, 소수 지배체제(lo stato de' pochi)를 전복시킨 자들은 군주정을 다시 수립하기를 원하지 않았으며, 따라서 민중정부(stato popolare)에 주의를 돌려 유력한 소수나 1인의 군주가 통치권을 갖지 않는 방식으로 국가를 조직했다"(마키아벨리 2003, 80).

이렇게 일정 영토와 그것을 지배하는 지배권 및 지배자의 권력을 의미하는 마키아벨리의 stato 관은 그가 말하는 "국가" 혹은 "국가통치술(arte dello stato)"에서 극명하게 드러난다. 국가통치술은 1513년 12월 10일, 마키아벨리가 당시 교황청 대사로 나가 있던 친구 프란체스코 베토리에게 쓴 편지에 나오는 말이다. 이 편지는 마키아벨리가 처음으로 자신이 『군주론』이라는 글을 쓰고 있다는 사실을 밝힌 편지로 더 유명하다. 이 편지에서 마키아벨리는 군주국의 유형 및 그 획득과 유지 그리고 상실의 문제를 다루고 있음을 언급한다. 나아가 마지막 부분에서는 이 작품의 핵심, 즉 자신이 공직 생활 기간 동안 심혈을 기울여 일관되게 탐구한 주제가 "국가통치술"임을 밝히고 있다(Machiavelli 1989, 196). 이러한 『군주론』의 핵심 주제로서 국가통치술은 『군주론』 제3장의 마지막 부분에 나오는 프랑스인들과 이탈리아인들에 대한 비교 부분에서 한 번 더 반복된다 : "루앙의 추기경이 제게 이탈리아인들은 전쟁을 이해하시 못한다고 말했을 때, 저는 프랑스인들은 국가통치술(stato)을 이해하지 못한다고 대꾸했습니다" (Machiavelli 2008, 31). 프랑스인들이 국가통치술에 대해서 모른다고 말한 이유는 프랑스의 루이 왕이 "영토를 점령하고(prendere) 유지하고자(tenere) 하는 자들이 지켜야 할 원칙들을 준수하지 않아" 롬바르디아를 잃었기 때문이며 또한 "교회가 그렇게 큰 권력을 획득하는 것을" 용납했기 때문이다. 다시 말해서, 권력의 획득과 유지에 대한 원칙을 모르고 있었기 때문이다.

기존의 마키아벨리 연구자들이 언급했듯이 stato에 관한 논의는 주로 권력의 획득과 유지 그리고 상실에 관한 것이었다.[14] 그런데 마키아벨리의 stato 논의를 자세히 살펴보면 맨스필드가 이야기하듯이 "획득적인(acquisitive)"

---

14) 이에 대해서는 Hexter(1973), Skinner(1989), Mansfield(1983) 그리고 박상섭(2002 ; 2008) 등을 참조.

관점에서만 stato를 논한 것은 아니었다. stato의 "유지"를 위해서는 공공성의 확립이 그 핵심 요건이라고 사고했던 것이다. 다음에서는 마키아벨리의 공공성 논의를 살펴볼 것이다.

## 2. 마키아벨리의 공공성

### (1) 공공성의 의미

공공성(publicness)에 대한 국내외의 연구는 주로 행정학 분야에서 이루어져왔다.[15] 우선, 소영진은 공공성의 특징을 다음과 같이 다섯 가지로 구분하고 있다 : 1. 전체 또는 다수에 관한 일, 2. 권위, 3. 정부, 4. 전유 불가능성(non-exclusiveness), 5. 이타성(altruistic interest)(소영진 2003, 6-8). 한편 임의영은 공공성을 다음의 여섯 가지 개념과 연관시켜 설명하고 있는데, 첫째 정부 혹은 공공기관에 의해서 이루어지는 행위 일체, 둘째 다수의 사람들에게 공통적으로 혹은 보편적으로 관련되는 경우, 셋째 사적으로 혹은 감정적으로 상호작용하는 것과 대립되는 것으로서 공식성(officiality), 넷째 공익을 추구하는 경우, 다섯째 접근 가능성과 공유성 그리고 마지막으로 개방성과 공지성(publicity)을 들고 있다(임의영 2003, 27-29). 또한 사회학적 관점에서 분석하고 있는 신진욱은 분석적 지표와 규범적 가치를 통해서 공공성을 분석하고 있다. 다섯 개의 분석적 지표는 첫째, 다수 사회 구성원에 대한 영향, 둘째 만인의 필수 생활조건, 셋째 공동의 관심사, 넷째 만인에게 드러남, 다섯째 세대를 넘어서는 영속성이고, 이에 대응하는 규범적 가치는 첫째 책임성과 민주적 통제, 둘째 연대와 정의, 셋째 공동체 의식과 참여, 넷째 개방과 공개성, 다섯째 세대 간 연대와 책임이다(신진욱

---

15) 국내의 공공성 개념 연구는 대부분 서구, 특히 영미의 공공성 연구를 기반으로 하고 있다. 따라서 국내 문헌에 대한 언급은 서구 연구에 대한 언급을 포괄하는 것이다. 서구 공공성 연구에 대한 요약은 안병영, 정무권, 한상일의 책 제2장 제1절 참조(안병영, 정무권, 한상일 2007).

2007, 30-35).[16] 공공성에 대한 이러한 논의들은 public의 반대 개념인 private 혹은 particular와의 비교를 통해서 그 공통점들을 파악할 수 있다.[17] 다시 말해서, 공공성은 사적이고 은밀하며 개별적인 것에 반대되는 개념이다. 공공성은 공동체 구성원 전체와 관련되는 것으로, 공개성을 수호하고 공공선을 목표로 하는 가운데 성립되고 유지될 수 있는 것이다.

공공성의 이러한 성격은 그 어원 분석을 통해서도 드러난다. Public의 어원은 라틴어 publicus로, 그것은 "성숙성"이라는 뜻을 지닌 pubes의 영향을 받아 populus가 변한 말이다.[18] public은 "성숙한 인민들의"이라는 뜻이다. 그렇다면 "성숙한 인민들"은 고대 로마 시기에 무엇을 의미했을까? 고대 로마의 정치가이자 사상가인 키케로의 글을 보면 그 단초를 발견할 수 있다. 키케로는 국가(res publica)를 다음과 같이 정의한다.

국가는 인민의 것입니다. 인민은 아무렇게나 모인 일군의 사람들을 뜻하는 것이 아니라 법에 대해서 동의하고, 공동의 이익을 인정하고 동의한 사람들의 모임입니다.[19]

로마인들의 국가 개념은 영토, 주권 그리고 그 영토의 거주민으로서 국

---

16) 정치학적 관점에서 공공성을 분석한 글로는 임혁백의 논문을 들 수 있다. 그러나 그는 그의 글에서 공공성 개념에 대한 분석적 해설을 시도하기 보다는 "공적인 것"을 공화주의와 연결시켜 공공성 논의를 전개하고 있다. 이에 대해서는 임혁백 참조(임혁백 2007, 34-51).

17) 이와 비슷하게 private와 public의 대비 속에서 public의 특징들을 개념화하는 학자로는 웨인트로브를 들 수 있다(Weintraub 1997, 4-6).

18) http://www.etymonline.com/index.php?search=public&searchmode=none 참조. 또한 public의 개념에 대해서는 Mathews(1984), pp. 120-125와 임의영(2003), pp. 23-50 참조.

19) "res publica res populi, populus autem non omnis hominum coetus quoquo modo congregatus, sed coetus multitudinis iuris consensu et utilitatis communione sociatus"(De re publica, 1, 25, 39; Cicero 1977, 131).

민으로 구성되는 근대 국가의 개념과는 달랐다. 그들에게 특정 경계를 지닌 영토 등은 중요하지 않았다. 핵심적인 것은 바로 그 구성원인 인민이었다. 인민에 의해서 국가가 구성되었다. 인민이 곧 국가였다.[20] 그리고 인민은 시민 개개인을 의미하지 않았다. 정치공동체 전체를 의미했다. 인민이 바로 공동체 전체라는 관념하에서 공공선의 개념이 나타날 수 있었다. 공동체 전체를 하나로 묶는 하나의 인민이라는 개념이 있을 때, 그들 전체의 이익으로서 공공선이라는 관념이 나타날 수 있었다. 이렇게 public은 두 가지 의미를 함축하고 있다. 첫째는 공동체 구성원 전체를 의미하는 것이고, 다른 하나는 그 구성원 전체와 관련되는 공개성, 공동성, 공동선 등을 포괄하는 공공성의 의미이다. 다시 말해서, 공중(公衆)과 공공성을 그 핵심으로 가지고 있다. 공중이라는 개념이 공동선을 추구하고 그것에 복무하는 인민이라는 뜻을 함축하고 있다면, 공공성의 경우는 공개성과 공공선을 그 핵심 요소로 가지고 있다. 공개성과 공공선이 지켜지지 않을 때, 공중은 대중으로 변한다. 반대로 공중이 부패하여 대중으로 변하면 그들은 공개성과 공동선을 망각하고 은밀한 방법으로 사적 이익을 추구하게 된다.

마키아벨리의 논의에서도 위에서 말한 공공성 논의가 정확하게 나타난다. 사사화(私事化, privatization)의 경향과 대비되는 공공성의 논의를 살펴보기 위해서 아래에서는 우선 용병의 철폐와 자국군의 설치 및 고등법원의 문제를 공공성 논의와 연결 지어 다룬 후에, 고소, 고발 제도 등의 문제를 다룰 것이다.

---

20) 고대 도시국가의 이런 특징을 아렌트는 "당신들이 어디를 가건 그곳이 폴리스가 될 수 있다"라는 그리스 경구를 사용해 표현한다(Arendt 1973, 198). 폴리스는 특정 영토에 고착된 도시국가가 아니라 인민들이 함께 모여 생활하는 가운데 나타나는 인민 혹은 시민들의 모임이라는 것이다.

(2) 사사화의 제어와 공공성의 강화

마키아벨리는『군주론』제24장 중반부에서 이탈리아 군주들이 그들의 stato를 잃게 된 이유 세 가지를 들고 있다. 첫째, 군사적 취약성, 둘째, 인민들의 호의를 얻지 못한 것 그리고 마지막으로 귀족들을 제어하지 못한 것이다.

> 나폴리 왕, 밀라노 공작 등과 같이 근래에 권력(stato)을 잃은 이탈리아의 군주들을 살펴보면, 이미 장황하게 논의한 것처럼, 첫째, 그들이 모두 군사적으로 취약했다는 것을 발견하게 됩니다. 둘째, 이 나라들 중 일부에서는 인민들이 군주에게 적대적이었고, 다른 나라들에서는 인민들은 호의적이었지만, 귀족들이 적대적이 됨으로써 군주는 자신의 지위를 유지할 수 없었습니다. 왜냐하면 이러한 결함이 없다면, 군사력을 유지할 능력이 있는 군주는 나라(stato)를 잃지 않기 때문입니다(마키아벨리 2008, 160).

마키아벨리가 군사 문제를 논한 곳은『군주론』제12장에서 제14장까지이다. 여기서 그는 용병이 이탈리아를 나약하게 만든 핵심 문제라고 지적한다. 프랑스의 샤를 왕이 아무 저항도 받지 않고 단지 "백묵" 하나로 이탈리아를 점령할 수 있었던 것은 바로 이탈리아 국가들이 용병을 사용하고 있었기 때문이다.[21] 용병의 백해무익함은 그들이 자신의 조국에 봉사하는 공적인 군대가 아니라는 것이다.[22] 그들은 국가의 공적인 군대가 아니라

---

21) "군주가 자신의 국가(stato)를 방어하는 데에 사용하는 무력은 그 자신의 군대이거나, 아니면 용병(mercenario, mercenary)이거나 외국의 원군, 또는 이 세 가지가 혼합된 혼성군이라고 말할 수 있습니다. 용병과 원군은 무익하고 위험합니다. 자신의 영토(stato)를 보전하기 위해서 용병에 의존하는 사람은 그 누구도 자신의 영토를 결코 안정되고 안전하게 통치할 수 없을 것입니다"(마키아벨리 2008, 84).
22) "우선 용병대장들은 자신들의 명성을 드높이려고 보병을 등한시하는 일이 일어났습니다. 그들은 자신들의 국가(stato)가 없는 데다가 고용되어야 먹고살 수 있었으므로, (……)"(마키

용병대장의 사적인 군대인 것이다 : "용병대장들은 매우 유능한 인물이기도 하지만 그렇지 못한 인물이기도 합니다. 그들이 유능한 인물이라면, 당신은 그들을 신뢰해서는 안 되는데, 그 이유는 그들이 항상 자신들의 고용주인 당신을 공격하거나 당신의 의사에 반해서 다른 자들을 공격함으로써 오직 자신만의 권력을 열망하기 때문입니다"(마키아벨리 2008, 85). 마키아벨리는 이러한 용병을 자국군으로 대체해야 한다고 주장한다. 자국군은 자국의 시민들에 의해서 구성되는 군대이다. 이러한 군대는 어느 사적 개인에 충성하는 군대가 아니다. 본인과 자기 가족들의 삶의 터전인 조국을 방어하고 그것에 충성하는 공적인 군대이다. 평상시에는 생업에 종사하지만 조국이 위기에 처하는 전쟁이 다가오면 무기를 들고 나아가 싸우는 그러한 군대를 마키아벨리는 원했다. 이렇게 국가에 의해서 유지되고 수행되는 군대와 전쟁에 대한 언급은 그의 『전쟁론(Dell'arte Della Guerra)』에서 다음과 같이 등장한다.

모든 잘 정비된 나라는 다음의 사항에 주의하여야 한다. 즉 전쟁술은 평화기에는 훈련으로서만 수행되고, 전쟁기에는 필연으로서만 그리고 영예를 위해서 수행되어야 한다. 그리고 그것은 로마에서처럼 오직 공적으로만(al publico) 수행되어야 한다(Machiavelli 1993, 307).

다음은 인민의 호의와 귀족의 제어에 관한 것이다. 이것들은 실제로 마키아벨리의 주저들을 관통하는 주제였다. 앞에서 언급했던 제24장 외에도 마키아벨리는 『군주론』 제19장에서 "질서가 잡힌 국가(gli stati bene ordinati)와 현명한 군주는 귀족들이 분노하지 않도록 또 인민이 만족하도록 항상 세심한 주의"를 기울여야 함을 언급한다(마키아벨리 2008, 127).

---

아벨리 2008, 91).

그리고 이러한 것을 훌륭히 수행하고 있는 나라가 바로 프랑스임을 마키아벨리는 언급한다. 프랑스가 그렇게 할 수 있었던 이유는 바로 고등법원이라는 "중립적인 제3의 심판기관"을 세웠기 때문이다. 이 엄청난 권위를 가지고 있었던 기관은 귀족의 야심과 거만함을 제어하고 인민을 보호하기 위해서 세운 것이었다.[23] 수많은 인적 네트워크나 자원을 소유하고 있기 때문에 지배하고자 하는 욕구를 가질 수밖에 없는 귀족은 비록 수는 적으나 자신의 사적 권력을 이용하여 언제든지 군주나 국가에 위험이 될 수 있는 존재였다. 반면 그 수는 많으나 자원의 부족 등으로 인해서 자유롭게 생업을 유지하고 살기를 바라는 인민들은 군주나 국가의 진정한 기반인 것이다. 지배하고자 하는 귀족과 억압받지 않고 자유롭게 살고자 하는 인민 사이에서 국가질서를 어떻게 조직하는가가 문제였다.[24] 서로 긴장하고 대립하는 귀족과 인민 사이에서 어느 일방의 편을 들다가는 상대편의 불만과 미움을 사서 음모와 혼란을 일으키는 원인이 되기 때문이다. 이것을 피하기 위해서 중립적인 제3의 기관, 즉 공적인 기관으로 고등법원을 세우는 것이다.

나아가 이러한 공적 기관은 그것이 누구에게도 사적으로 예속되어 있지 않음을 보여야 한다. 그것을 위해서 가장 좋은 방법은 법질서의 확립이다.

---

23) "그 왕국(프랑스/저자)을 개혁한 사람은 귀족들의 야심과 거만함을 익히 알았기 때문에, 이를 통제하기 위해서 귀족들의 입에 재갈을 물릴 필요가 있다고 생각했습니다. 반면에 그는 인민이 귀족을 두려워하고 미워한다는 점을 알았기 때문에 그들을 보호하려고 했습니다. 그러나 그는 이 견제 역할을 왕의 특별한 임무로 삼고 싶어하지 않았습니다. 그는 인민들에게 호의를 가졌다는 이유로 귀족들에게 미움을 사거나, 귀족들에게 호의를 가졌다는 이유로 인민들에게 미움을 받기를 원하지 않았기 때문입니다. 그 결과 그는 왕이 직접 적개심을 불러일으킬 필요가 없는 중립적인 제3의 심판기관을 내세워 귀족들을 견제하고 인민들을 보호하도록 했습니다. 군주와 왕국 자체를 강화하는 데에 이보다 더 신중한 조치나 적절한 제도는 있을 수 없습니다"(마키아벨리 2008, 127-128).

24) 자유롭게 살고자 원하는 자유애를 가진 인민과 지배욕 및 야망을 그 기본 성정으로 가지고 있는 귀족에 대해서는 『군주론』 제9장과 『논고』 제1권 제4장과 제5장 참조.

이것을 마키아벨리는 프랑스의 고등법원에서 찾았다 : "고등법원, 특히 파리 고등법원이 이러한(질서정연한/저자) 법과 기율을 유지하는 근간이다. 그 법과 기율은 고등법원이 왕국의 군주를 기소할 때 그리고 왕에 대해서 불리한 판결을 할 때마다 매번 갱신된다. 지금까지도 고등법원은 그 지위를 유지하고 있는데, 이는 고등법원이 귀족에 대항하여 법을 엄격히 집행해왔기 때문이다"(마키아벨리 2003, 417). 고등법원같이 권력자에 굴하지 않고, 객관적이고 공개적인 법에 의해서 판단을 내리는 공적 기관이 건재할 때만이 국가는 확고해질 수 있다는 것이다.

사적인 이익과 자신의 영달만을 위해서 전쟁을 사업으로 하는 용병보다는 애국심을 기반으로 한 자국군에 의지하는 것, 다시 말해서, 전쟁이라고 하는 것을 사인(私人)들이 주관하는 사적인 것이 아니라, 공적인 것, 즉 국가의 일로 만드는 것이 국가를 더 강력하게 세울 수 있다. 또한 귀족 같은 권력자들의 사익 추구 욕심과 지배욕에 인민들이 억압당하지 않도록 공적 질서를 세우는 것 그리고 그것을 법이라고 하는 공개적이고 보편적인 질서 위에 위치 지우는 것, 이것 또한 국가질서의 확립에 핵심적인 요소이다. 이것이 마키아벨리가 『군주론』 제12장에서 "모든 국가의(stati) 주된 토대는 (……) 좋은 법과 좋은 군대입니다"라고 말한 것의 내용이다(마키아벨리 2008, 83).

한편 공적 질서 확립을 통한 갈등과 대립의 사사화(私事化)를 방지하기 위한 마키아벨리의 노력은 고소, 고발 제도를 찬양하는 데에서도 잘 나타난다. 고소, 고발 제도의 중요한 두 가지 효과에 대해서 마키아벨리는 다음과 같이 이야기한다.

첫째는 시민들이 고발당할까 두려워서 국가(stato)에 반역을 꾀하지 않는 것이다. 그리고 만약 그러한 기도를 하면 그들은 즉각적으로 사정없이 제압되어버린다. 다른 효과는 국가가 다양한 시민들 사이에 잡디한 방식으로 일어나고 있는 당파적 증오를 해소할 수 있는 배출구를 제공한다는 것이다. 이러한 증오는 합법적으로 표출될 수 있는 배출구를 갖지 못할 때 공화국 전체를 몰락시키는 불법적인 방식을 취하게 된다. 그러므로 나라를 휘젓는 당파적 증오를 표출할 수 있는 길을 법률을 통해서 열어놓는 조치만큼 나라를 견고하고 탄탄하게 만드는 것은 없다(마키아벨리 2003, 99).

대립과 갈등을 공개적인 방식으로 공적인 권위를 통해서 해결할 수 있는 장이 마련되어야 한다는 것이다. 개인들 혹은 세력들 간의 반목과 다툼은 어느 사회나 존재한다. 그것은 피할 수 없다. 문제는 그것을 어떻게 다루는가에 있다. 마키아벨리는 이러한 반목과 갈등에서 나오는 노여움을 풀 수 있는 합법적인 방법의 필요성에 대해서 이야기하고 있다. 합법적인 방법, 즉 공개적이고 공적인 제두가 부재한다면 시민들은 불법적인 방법에 호소를 할 것이다. "사사로운 세력(forze private)이나 외국 세력"에 의지를 할 수도 있다. 따라서 마키아벨리는 "공적인 세력과 수단(forze e ordini publici)"의 필요성을 언급한다(마키아벨리 2003, 100). 그렇지 못하면, 즉 공적인 질서가 서지 못하고 사사로운 세력과 사적인 방법이 지배할 때는 시민들 사이에 공포가 난무하고 그 공포는 시민들로 하여금 스스로를 지키고자 파벌을 난립시킬 것이며, 그것은 국가의 몰락을 가져올 것이기 때문이다.

이것은 또한 중상과 합법적인 고발의 비교를 통해서 더 잘 드러난다. 중상은 증거나 증인이 없이 타인을 비난하는 행동이다. 사람들이 모이는 곳에서 아무나 할 수 있는 행동이다. 그러나 고발은 합법적인 권한을 가진 사람 앞에서 행해지며, 합당한 이유와 공개되어야만 하는 증거 등을 통해서 타인을 고소한다. 중상이 비합법적이고 사적인 비난이라면 고발은 공개적이고 공적인 비판과 그에 대한 합법적 논의를 요구한다.

고발은 그 비난의 진실성을 보여주는 진정한 정보와 정황을 필요로 하기 때문에 아무나 함부로 고발당하는 일이란 있을 수 없다. 고발은 행정관, 인민 또는 민회 앞에서 제기되는 데 반해 중상은 사람들이 모이는 광장이나 건물 내에서 이루어진다. 이러한 식으로 이루어지는 중상은 합법적인 고발이 별로 사용되지 않거나, 고발을 처리하는 도시의 제도가 잘 정비되지 않은 경우에 빈번히 사용된다(마키아벨리 2003, 105).

공공성은 공적 질서 속에서 수립되고 유지된다. 마키아벨리의 고소, 고발 제도는 개인 혹은 집단 간의 반목과 갈등이 사적으로 해결되는 것을 막으려고 하는 것이다. 사적인 문제 해결방법은 파벌을 낳기 때문이다. 그리고 파벌의 난립은 문제를 법이라는 공적 질서를 통해서 해결하는 것이 아니라, 거리에서 무력으로 해결하려고 한다. 그 귀결은 혼란과 국가의 몰락이다.[25]

마키아벨리가 보기에 공개성과 공정성을 기반으로 하는 공공성의 몰락은 사사로운 권력이 정치에서 우월적인 지위를 차지할 때 나오는 것이다. 그리고 이러한 자원과 권력의 불평등한 관계 속에서 초래되는 것은 공동체에 필요한 객관적 자질보다는 사사로운 관계를 통해서 공적인 업무를

---

[25] 갈등과 대립 그리고 그로부터 나타나는 분노를 합법적으로 표출할 수 있는 제도의 부재는 마키아벨리의 조국 피렌체의 문제였다. 『논고』 제1권 제7장에서 예시하듯이 프란체스코 발로리가 피렌체의 지도자로 있을 때, 합법적인 제도의 부재는 파당을 낳았고, 그것은 무력에 의한 대결로까지 치달았다. 마키아벨리는 이러한 피렌체의 난맥상과 로마의 모범적인 사례를 『피렌체 사』에서 다음과 같이 언급한다 : "로마에서는 인민들과 귀족들 사이의 대립이 토론을 통해서 다루어진 반면, 피렌체에서는 무기를 통해서 다루어졌다. 로마에서의 반목은 법을 통해서 종결되었고, 피렌체에서는 수많은 시민들의 추방과 죽음을 통해서 종결되었다"(Machiavelli 1993, 690).

처리하는 것이다. 이러한 현상을 마키아벨리는 로마의 예를 통해서 설명한다. 그들이 부패한 후에 로마인들은 행정관을 선출할 때와 법률을 만드는 일에서 이러한 일을 저질렀다. 로마인들이 나태해지고 부패하기 전에는 도시의 집정관 및 다른 고위직을 뽑을 때, 지원한 시민들 중에서 가장 알맞은 자격을 갖추었다고 판단되는 이들을 뽑았다. 그러나 나중에는 가장 비범한 역량 있는 자가 아니라 가장 힘 있는 자가 행정관직에 지원했다. 그 이유는 "권세가 없는 자는 자격을 갖추고 있다 할지라도 거부당하는 것이 두려워" 지원 자체를 하지 않았기 때문이다(마키아벨리 2003, 143). 이렇게 로마인들은 객관적 자질보다는 자신들에게 호의를 베푸는 자들과 권세 있는 자들을 뽑았기 때문에 재능 있고 선량한 시민들은 관직에서 배제되었다. 또한 법률을 제정할 때도 원래 로마인들은 "직책을 불문하고 민회에 법률을 제안할 권리"를 가지고 있었다. "공익(bene per il publico)에 관심을 가진 각 개인이 법률을 제안할 권리"를 가지고 있었기 때문이다. 그러나 시민들이 타락했을 때 이러한 관습은 나쁜 결과를 초래하게 되었다. "왜냐하면 오직 권세 있는 자들만이 법률안을 제안하게 되었고, 그것도 공동의 자유(comune libertà)를 위해서가 아니라 자신들의 권력을 강화하기 위해서 그랬기 때문이다"(마키아벨리 2003, 144).

행정관의 선임이나 법률제정 같은 공적인 일에서 공과 사의 구분을 무시하고 객관적 능력보다는 한 개인이 가지고 있는 권세에 의지하게 될 때 공공성은 무너지게 된다. 로마가 나중에 보여준 이러한 타락 현상에 주목하며 마키아벨리는 공공선에 복무하는 공적인 방법과 사적인 이익만을 추구하여 공공성을 파괴하는 사적인 방법을 구분한다. 우선 마키아벨리는 시민들이 명성을 얻는 방법에 두 가지가 있음을 구분한다. "공적인 방법은 한 사람이 공동선을 위하여 잘 조언하고 훌륭하게 행동할 때 명성을 얻는 것이다." 반면 사적인 방법은 "다양한 개인들에게 사사롭게 돈을 빌려주고, 그들의 딸을 결혼시키며, 행정관들로부터 그들을 보호하고, 그밖에도 사적으로 유사한 호의를 베풀어 시혜를 제공하는 것이다"(마키아벨리 2003, 525). 그런데 이 사적인 방법은 수혜를 받는 사람들을 시혜자의 파당으로 만든다. 나아가 이런 것이 가능해지면 "공공(il publico)을 부패시키고 법을 위반해도 무방하다"는 생각이 퍼져나가게 된다.

공공성을 우선시하는 이러한 사고는 만리우스 토르쿠아투스와 발레리우스 코르비누스라는 로마의 뛰어난 두 장군의 행동방식에 대한 평가에서도 드러난다. 만리우스는 강직한 성품을 지닌 매우 엄격한 장군이었다. 반면 발레리우스는 온화하며 자비로운 장군이었다. 엄격함과 자비로움 사이에서 마키아벨리는 전자를 선택한다. 그 이유는 만리우스의 엄격함은 자신의 파벌을 만들지 않으며, 그것은 전적으로 국가와 공공의 이익에 도움이 되기 때문이다.

> 그 이유는(만리우스의 행동이 더 칭찬받을 만하며, 덜 위험한 이유/저자) 그의 방법이 전적으로 국가에 이익(favore del publico)이 되며, 어떤 점에서도 개인적인 야망(ambizione privata)과 관련이 없기 때문이다.
> 지도자로서 그의 처신은 어떤 파벌도 만들지 않았는데 이는 그가 언제나 모든 사람을 엄격하게 대하고 오직 공동선(bene commune)만을 중시했기 때문이다"(마키아벨리 2003, 509-510).

반면 발레리우스의 온화함과 자비로움은 그를 추종하는 세력을 만들 것이고 그것은 파벌로 나타날 것이다. 이것은 사사로운 세력을 발생시켜 공공선과 공공성을 파괴하는 쪽으로 가게 만들 것이라는 것이 마키아벨리의 사고이다.

위에서 보았듯이 능력보다는 가문이나 재산 그리고 권세의 정도 같은 사적 기준이 공공의 업무를 판단하고 행하는 척도로 작용할 때, 공공성은 파괴되고 국가는 그 기반을 잃게 된다.

## 3. 공공성과 국가

마키아벨리는 국가의 공고화는 공공성의 강화를 통해서 가능하다고 보았다. 그러나 당시 이탈리아나 조국 피렌체의 문제는 사적 권력의 강화와 그로 인한 공공성의 사사화 경향에 있었다. 사사화를 추동시키는 사적 권력의 약화를 통해서 공공성을 강화하고 그것을 통해서 국가를 강화시킬 수 있다고 보았다.

사적 권력을 이용하여 공공성을 약화시키는 이들은 귀족들이었다. 그들은 자신들의 야망과 지배욕을 채우기 위해서 가문, 재산 그리고 파벌 등의 힘을 이용했다. 귀족들 중에서도 "토지 소유에서 나오는 수입으로 인해서 일하지 않고도 사치스럽게" 살며 거기다가 "성곽을 가지고 있고 그들에게 복종하는 신민을 보유하고 있는" 귀족들이 공동체에 가장 해로운 이들이다(Machiavelli 2003, 241). 이들은 공공성뿐만 아니라 공동체 전체를 타락시킬 수 있었다. 용병대장 또한 용병들을 사병화하여 자신들의 사리사욕과 야망을 채우는 데에 급급했다. 공공성의 강화는 사적 힘의 약화와 동시에 공공성을 담당하는 공적 부문의 강화를 그 특징으로 한다. 그리고 공적 부문의 강화는 어느 한 계층에 의해서 사회나 공동체가 좌우되지 않을 때에 가능한 것이다. 이러한 사고는 마키아벨리가 자신의 시대의 문제와 과거 로마의 멸망 원인을 진단하는 데에서도 명확히 드러난다.

그는 당시 이탈리아의 문제를 종교(religione), 법(leggi) 그리고 군대(milizia)의 문제로 파악한다.[26] 르네상스 시기 이탈리아가 고대, 특히 로

---

26) "과거에는 그들이(이탈리아나 그리스에서 태어난 사람들/저자) 찬양할 만한 많은 것들이 있었지만 현재에는 온갖 종류의 끔찍한 불행, 악평 및 불명예로부터 그들을 구원해줄

마의 부활을 통해서 번영을 맛보았지만 정작 앞에서 말한 세 가지 부문에 대해서는 잊고 있었다는 것이다. 그런데 마키아벨리가 보기에 로마의 종교는 국가종교로, 전적으로 공적인 것이었다.[27] 법 또한 공공의 이익과 공개성 등을 담보하고자 했던 공적 질서였다. 군대는 시민군으로 평상시에는 생업에 종사하고 훈련에 열중하지만, 전시에는 조국을 수호하기 위해서 헌신하는 공적인 군대였다. 반면 마키아벨리 당시의 종교는 그가 보기에 타락하고 사적인 종교였다. 로마 교황청은 자신들의 나쁜 선례를 통해서 이탈리아에서 "모든 경건함과 신앙심을 잃어버리게" 만들었다. 이뿐만 아니라 마키아벨리는 고대 종교와 당시의 종교, 즉 기독교를 비교하고 있다. 즉 고대 종교는 활력(virtù)의 관점에서 해석되어왔다면 기독교는 나태함(ozio)의 관점에서 이해되었다는 것이다. 그 결과 고대 종교는 "정신의 위대함, 육체의 강인함 등 인간을 엄청나게 활동적으로 만드는 모든 다른 요소들을 최고선"으로 간주했던 반면 기독교는 "겸손과 비천함 및 인간사에 대한 경멸을 최고선"으로 내세웠던 것이다. 이러한 결과 고대 종교는 "활동적이고 적극적인 인물(uomini attivi)"을 칭송한 반면, 기독교는 "겸손하고 명상적인 인물(uomini umili e contemplativi)"을 더 찬양했다.

법과 제도에 대한 언급하자면, 법은 만들어져도 제대로 지켜지지 않고 권세 있는 자들에 의해서 좌지우지되었던 것이며, 공적인 제도는 부재하

---

만한 것이 전혀 없기 때문이다. 또한 현재는 종교, 법률 및 군사업무에 대한 관심이 사라졌고, 또 온갖 종류의 쓰레기로 가득 차 악취가 넘치기 때문이다"(마키아벨리 2003, 264).

27) 종교에 대한 언급은 『논고』 제11장부터 제15장까지에서 집중적으로 다루어진다. 제11장에서 로물루스의 후계자인 누마를 언급하며 그는 "질서정연한 국가를 유지하기 위해서 전적으로 필요한 수단으로 종교에 주목"했고 "그리하여 그가 종교를 기초로 하여 국가를 확립한 결과, 오랜 시대 동안 신에 대한 외경이 로마 공화국만큼 강한 나라가 없게 되었다"라고 적고 있다. 그것은 로마 시민들이 신에 대해서 한 맹세를 조국과 법에 대한 사랑보다도 더 강력한 강제로 여기도록 했기 때문이다. 또한 제12장에서는 종교의 토대를 보존해야 함을 언급하며 그것은 "국가를 종교적으로 경건하게 만들 수 있고, 그 결과 국가를 선하고 단결된 상태로 유지할 수 있기" 때문이라고 말한다.

여 시민들 간의 대립을 사사로운 싸움으로 만들어버렸다.28) 군대는 또한 자국군이 아니라 용병이 주류였다. 그들은 조국을 가지지 않고, 돈을 받고 전쟁을 업으로 삼기에 아무에게도 충성하지 않고 오직 용병대장에게만 복종하고 자신들의 사익만 추구하는 사병(私兵)이었던 것이다.

이렇게 종교, 군대, 법 등이 사적 권력에 의해서 사사화되는 것을 경계했던 마키아벨리는 로마 몰락의 원인을 똑같은 데에서 찾고 있다. 그에 의하면 로마 멸망의 원인은 두 가지이다 : "첫째는 농지법에 의해서 야기된 투쟁이고, 둘째는 최고 지휘권의 연장이다"(Machiavelli 2003, 513). 농지법의 문제는 경제적 이해관계의 대립이 정치 영역에서 해결되기 어려움을 보여준다. 이로 인해서 귀족과 인민의 갈등은 극단으로 치닫게 된다. 그리고 그것을 공적 기관이 해결할 수 없게 되자 "각 당파는 당국에 더 이상 희망을 걸지 않고 사적인 치유책에 의존하기로" 했던 것이다(마키아벨리 2003, 192).

로마의 영토 팽창으로 인한 지휘권의 연장은 필연적인 귀결이었다. 영토의 경계가 넓어지자 예전의 정기적인 보직순환이라는 원칙은 지켜질 수 없었다.29) 그런데 이를 통한 지휘권의 연장은 지휘관과 병사들 간의 유대를 강화시켜 병사들이 조국 로마에 충성하는 것이 아니라 자신의 목숨을 지켜주고 그들에게 전리품을 나누어주는 지휘관에 충성하게 되었다. 병사들의 사병화가 일어난 것이다.30)

---

28) 마키아벨리는『논고』제1권 제45장에서 사보나롤라가 자신이 만든 법을 지키지 않았음을 비판한다. 그것은 국사범을 인민 앞에 제소하는 법이었는데, 사보나롤라는 국사범으로 선고를 받은 시민들이 인민 앞에 제소되는 것을 허용하지 않았던 것이다. 이러한 자기편의주의적 법적용은 사보나롤라의 권위를 심각히 해치는 결과를 초래했다고 마키아벨리는 적고 있다.

29) 로마 공화정에서는 고위 행정관의 권력 독점을 막기 위해서 1년을 임기로 하는 것(Annuität/Annuality)과 복수의 사람을 동일 직위에 임명하여 서로 협조하고 견제하게 하는 제도(Kollegialität/Collegiality)를 운영하고 있었다(Olshausen 1988, 488-494).

그 결과(지휘권 연장의 결과/저자) 두 가지 악습이 생겼다. 첫째는 소수의 사람들만이 지휘에 대한 경험을 쌓게 되어 명성이 소수에게만 국한되었다는 것이다. 둘째는 한 시민이 오랫동안 한 군대의 지휘관이 되어 그 군대의 지지를 획득하게 되고, 그리하여 군대를 자신의 파벌로 삼게 되었다는 것이다(마키아벨리 2003, 514).

마키아벨리가 보기에 로마가 몰락한 이유는 공적 영역의 사사화가 일어났기 때문이다. 공공성이 무너지자 국가가 몰락하게 된 것이다. 마키아벨리는 자신이 살던 시대의 문제와 고대 로마의 문제를 공공성의 몰락 속에서 파악했다. 자국군 대신에 용병대장의 사병이었던 용병을 사용하는 것, 자신들의 사리사욕을 채우는 데에 급급했던 교황과 교황청에 의한 기독교의 타락 그리고 공적인 고소, 고발 제도의 부재로 인해서 갈등과 불만을 파벌간의 사적인 폭력으로 풀고자 했던 것 등은 모두 공공성의 사사화 경향을 보여주는 것들이다. 이러한 사사화 경향을 극복하기 위해서 마키아벨리는 사사화를 일으키는 주동세력으로서 사적 권력의 담지자였던 귀족세력의 견제를 주장한다. 나아가 그는 공공성을 담지하고 세울 수 있는 공적 기관의 강화를 주장하는 것이다. 자국군, 고소, 고발 제도 그리고 고등법원 등이 바로 그것들이다. 이것들을 통해서 마키아벨리는 공공성의 강화를 꾀했던 것이고, 그 궁극적 목표는 국가의 공고화였던 것이다.

마키아벨리는 이탈리아와 피렌체의 문제를 권력과 제도의 사사화에서 찾았다. 국가의 공적 제도가 사적 권력에 의해서 좌지우지될 때, 국가는

---

30) 또한 마키아벨리는 『군주론』 제13장에서 로마가 고트족을 용병으로 사용하기 시작하면서부터 로마 제국의 힘의 원천이 사라지게 되었다고 언급한다.

제대로 설 수 없었다. 따라서 공공성이 담보되어야만 국가가 올바로 설수 있는 것이다. 마키아벨리가 보기에 공공성의 담보는 국가 구성세력들의 세력 균형을 이루는 것에서 시작될 수 있다고 보았다. 시민들이 사적이익보다도 공공의 이익을 추구하도록 추동할 수 있는 조건은 공동체의정치가 어느 한 계층에 의해서 좌우되지 않을 때 가능한 것이기 때문이다. 따라서 마키아벨리는 귀족의 힘을 제어해야 함을 일관되게 주장한다. 그들은 정치적, 사회적 자본과 막강한 권세를 소유하고 있어서 항상 지배하려 들기 때문이다. 자신들의 권력을 사적으로 이용할 수 있는 이들도 귀족이고, 그러한 사사화 경향을 통해서 일반 인민들을 타락시키는 것 또한귀족이기 때문이다. 이러한 귀족들의 힘을 제어할 수 있는 유일한 방법은공적 기관의 확립이다. 제3의 공적 기관을 통해서 귀족들의 힘을 제어하고, 일반 인민들을 보호해야 하는 것이다. 그런데 이것은 공적 기관이 당파성을 가지고 인민들을 옹호하거나 그들에게 권력을 부여해야 한다는 의미는 아니다. 이런 행동은 공적 기관을 인민의 사적 기관으로 만드는 것이고, 귀족들의 불만을 살 것이기 때문이다. 객관성과 공정성을 담보할 수없는 공공성과 공적 기관은 그 권위를 인정받을 수 없다. 합법적인 절차와공개성이 공공성의 핵심인 것은 그것이 사사화의 자의성과 은밀성에 대립되기 때문이며, 그것을 통해서만이 모든 시민들의 지지를 얻을 수 있기때문이다.

마키아벨리가 비인격성과 중립성을 특징으로 하는 근대 국가를 건설하고자 했던 의도는 그의 글 어디에서도 발견하기 힘들다. 오히려 그는 고대로마의 예를 통해서 자신의 시대의 문제를 해결하려고 했다. 귀족들의 사적 권력이 강화되어 사사화의 경향이 공적인 영역에 침투했고, 그것은 군사력의 약화 등 많은 문제를 일으켰다. 마키아벨리는 이러한 귀족 세력에의한 정치의 사사화를 극복하고자 했다. 인민의 지지와 그들의 동원을 통한 공공성의 강화 및 공정한 공적 기관을 통한 계층 갈등의 해소를 통해서 나약해진 국가를 강화하려고 했던 것이다. 고대 로마의 공공성 강화라는 전례를 통해서 근대 국가의 초석이었던 공공성의 강화를 꾀하고자 했던 것이다. 과거로의 회귀가 아니라, 과거의 부활을 통해서 미래로의 문을 열어젖힌 것이라고 할 수 있을 것이다.

마키아벨리의 국가 개념인 stato의 의미는 여기에 있다. 그것은 맨스필드가 이야기했듯이 stato의 소유주를 강조하기보다는 stato를 바로 세우기 위해서 획득적인 것을 강조한다. 획득과 보존의 효율성을 강조하다보니 정체에 대한 윤리적 판단을 행하는 고대의 정체론을 넘어서서 효율성과 중립성을 강조하게 되는 것이다. 그러나 이 글은 여기서 한 발자국 더 나가고자 한다. 그것은 공공성에 대한 강조이다. 공개성, 공공선, 공정성 그리고 중립성 등을 강조하는 마키아벨리의 공공성 강화 논의는 『논고』에서 핵심적인 부분을 차지한다. 그런데 그것은 『군주론』에서도 마찬가지이다. 마키아벨리는 『군주론』에서 공적인(pubblico)이라는 말을 제10장에서 단지 두 번, 그것도 중요하지 않은 용도로 사용한다. 그러나 『군주론』을 관통하는 핵심적인 주제는 귀족의 힘을 어떻게 제어하고, 인민의 지지하에 국가의 기반을 어떻게 세우는가에 맞추어져 있다. 귀족의 힘을 제어해야 하는 싸움에서 공적 기관을 확립하기 위해서 군주의 권력을 강화해야 하는 단계가 필요했던 것이다. 그렇기 때문에 stato를 수식하는 소유형용사가 자주 쓰였던 것이다. 그러나 군주가 권력이나 국가를 자신의 사적인 소유로 해야 한다는 언급은 『군주론』 어디에서도 보이지 않는다.

이렇듯 마키아벨리는 공공성의 강화를 통해서 한 나라의 인민이 모여 사는 영토와 그 주민들을 포괄하는 정치체, 즉 국가의 공고화를 주장한다. 앞에서도 언급했듯이 마키아벨리가 의도적으로 근대 국가의 창설을 꾀했다는 증거는 그 어디에서도 보이지 않는다. 그러나 그는 사사화라는 현실의 문제를 해결하기 위해서 훗날 근대 국가의 특징이 될 공공성의 강화를 내세웠고, 이를 통해서 그가 원하든 원치 않든 간에 근대 국가 개념의 아버지라는 명칭을 얻게 된 것이다.

# 결론
## res publica와 stato 사이에서


이 책은 중세 중기부터 르네상스 시기까지에 이르면서 형성된 근대 국가 개념의 형성사를 다루고 있다. 중세의 국가 개념은 종교적이며, 권력자의 소유물로서 인격적인 성격을 지니고 있었다. 그러나 고대 사상의 영향과 로마 법 그리고 아리스토텔레스 정치학의 영향을 통해서 국가 개념은 점차 탈인격적 성격을 띠게 된다. 또한 이러한 상황은 당시 국제정세와 관련된다. 중세의 두 보편권력이었던 황제권과 교황권의 대립과 몰락 과정 속에서 성(聖)과 속(俗)이 하나로 일치했던 중세가 무너지고, 근대의 세속국가의 모습이 나타나기 시작한 것이다.

솔즈베리의 존은 국가를 몸체에 비유하면서 사회의 각 지절을 넘어선 전체로서 통일성을 지닌 것으로 규정한다. 아울러 res publia론을 통해서 공공선을 위해서 복무해야 하는 군주의 역할을 강조한다. 법인체론자들은 국가를 법인체로 바라보고 그 법인격성 속에서 파악한다. 따라서 국가는 그 구성원의 진입이나 진출과는 무관하게 지속적인 것으로 사고된다. 또한 국가는 자연인과의 유비 속에서 사법적 능력을 지닌 것으로 파악된다. 아리스토텔레스 수용의 영향은 아퀴나스와 브루니를 통해서 드러난다. 정치체의 기반들과 목적들, 제도적 형태와 유형적 다양성을 사고할 수 있게 해준 것이다. res republica 개념은 이러한 변화들을 거쳐 그 인격성을 넘어 지속되는 객관적인 정치체로서 국가라는 의미를 지니게 된다. 여기에 르네상스 당시 피렌체와 이탈리아 상황은 res publica를 그 윤리적, 이념적 지향성뿐만 아니라 군주제와 대비되는 특수한 정치제도를 지시하는 개념으로 위치 지운다. 즉 res publica는 "국가"의 의미와 "공화국"의 의미를 가지게 된다. 공공성과 공공선을 추구하는 구성원 모두의 정치체로서 "국가"라는 일반적 의미에 군주정과 대비되는 "공화국"의 의미를 지니게 되는 것이다. res publica는 여전히 국가 일반을 가리키기도 하지만, 이제 status 혹은 stato에 res publica가 예전에 소유했던 국가 일반의 개념을 넘겨주면서 자신만의 고유한 의미를 가지게 되는 것이다. 그것은 소수의 귀족이건 다수의 인민인건 간에, 한 사람이 아닌 복수의 사람들이 통치를 하는 정치체제, 즉 군주정에 대비되는 공화국이라는 의미를 가지게 된다. 이러한 분화에도 불구하고 res publica의 본래의 의미는 유지되고 있었다. 그것은 res privata에 반대되는 공공성과 공공선의 보호와 유지이다.

솔즈베리부터 아퀴나스로 이어지는 중세의 국가이론가들은 res publica의 규범적 함의로서 공공선의 중요성을 강조했다. 공공선이 추구되지 않는다면 국가라 할 수 없다는 것이다. 그리고 중세의 기독교 영향하에 군주제가 가장 좋은 체제라고 주장했다. 다시 말해서, 군주는 공공선을 위해서 공인으로서 통치를 해야 한다는 것이다. 군주가 사익을 추구하면 그들은 폭군으로 변하여 가장 나쁜 정치체제를 만든다. 공공선을 추구하는 군주제가 가장 좋은 res publica인 것이다. 이는 마키아벨리에게까지 이어진다. 그는 국가의 가장 중요한 성립 요소로서 공공성의 유지와 공공선의 추구를 들고 있다. 그러나 아리스토텔레스의 정치체제론이 부활하여 res publica는 규범적인 의미뿐만 아니라 공화국이라는 특수 정치형태를 의미하는 용어로도 쓰이게 된다. 이제 국가 일반을 포괄하는 새로운 용어의 필요성이 대두되었고, 그것을 stato가 이어받게 되는 것이다. 제도적인 영토국가와 탈인격적인 국가 개념의 형성 속에서 stato는 res publica의 국가냐 res privata의 국가냐, 다시 말해서, 공공선을 위한 시민들의 자유 국가냐 권력자의 사적 이익을 추구하는 사사화된 국가냐의 기로에 서 있었던 것이다.

이러한 과정을 거쳐 마키아벨리의 국가론이 나타나게 된다. 그는 자신의 국가론을 정치체, 공공선 그리고 공공성의 세 가지 주제를 통해서 서술한다. 정체론은 국가를 공동체 구성원들의 관계 속에서 파악한다. 자유롭고 평등하게 그들이 구성되면 국가의 힘이 배가되지만, 그렇지 못하면 국가는 내전상태와 몰락으로 이르게 된다. 이 때문에 마키아벨리는 공공성과 공공선이 국가 유지의 핵심 개념임을 주장한다. 지배층이 권력을 독점하고 정치를 사사화할 때, 국가는 억압과 배제의 도구가 된다. 공공선 논의는 국가 존망의 위기를 목도했던 마키아벨리가 전체와 부분의 조화를 통해서 국가 역량을 극대화하려는 노력을 보여주고 있다. 아울러 합법적인 절차와 공개성이 핵심인 공공성 개념이 국가 구성의 중심이 되어야 함은, 그것을 통해서만이 국가가 여타 모든 국가 구성 계층들로부터 지지를 확보할 수 있기 때문이다. 이렇게 마키아벨리는 공공성의 강화를 통해서 국가의 공고화를 주장했던 것이다.

이렇게 볼 때, 마키아벨리의 국가론은 res publica의 내용을 새로 대두하는 근대 국가 개념인 stato를 통해서 수용했다. 그것은 공익을 대표하는 규범적 국가관인 res publica, 시민들이 정치의 주인으로 선 이탈리아 도시국가의 공화국 개념으로 분화된 res publica 관 등이다. 마키아벨리는 이미 예전의 공동선을 목적으로 하는 규범적인 의미의 국가 개념인 res publica는 그 의미를 다했다고 보았다. 이에 마키아벨리는 stato를 구성해야 한다고 보았다. 국가가 구성되어야 공동선도 가능하기 때문이다. 그러나 구성된 stato는 res publica가 담보되지 않으면 유지가 불가능하다. 이에 마키아벨리는 res publica적으로, 다시 말해서, 공동선을 구성하는 stato를 사고했다고 볼 수 있다. 새로운 근대적 의미의 국가로서 stato를 받아들이며 res publica를 그 안에 구현시켜야 활력 있는 부강한 국가를 만들 수 있다고 본 것이다.

아우구스티누스는 정의가 없는 국가는 도적 집단과 다름이 없다고 말했다. 이는 고대의 res publica 개념의 규범적인 의미를 강조한 것이라고 볼 수 있다. res publica는 공동선을 추구하는 모두의 공동체라는 것이다. 이 글에서 다룬 중세부터 마키아벨리까지 이어지는 국가 개념에는 이러한 지향을 담고 있다. 솔즈베리의 존은 국가공동체의 공공복리 추구가 군주의 의무임을 밝히고 있다. 그렇지 않고 사익을 추구하는 경우, 그는 폭군이 된다. 법학자들이었던 바르톨루스와 발두스의 경우에도 국가공동체는 공익을 추구해야 하며 그럴 때 왕국이건 공화국이건 res publica가 될 수 있는 것이다. 아리스토텔레스의 영향을 받은 토마스 아퀴나스는 법률에 의해서 제한을 받는 온건 군주제를 가장 좋은 정치체제로 보았다. 이 또한 법치를 수행하는 온건 군주제에서 공동선이 가장 잘 추구될 수 있다고 보았기 때문이다. 이렇게 일인 지배체제로서 군주제를 옹호하는 논의는 중세의 말미를 장식하는 단테에까지 이어진다. 그는 교황권과 황제권의 대립 속에서 세속국가를 유일신의 영적 권위나 신비적 권위가 아닌 세속의 논리를 기반으로 하여 정초 짓는다.

피렌체는 전통 봉건귀족과 도시 인민 간의 대립, 도시 귀족과 평민 간의 대립, 귀족과 귀족 간의 대립 등을 거치면서 공화정과 군주정 사이에서 동요하게 된다. 마키아벨리는 피렌체의 전통적인 분열 속에서 나타나는 대립 그리고 메디치라는 한 가문에 의한 독점적 권력 장악을 비판한다. 이때 마키아벨리가 주목하는 것은 바로 귀족, 즉 엘리트들이다. 이들은 야망과 권력욕을 기본 성정으로 가지고 있다. 따라서 지배받기 보다는 지배하려고 한다. 자유와 평등의 수평적 관계보다는 수직적 관계를 선호한다. 법률과 국가의 공적 기강보다는 사적인 네트워크, 즉 후견-피후견 관계를 동해서 국가보다는 가문의 이익을 우신시 한다. res publica보다는 res privata를 추구하는 것이다. 국가를 사사화하여 공공선이 아닌 사익의 추구를 일삼는 것이다. 마키아벨리는 res publica와 res privata의 갈림길에 서있는 stato를 보았다. 귀족 엘리트와 메디치 가의 정치에서 res privata에 함몰되어 나약해진 국가를 보았던 것이다. 결국 국가라는 배는 항상 res publica와 res privata 사이의 기로에 서 있게 된다. 국가 이념의 형성을 살펴보면서 얻는 교훈은 국가는 res publica를 담보하지 못하고, res privata에 자리를 내주면 침몰하게 된다는 것이다.

# 참고 문헌

강일휴. 1986. "중세 교황권론의 발전", 『수원대학 논문집』 제4집.

그람시, 안토니오. 이상훈 옮김. 1986. "현대의 군주", 『그람시의 옥중수고 1(*Quaderni del carcere*)』, 서울 : 기획 출판 거름.

김경희. 2004. "'로마의 위대한 힘(Virtus romana)' 개념을 통해 본 이탈리아 르네상스 초기 인문주의자들의 정치사상 : 페트라르카와 살루타티를 중심으로", 『한국정치연구』 제13집, 제1호.

김경희. 2005. "마키아벨리의 『군주론』 다시 읽기 ; 알뛰세르의 독해를 중심으로", 『진보평론』 제23호.

김경희. 2008. "마키아벨리의 선정론(buon governo)—『군주론』에 나타난 '건국(建國)'과 '치국(治國)'의 정치학", 『한국정치학회보』 제42집, 제3호.

김경희. 2010. "국가와 공공성—마키아벨리의 stato 론", 『정치사상연구』 제16집 제1호.

김경희. 2011a. "폴리비오스—로마와 혼합정체론", 전경옥 외 지음, 『서양 고대·중세 정치사상사 ; 아테네 민주주의에서 르네상스까지』, 서울 : 책세상.

김경희. 2011b. "公共性と善き生—マキャベリの 政治体論", 『政治思想研究』 第11号.

김경희. 2012. "국가와 공공선/공동선 : 절대선과 개별선 사이의 마키아벨리", 『정치사상연구』 제18집 제1호.

김경희. 2013. "레오나르도 브루니(Leonardo Bruni)의 혼합정체론 연구", 『사회과학연구』 제26집 제1호.

김경희. 2015. "르네상스기 피렌체 공화주의 연구 : 시민적 인문주의에서 현실적 공화주의로", 『한국정치연구』 제24집 제2호.

김기봉. 2004. "국가란 무엇인가 : 개념사적인 고찰", 『서양사론』 제82집.

김동하. 2011. "아리스토텔레스—'좋은' 정치는 왜 윤리를 필요로 하는가", 전경옥 외 지음, 『서양 고대 · 중세 정치사상사 ; 아테네 민주주의에서 르네상스까지』, 서울 : 책세상.

김병곤. 1995. "Thomas Aquinas의 중세 자연법 사상 : Aristotle 철학의 스콜라적 변용", 『한국정치학회보』 Vol.29, No. 1.

김병곤. 2011. "중세 정치사상의 빛과 그늘", 전경옥 외 지음, 『서양 고대·중세 정치사상사; 아테네 민주주의에서 르네상스까지』, 서울 : 책세상.

김비환. 1999. "가치다원사회와 공동선 그리고 한국의 경우", 『법철학연구』 제2권, 175- 204.

김영희. 2007. "대학의 유형별 기원에 관한 고찰—법학교육 전개과정에 관한 고찰도 아울러

서—", 『법사학연구』 제36집.

김정하. 2005. "이탈리아 자치도시의 정치—제도적인 발전과 한계에 관한 고찰—'consul', 'Potestas', 'Populus'를 중심으로", 『한국서양중세사학회 연구발표회』 vol. 38.

김종법. 2007. "이탈리아 도시국가와 공화정", 민주화운동기념사업회 편, 『민주주의 강의 1-역사』, 서울 : 오름.

김중기. 1991. "John of Salisbury의 정치사상 분석—그의 국가론과 군수론을 중심으로—", 『전북사학』 제14집.

김중기. 1995. "John of Salisbury의 폭군론", 『전북사학』 제18집.

김중기. 1997. "국가와 인체 : John of Salisbury의 유기체론", 『서양중세사연구』 제2집.

단테, 알리기에리. 2009. 성염 역주, 『제정론(De Monarchia)』, 파주 : 경세원.

대한성서공회 발행. 1988. 『성경전서』, 한글개역판, 서울 : 대한기독교서회.

듀건, 크리스토퍼. 2001. 김정하 옮김. 『미완의 통일 이탈리아 사(A Concise History of Italy)』, 고양 : 개마고원.

듀런트, 윌. 2011. 안인희 옮김. 『문명이야기 : 르네상스(The Story of Civilization)』, 서울 : 민음사.

뒤비, 조르주. 1997. 성백용 옮김. 『세 위계 : 봉건제의 상상 세계(The Three Orders: Feudal Society Imagined)』, 서울 : 문학과 지성사.

르 고프, 쟈크. 1992. 유희수 옮김. 『서양 중세 문명(Civilisation de l'Occident Medieval)』, 서울 : 문학과 지성사.

마이네케, 프리드리히. 2010. 이광주 옮김. 『국가권력의 이념사(Die idee der staatsrason)』, 파주 : 한길사.

마키아벨리, 니콜로. 2003. 강정인/안선재 옮김. 『로마사 논고(Discorsi sopra la prima deca di Tito Livio)』, 파주 : 한길사.

마키아벨리, 니콜로. 2008. 강정인/김경희 옮김. 『군주론(Il Principe)』, 서울 : 까치글방.

모랄, J.B. 1983. 박은구 옮김. 『중세 서양의 정치사상(Political Thought in Medieval Times)』, 서울 : 탐구당.

미트케, 위르겐. 2008. "토마스 아퀴나스", 한스 마이어/호르스트 덴쳐 엮음. 주광순 옮김. 『정치사상의 거장들 I—고대·중세편. 플라톤에서 홉스까지』, 서울 : 시와진실.

박상섭. 1998. 「Virtù의 개념을 중심으로 본 마키아벨리의 정치사상 연구」, 『국제문제연구』 제22호.

박상섭. 2002. 『국가와 폭력 : 마키아벨리의 정치사상연구』, 서울 : 서울대학교출판부.

박상섭. 2008. 『국가·주권』, 서울 : 도서출판 소화.

박의경. 2011. "아우구스티누스—기독교와 정치 질서 그리고 평화", 전경옥 외 지음. 『서양 고대·중세 정치사상사 ; 아테네 민주주의에서 르네상스까지』, 서울 : 책세상.

베렌트, 옌스 페터. 2009. "그레고리오 7세—절대권력을 소망한 교황", 『교황들, 하늘과 땅의 지배자(Die papste)』, 후프, 한스 크리스티안 엮음. 김수은 옮김. 파주 : 동화출판사.

밸첼, 한스. 2001. 박은징 옮김. 『자연법과 실질적 징의(*Naturrecht und Materiale Gerechtigkeit*)』, 서울 : 삼영사.

브루니, 레오나르도. 2002. 임병철 옮김. 『피렌체 찬가(*Laudatio florentinae urbis*)』, 서울 : 책세상.

부르크하르트, 야콥. 1999. 『이탈리아 르네상스의 문화(*Die Kultur der Renaissance in Italien*)』, 서울 : 푸른숲.

비롤리, 모리치오. 2006. 김경희/김동규 옮김. 『공화주의(*Repubblicanesimo*)』, 파주 : 인간사랑.

사소페라토의 바르톨루스. 2003. "폭군에 관하여", F. Cochrane/J. Kirshner 엮음. 김동호 옮김. 『르네상스(*The Renaissance*)』, 서울 : 도서출판 신서원.

서병훈. 1995. "공동선 자유주의—토마스 힐 그린의 정치사상", 『한국정치학회보』 제29집 제4호.

성염. 2009. "해제", 단테 알리기에리 지음. 성염 역주. 『제정론』, 파주 : 경세원.

세이빈, 조지/솔슨, 토머스. 1983. 성유보/차남희 옮김. 『정치사상사 1(*A history of political theory*)』, 서울 : 한길사.

소영진. 2003. "행정학의 위기와 공공성 문제", 『정부학 연구』 제9호 제1집.

스키너, 퀜틴. 2004. 박동천 옮김. 『근대 정치사상의 토대 1(*The Foundations of modern political thought*)』, 파주 : 한길사.

신진욱. 2007. "공공성과 한국사회". 『시민과 세계』 제11호.

신철희. 2011. "마키아벨리와 스피노자의 '민(民)' 개념 비교연구 : '인민형성(people-building)'을 중심으로", 서울대학교 박사학위 논문.

아리스토텔레스. 2009. 천병희 옮김. 『정치학(*Politika*)』, 서울 : 도서출판 숲.

안병영/정무권/한상일. 2007. 『한국의 공공부문 : 이론, 규모와 성격, 개혁방향』, 춘천 : 한림대학교 출판부.

안상준. 2005. "코뮌과 도시영주—쾰른 코뮌 형성기 쾰른대주교와 유력자들(Meliores)", 『서양중세사연구』 제15호.

안상준. 2008. "막스 베버의 '도시' 개념과 수용 : '서양 중세 도시'를 중심으로", 『서양중세사연구』 제22호.

알튀세르, 루이. 1992. 김석민 옮김. 『마키아벨리의 고독(*Solitude de Machiavelli*)』, 서울 : 새길.

알튀세르, 루이. 2001. 오덕근/김정한 옮김. 『마키아벨리의 가면(*Machiavel et nous*)』, 서울: 이후.

앤더슨. 1993. 김현일 외 옮김, 『절대주의 국가의 역사』, 서울 : 소나무.

울만, W. 2000. 박은구/이희만 옮김. 『서양 중세 정치사상사(*Medieval political thought*)』, 서울 : 숭실대학교 출판부.

윤비. 2011. "단테—제국의 이론가", 전경옥 외 지음. 『서양 고대·중세 정치사상사 ; 아테네 민주주의에서 르네상스까지』, 서울 : 책세상.

이경구. 2000. 『중세의 정치 이데올로기』, 서울 : 도서출판 느티나무.

이경구. 2003. "콘스탄티누스 기진장의 작성목적", 『서양 중세사 연구』 제11집.

이동수. 2010. "르네상스 시기 이태리 도시국가의 정부 : 자유와 법치의 공화정", 『한국정치연구』 제19집 제2호.

이영재. 2005. "교황 Gregory 7세의 서임권 투쟁에 관하여", 『서양 중세사 연구』 제15집.

이화용. 2001. "중세에서 근대로?—마르실리우스(Marsilius of Padua) 인민주권론에 관한 하나의 역사적 이해—", 『정치사상연구』 제5집.

이환구. 1997. "성 토마스 아퀴나스의 공동선에 관한 연구", 『군산대학교 현대이념연구』 제12집.

이희만. 1997. "John of Salisbury의 군주론에 대한 고찰", 『서양중세사연구』 제2집.

이희만. 2008. "존 솔즈베리의 『정치가론』", 『서양사론』 제99호.

이희만. 2010. "존 솔즈베리의 국가 유기체론—제도화를 중심으로—", 『서양사론』 제106호.

임병철. 2009. "브루니와 르네상스 공화주의", 『서양사연구』 제40집.

임의영. 2003. "공공성의 개념, 위기, 활성화 조건". 『정부학 연구』 제9집 제1호, 23-50.

임혁백. 2007. "공공성의 붕괴인가, 공공성의 미발달인가 : 한국에서의 허약한 공화주의". 『사회비평』 제38집.

장준철. 1997. "교령 Duo sunt에 나타난 두 권력 이론", 『서양중세사연구』 제1집.

장준철. 1998. "교황 이노첸시우스 4세의 교권정치론", 『서양중세사연구』 제2집.

장준철. 2001. "교령 <Unam sanctam>에 나타난 교황의 보편적 지배권론", 『서양중세사연구』 제5집.

장현근. 2010. "公(public)·共(common) 개념과 중국 秦·漢 정부의 재발견—禮·法의 분화와 결합", 『정치사상연구』 제16집 제1호.

진원숙. 1996. "한스 바론과 시민적 휴머니즘", 『계명사학』 제7집.

진원숙. 2000. "J. 부르크할트와 H. 바론 : 개인주의와 시민적 휴머니즘", 『大丘史學』 제61호.

진원숙. 2001. "14세기 말 15세기 초의 피렌체의 시민적 참여", 『대구사학』 제63권.

진원숙. 2004. "1400년 전후 피렌체의 과두정적 국면과 비과두정적 국면", 『대구사학』 제75권.

진원숙. 2005. 『시민적 휴머니즘과 인간·역사·과학』, 서울 : 야스미디어.

최병조. 1995. 『로마 법연구(I)—법학의 원류를 찾아서』, 서울 : 서울대학교출판부.

카시러, 에른스트. 1988. 최명관 옮김. 『국가의 신화(The myth of the state)』, 서울 : 서광사.

코잉, 헬무트. 1981. "유럽에 있어서 로마 법과 카논 법의 계수", 『법사학연구』 제6집.

키케로. 1989. 허승일 옮김. 『의무론(De Officiis)』, 서울 : 서광사.

키케로, 마르쿠스 툴리우스. 2007. 김창성 옮김. 『국가론(De Re Publica)』, 파주 : 한길사.

크로프트. R. A. 1981. "성 토마스 아퀴나스와 그의 사상—정치이론에 있어서의 공익론", 지동식/이장식/김규영 외 편역. 『서양 중세 사상론』, 서울 : 한국신학연구소.

퍼거슨, 왈라스 클리퍼트. 1989. 이연규/박순준 공역, 『서양 근대사—중세에서 근대로의 이행(*Europe in Transition*)』, 서울 : 집문당.

퍼거슨. W. K. 1991. 진원숙 옮김. 『르네상스 사론(*The Renaissance in Historical Thought*)』, 서울 : 집문당, 1991.

페터 베버-셰퍼. 2008. "아리스토텔레스", 한스 마이어/호르스트 덴처 엮음. 주광순 옮김. 『정치사상의 거장들 I—고대 · 중세편. 플라톤에서 홉스까지』, 서울 : 시와진실.

포르틴, Ernest L. 1992. "아우구스티누스", in 레오 스트라우스/조셉 크랍시 엮음. 김홍우 감수. 김영수 외 옮김. 『서양정치철학사 1(*History of Political Philosophy*)』, 서울 : 인간 사랑.

포칵, J. G. A. 2011. 곽차섭 옮김. 『마키아벨리언 모멘트(*The Machiavellian Moment: Florentine political thought and the atlan*)』 전2권, 파주시 : 나남.

플라시, K. 1988. 신창석 옮김. 『중세철학 이야기(*Das philosophische Denken im Mittelalter*)』, 서울 : 서광사.

플라톤. 1997. 박종현 옮김. 『국가』, 서울 : 서광사.

홍영두. 2003. "공동선의 연대 정치와 민주주의의 배제의 동학—차알스 테일러의 철학을 중심으로", 『시대와 철학』 제14집 제1호.

히버트, 크리스토퍼. 1999. 한은경 옮김. 『메디치 가 이야기(*The House of Medici*)』, 서울 : 생각의 나무.

http://www.etymonline.com/index.php?search=public&searchmode=none

http://preview.britannica.co.kr/bol/topic.asp?article_id=b09b1547a

http://www.corpusthomisticum.org/sth2098.html

Aquinas, Thomas. 1924. *Summa Contra Gentilies*, trans. by the Englich Domenican Fathers, 4 vols. New York: CIMA Publishing Company.

Aquinas, Thomas/Ptolemy of Lucca. 1997. *On the Government of Rulers(De Regimine Principum)*, trans. by James M. Blythe, Philadelphia: University of Pennsylvania Press.

Aquinas, Thomas. 2002. *Political Writings*, ed. by R.W. Dyson, Cambridge: Cambridge University Press.

Archambault, Paul. 1967. "The Analogy of the 'Body' in Renaissance Political Literature." *Bibliotheque d'humanisme et Renaissance*. Vol. 29.

Arendt, Hannah. 1973. *The Human Condition*, New York; Chicago University Press.

Baron, Hans. 1966. *The Crisis of the Early Italian Renaissance, Civic Humanism and Republican Liberty in the Age of Classicism and Tyranny*, revised with one-volume edition with Epilogue. Princeton/ N.J: Princeton University Press.

Baron, Hans. 1968. *From Petrarch to Leonardo Bruni; Studies in Humanistic and Political Literature*, Chicago: University of Chicago Press.

Baron, Hans. 1988. "The Limits of the Notion of "Renaissance Individualism": Burckhardt After a Century", In *Search of Florentine Civic Humanism, Essays on the Transition from Medieval to Modern Thought*, Vol. I, II, Princeton: Princeton University Press.

Berman, Harold. J. 1983. *Law and Revolution. The Formation of the Western Legal Tradition*. Cambridge: Harvard University Press.

Berges, Wilhelm. 1952. *Die Fürstenspiegel des hohen und späten Mittelalters*, Stuttgart: Hiersemann Verlag.

Black, Antony. 1992. *Political Thought in Europe, 1250-1450*, Cambridge: Cambridge University Press.

Blythe, James M. 1992. *Ideal Government and the Mixed Constitution in the Middle Ages*, Princeton: Princeton University Press.

Bock, Gisela. 1986. "Machiavelli als Geschichtsschreiber", *Quellen und Forschungen aus italienischen Archiven und Bibliotheken*, Bd. 66.

Böckenförde, Ernst-Wolfgang. 2002. "Gemeinwohlvorstellungen bei Klassikern der Rechts- und Staatsphilosophie", in *Gemeinwohl und Gemeinsinn im Recht. Konkretisierung und Realisierung öffentlicher Interessen*, (Hg.) H. Münkler/K. Fischer, Berlin: Akademie Verlag.

Bonadeo, Alfredo. 1969. "The Role of the 'Grandi' in the Political World of Machiavelli." *Studies in the Renaissance*, Vol. 16.

Bonadeo, Alfredo. 1970. "The Role of the People in the Works and Times of Machiavelli." *Bibliothque d' humanisme et renaissance*, Vol. 32.

Briguglia, Gianluca. 2006. *Il Corpo Vivente dello Stato. Una Metafora Politica*. Milano: Bruno Mondadori.

Brucker, Gene. 1990. *Florenz in der Renaissance. Stadt, Gesellschaft, Kultur*, Reinbek: Rowohlt Taschenbuch.

Burke, Peter. 1996. *Die Renaissancen in Italien. Sozialgeschichte einer Kultur zwischen Tradition und Erfindung*. übersetzt, Reinhard Kaiser. Berlin: Verlag Klaus Wagenbach.

Canning, J.P. 1980. "The Corporation in the Political Thought of the Italian Jurists of the Thirteenth and Fourteenth Centuries", *History of Political Thought*, 1.

Canning, Joseph. 1987. *The Political Thought of Baldus de Ubaldis*, Cambridge: Cambridge University Press.

Canning, J.P. 1988a. "Introduction: Politics, institutions and ideas", in *The Cambridge History of Medieval Political Thought. c.350-c.1450*, ed. J. H. Burns. Cambridge: Cambridge University Press.

Canning, J. P. 1988b. "Law, sovereignty and corporation theory, 1300-1450", in *The Cambridge History of Medieval Political Thought. c.350-c.1450*, ed. J. H. Burns.

Cambridge: Cambridge University Press.

Canning, Joseph. 1996. *A History of Medieval Political Thought, 300-1450*, London and New York: Routledge.

Chabod, Federico. 1964. "Was there a Renaissance State?" H. Lubasz ed. *The Development of the Modern State*, New York: Macmillan.

Chiappelli, Fredi. 1952. *Studi sul linguaggio del Machiavelli*. Florence: F. Monnier.

Chittolini, Girogio. 1994. "Cities, "City-States" and Regional States in Italy", Ch. Tilly & W.P.Blockmans ed. *Cities & the Rise of States in Europe, A.D. 1000 to 1800*, Boulder: West vies Press.

Cicero, Marcus Tullius. 1977. *De re publica/Vom Gemeinwesen*. Übersetzt und herg. von Karl Büchner, Stuttgart: Reclam.

Coby, J. Patrick. 1999. *Machiavelli's Romans: Liberty and Greatness in the Discourses on Livy*. Lanham: Lexington Books.

Conze, Werner. 1990. "Staat und Souveränität", Hrsg. Otto Bruner. et al. *Geschichtliche Grundbegriffe: Historisches Lexikon zur politisch-sozialen Sprache in Deutschland*. Bd. 6. Stuttgart: Klett-Cotta.

Davis, Charles T. 1984, "Ptolemy of Lucca and the Roman Republic" in Charles T. Davis, *Dante's Italy and Other Essays*, Philadelphia: University of Pennsylvania Press

D'Entreves, Alexander Passerin. 1973. "The State", in *Dictionary of the history of ideas : studies of selected pivotal ideas*, Vol. 4. ed. Philip P. Wiener. New York: Scribner.

Dilcher, Gerhard. 1993. "Kommune und Bürgerschaft als Politische Idee" Hrsg. Iring Fetscher & Herfried Münkler. *Pipers Handbuch der Politischen Ideen: Frühe Hochkulturen und europäische Antike*. Bd. 2. München: Piper.

Duff, W. 1983. *Personality in Roman Private Law*, Cambridge:Cambridge University Press.

Eberhard, Winfried. 1985. "Gemeiner Nutzen als oppositionelle Leitvorstellung im Spätmittelalter", in *Renovatio et Reformatio: Wider das Bild vom finsteren Mittelalter. Festschrift für Ludwig Hödl zum 60. Geburtstag*. Hrsg) M. Gerwing & G. Ruppert, Münster: Aschendorff Verlag.

Eberhard, Winfried. 1986. "Der Legitimationsbegriff des "gemeinen Nutzens" im Streit zwischen Herrschaft und Genossenschaft im Spätmittelalter", In *Zusammenhänge, Einflüsse, Wirkungen. Kongressakten zum ersten Symposium des Mediävistenverbandes in Tübingen 1984*. (Hg) J. O. Fichte, K. H. Göller u. B. Schimmelpfennig, Berlin/New York: de Gruyter.

Eberhard, Winfried. 1988. "Kommunalismus und Gemeinnutz im 13. Jahrhundert. Zur Ausbildung einer Stadträson und ihrer Bedeutung in der Konfrontation mit der Geistlichkeit", In *Gesellschaftsgeschichte. Festschrift für Karl Bosl*, (Hg) F. Seibt, Bd. 1,

München: R. Oldenbourg.

Franceschi, Franco. 2004. "The economy: work and wealth", in John M. Najemy (eds.) *Italy in the Age of The Renaissance*, Oxford: Oxford University Press.

Fubini, Riccardo. 1991. "From Social to Political Representation in Renaissance Florence", in Anthony Molho, Kurt Raaflaub, Julia Emlen (ed.) *City States in Classical Antiquity and Medieval Italy*, Stuttgart: Franz Steiner Verlag.

Fubini, Riccardo. 1992. "Renaissance Historian: the Career of Hans Baron," *Journal of Modern History* 64.

Gierke, Otto von. 1958. *Political Theories of the Middle Age*, tr. F.W.Maitland, Boston: Beacon Press.

Gilbert, Felix. 1951. "On Machiavellli's Idea of Virtu", in *Renaissance News*, Vol. 4. No. 4. 53–55.

Gilbert, Felix. 1965. *Machiavelli and Guicciardini, Politics and History in the Sixteenth Century Florence*. Princeton/N.J: Princeton University Press.

Guarini, Elena Fasano. 1990. "Machiavelli and the crisis of the Italian republics", in *Machiavelli and Republicanism*, Ed. by G. Bock, Q. Skinner and M. Viroli, Cambridge: Cambridge University Press.

Gundersheimer, Werner. 1996. "Hans Baron's Renaissance Humanism: A Comment," *American Historical Review*, 101, 1.

Hale, David G. 1973. "Analogy of the Body Politic", in *The Dictionary of the History of Ideas: Studies of Selected Pivotal Ideas*, Vol. 1. Philip P. Wiener ed. New York: Charles Scribner's Sons.

Hale, J. R. 1977. *Florence and the Medici, The Pattern of Control*. New York: Thames and Hudson.

Hannaford. I. 1977. "Machiavelli's Concept of virtù in The Prince and The Discourses reconsidered," *Political Studies* 20, 2.

Hanasz, Waldemar. 2010. "The Common Good in Machiavelli", *History of Political Thought*, Vol. 31, No. 1.

Hankins, James. 1995. "The 'Baron Thesis' after Forty Years and some Recent Studies of Leonardo Bruni," *Journal of the History of Ideas*, 56, 2.

Hankins, James. 2000. ed. *Renaissance Civic Humanism : reappraisals and reflections*. Cambridge: Cambridge University Press.

Hankins, James. 2010. "Exclusivist Republicanism and the Non-Monarchical Republic", *Political Theory*, Vol. 38, No. 4.

Hexter, J. H. 1957. "Il Principe and lo Stato". *Studies in the Renaissance*. Vol. 4.

Hexter, J. H. 1973. *The Vision of Politics on the Eve of the Reformation. More, Machiavelli, and Seyssel.* New York: Basic Books.

Hibst, Peter. 1991. *Utilitas Publica—Gemeiner Nutz—Gemeinwohl. Untersuchung zur Idee eines politischen Leitbegriffes von der Antike bis zum späten Mittelalter.* Frankfurt am Main: Peter Lang.

Höchli, Daniel. 2005. *Der Florentiner Republikanismus: Verfassungswirklichkeit und Verfassungsdenken zur Zeit der Renaissance,* Bern/Stuttgart/Wien: Haupt Verlag.

Hörnqvist, Mikael. 2000. "The two myths of civic humanism", *Renaissane Civic Humanism. Reappraisals and Reflections,* ed. James Hankins, Cambridge: Cambridge University Press.

Jones, Philip. 1965. "Communes and Despots: The City State in Late-Medieval Italy", *Transactions of the Royal Historical Society,* fifth series, 15.

Jones, Philip. 1977. *The Italian City-State. From Commune to Signoria,* Oxford: Clarendon Press.

Kantorowicz, Ernst H. 1957. *The King's Two Bodies. A Study in Medieval Political Theology,* Princeton: Princeton University Press.

Kantorowicz, Ernst H. 1965. "Pro Patria Mori in Medieval Political Thought", in Kantorowicz, Ernst, *Selected Studies,* New York: Augustin.

Kempshall, Matthew S. 1999. *The Common Good in Late Medieval Political Thought,* Oxford: Oxford University Press.

Kent, Dale. 1975. "The Florentine Reggimento in the Fifteenth Century", *Renaissance Quarterly,* Vol. 28, No. 4.

Kent, Dale. 1987. "The Dynamic of Power in Cosimo de Medici's Florence", in *Patronage, Art, and Society in Renaissance Italy,* ed. F.W.Kent and Patricia Simons with J.C. Eade, Oxford: Clarendon Press.

Kent, Dale. 2004. "The Power of the elites: family, patronage, and the state", in John M. Najemy (eds), *Italy in the Age of the Renaissance,* Oxford: Oxford University Press.

Lansing, Richard. 2010. *The Dante Encyclopedia,* New York: Routledge.

Leonard, John. 1984. "Public versus Private Claims: Machiavellianism from Another Perspective", *Political Theory.* Vol. 12. No. 4. 491–506.

Machiavelli, Niccolò. 1965. *The Art of War,* Introduction by Neal Wood. New York: Da Capo Press.

Machiavelli, Nicoolò. 1985. *The Prince,* with an introduction by Harvey C. Mansfield, Jr. Chicago: University of Chicago Press.

Machiavelli, Niccolò. 1988. *Florentine Histories,* A new translation by Laura F. Banfield and Harvey C. Mansfield, Jr. Princeton: Princeton University Press.

Machiavelli, Niccolò. 1989. *Lettre a Francesco Vettori e a Francesco Guicciardini*

*(1513-1527)*, a cura di Giorgio Inglese. Milano: Biblioteca Universal Rizzoli.

Machiavelli, Niccolò. 1990. "Denkschrift über die Reform des Staates Florenz", in *Politische Schriften*, (Hg) H. Münkler, Aus dem Italienischen von J. Ziegler und F. N. Baur, Revision dieser Übersetzung von H. Münkler, Frankfurt am Main: Fischer Verlag.

Machiavelli, Niccolò. 1993. *Tutte le opere*, a cura de Mario Martelli. Milano: Sansoni Editore.

Machiavelli, Nicoolò. 1995. *Il Principe*, Nuova edizione a cura di Giorgio Inglese, Torino: Einaudi.

Machiavelli, Niccolò. 1996. *Discorsi Sopra la prima Deca di Tito Livio*, Introduzione di Gennaro Sasso e Note di Giorgio Inglese. Milano: Biblioteca Universali Rizzoli.

Mager, Wolfgang. 1968. *Zur Entstehung des modernen Staatsbegriffs*, Abhandlung der Geistesund Sozialwissenschaftlichen Klasse. Jahrgang 1968. Nr. 9. Mainz: Verlag der Akademie der Wissenschaften und der Literatur.

Mager, Wolfgang. 1992. "Republik", in *Historische Wörterbuch der Philosophie*, Bd.8, Hrsg. Karlfried Grunder/Joachim Ritter/Gottfried Gabriel, Basel: Schwabe Verlag.

Mager, Wolfgang. 1994. "Spätmittelalterliche Wandlungen des Politischen Denkens im Spiegel des res publica Begriffs.", *Sozialer Wandel im Mittelalter. Wahrnehmungsformen, Erklärungsmuster, Regelungsmechanismen.* ed. Miethke Jürgen and Klaus Schreiner, Sigmaringen: Jan Thorbecke Verlag.

Mansfield, Harvey C. 1983. "On the Impersonality of the Modern State: A Comment on Machiavelli's Use of Stato", *The American Political Science Review*. Vol. 77, No. 4.

Martin, Alfred Von. 1974. *Soziologie der Renaissance. Zur Physiognomik und Rhythmik bürgerlicher Kultur*, München: Beck.

Martines, Lauro. 1979. *Power and Imagination. City-States in Renaissance Italy*, Baltimore: The Johns Hopkins University Press.

Mathews, David. 1984. "The Public in Practice and Theory". *Public Administration Review*, V. 44, Special Issue.

Meier, Ulrich. 1994. "Konsens und Kontrolle. Der Zusammenhang von Bürgerrecht und politischer Partipazion im spätmittelalterlichen Florenz", in Klaus Schreiner/Ulrich Meier(Hg.) *Stadtregiment und Bürgerfreiheit*, Göttingen: Vandenhoeck & Ruprecht.

Molho, Anthony. 1968. "The Florentine Oligarchy and the *Balie* of the Late Trecento", *Speculum*, Vol. XLIII.

Münkler, Herfried. 1982. *Machiavelli. Die Begründung des politischen Denkens der Neuzeit aus der Krise der Republik Florenz*, Frankfurt/M: Fischer Verlag.

Münkler, Herfried. 1987. *Im Namen des Staates. Die Begründung der Staatsräson in der Frühen Neuzeit*, Frankfurt/M: Fischer Verlag.

Münkler, Herfried. 1994. "Republikanische Tugend und Politische Energie. Die Idee der virtù im politischen Denken Machiavellis," Michael Th. Greven, hrsg. *Politikwissenschaft als kritische Theorie: Festschrift für Kurt Lenk*, 97-107. Baden-Baden: Nomos Verlag.

Münkler, Herfried / Grünberger, Hans / Mayer, Kathrin. 1998. *Nationenbildung. Die Nationalisierung Europas im Diskurs humanistischer Intellektueller. Italien und Deutschland. Berlin*: Akademie Verlag.

Münkler, Herfried. 1998. "Staat", in *Historische Wörterbuch der Philosophie*. Bd. 10. hrsg. Joachim Ritter & Karlfried Gründer. Basel: Schwabe Verlag. 2-30.

Münkler, Herfried. 2000. "Protoliberalismus und Republikanismus in der italienischen Renaissance," Richard Faber, hrsg. *Liberalismus in Geschichte und Gegenwart*, Würzburg: Königshausen & Neumann.

Najemy, J. M. 1978. "Arti and Ordini in Machiavelli's Istorie", in *Essays presented to Myron P. Gilmore*, ed. Sergio Bertelli and Gloria Remakus, Florence: La Nuova Italia.

Najemy, J. M. 1979. "Guild Republicanism in Trecento Florence: The Successes and Ultimate Failure of Corporate Politics", *The American Historical Review*, Vol. 84, No. 1.

Najemy, J. M. 1982. "Machiavelli and the Medici: The Lessons of Florentine History", *Renaissance Quarterly*, Vol. 35, no. 4.

Najemy, J. M. 1991. "The Dialogue of Power in Florentine Politics", in Anthony Molho, Kurt Raaflaub, Julia Emlen (ed.) *City States in Classical Antiquity and Medieval Italy*, Stuttgart: Franz Steiner Verlag.

Najemy, J. M. 1995. "The Republic's Two Bodies: Body Metaphors in Italian Renaissance Political Thought", in, eds. Alison Brown, *Language and images of Renaissance Italy*, Oxford : Clarendon Press.

Najemy, J. M. 1996."Baron's Machiavelli and Renaissance Republicanism," *American Historical Review* 101, 1.

Najemy, J. M. 2004. "Governments and Governance", in John M. Najemy (eds), *Italy in the Age of the Renaissance*, Oxford: Oxford University Press.

Najemy, J. M. 2006. *A History of Florence 1200-1575*, Oxford: Blackwell Publishing.

Nederman, Cary J, 1987. "The Physiological Significance of the Organic Metaphor in John of Salisbury's Policraticus," *History of Political Thought*, 8.

Nederman, Cary J. 1988. "A Duty to Kill: John of Salisbury's Theory of Tyrannicide", *Review of Politics* 51.

Nederman, Cary J. 2004. "Body Politics: The Diversification of Organic Metaphors in the Later Middle Ages", in *Pensiero Politico Medievale*. II.

Nederman, Cary J. 2005. *John of Salisbury*, Tempe: Mrts.

Nicol, D. M. 1988. "Byzantine political thought" in *The Cambridge History of Medieval*

*Political Thought*. c.350-c.1450, ed. J. H. Burns. Cambridge: Cambridge University Press.

Olshausen, Eckart. 1988. "Das politische Denken der Römer zur Zeit der Republik", Hrsg. Iring Fetscher & Herfried Münkler. *Pipers Handbuch der Politischen Ideen: Frühe Hochkulturen und europäische Antike*. Bd. 1. München: Piper.

Parel, Anthony J. 1992. *The Machiavellian Cosmos*, New Haven and London: Yale University Press.

Pennington, Kenneth. 1988. "Law, legislative authority and theories of government, 1150-1300" in *The Cambridge History of Medieval Political Thought. c.350-c.1450*, ed. J.H.Burns. Cambridge: Cambridge University Press.

Pennington, Kenneth. 1993. *The Prince and the Law, 1200-1600: Sovereignty and Rights in the Western Legal Tradition*, Berkeley·Los Angeles·Oxford: University of California Press.

Post, Gaines. 1961. "Ratio publicae utilitatis, ratio status und Staatsräson(1100-1300)", *Die Welt als Geschichte*, Bd. 21.

Post, Gaines. 1964. *Studies in Medieval Legal Thought: Public Law and the State, 1100-1322*, Princeton: Princeton University Press.

Price, Russell. 1973. "The Senses of Virtù in Machiavelli," *European Studies Review* 3, 4.

Reinhardt, Volker. 1998. *Die Medici. Florenz im Zeitalter der Renaissance*, München: Beck.

Rubinstein, Nicolai. 1971. "Notes on the Word Stato in Florence before Machiavelli", Ed. J. G. Rowe & W. H. Stockdale. *Florilegium Historiale*. Toronto: University of Toronto Press.

Rubinstein, Nicolai. 1997. *The Government of Florence under the Medici, 1434 to 1494*, Oxford: Clarendon Press.

Salisbury, John of. 1955. *The Letters of John of Salisbury: The Early Letters*(1153-1161), eds. and trs., W. J. Millor and H. E. Buttler, London: Thomas Nelson and Sons.

Salisbury, John of. 1990. *Policraticus, Of the Frivolities of Courtiers and the Footprints of Philosophers*, ed. and tr. Cary J, Nederman, Cambridge: Cambridge University Press.

Salibury, Johannes von. 2008. *Policraticus*, Eine Textauswahl. Lateinisch-Deutsch, Ausgewählt, übersetzt und eingeleitet von Stefan Seit. Freiburg·Basel·Wien: Herder.

Salutati, Coluccio. 2000. "Invective against Antonio Loschi of Vicenza" in *Images of Quattrocento Florence: Selected Writings in Literature, History, and Art*, ed. Stefano Ugo Baldassarri and Arielle Saiber, New Haven and London: Yale University Press.

Sasso, Gennaro. 1965. *Niccolò Machiavelli. Geschichte seines politischen Denkens*. aus dem Ital. Von Werner Klesse und Stefan Bürger, Stuttgart: W. Kohlhammer Verlag.

Sassoferrato, Bartolo da. 1983. "Tractatus de Regimine Civitatis", in Quaglioni, Diego.

*Politica e Diritto nel Trecento Italiano. Il "De Tyranno" di Bartolo da Sassoferrato* (1314-1357), Firenze: Leo S. Olschki.

Simon, Thomas. 2001. "Geminwohltopik in mittelalterlichen und frühneuzeitlichen Politiktheorie", in Gemeinwohl und Gemeinsinn. Historische Semantiken politischer Leitbegriffe, (Hg.) H. Münkler/H. Bluhm, Berlin: Akademie Sivers, Peter von. 1969, "John of Salisbury: Königtum und Kirche in England", in *Respublica Christiana*, Hrsg. von Peter von Sivers, München: Paul List Veralg.

Skinner, Quentin. 1989. "The State", ed. Terence Ball, James Farr and Russell L. Hanson. *Political Innovation and Conceptual Change*. Cambridge: Cambridge Universtiy Press.

Smith, Thomas W. 1999. "Aristotle on the Conditions for and Limits of the Common Good", *American Political Science Review*, Vol. 93, No. 3.

Struve, Tilman. 1978. *Die Entwicklung der Organologischen Staatsauffassung im Mittelalter*. Stuttgart: Anton Hiersemann.

Struve, Tilman. 1992. "Die Bedeutung der aristotelischen "Politik" für die natürliche Begründung der staatlichen Gemeinschaft", in *Das Publikum politischer Theorie im 14. Jahrhundert*, (hrsg.) Jürgen Miethke, München: Oldenburg Verlag.

Suerbaum, Werner. 1977. *Vom antiken zum frühmittelalterlichen Staatsbegriff: Über Verwendung und Bedeutung von res publica, regnum, imperium und status von Cicero bis Jordanis*, Münster: Aschendorffsche Verlagsbuchhandlung.

Tierney, Brian. 1988. *The Crisis of Church and State, 1050-1300*, Toronto: University of Toronto Press.

Viroli, Maurizio. 1992. *From Politics to Reason of State: The acquisition and transformation of the language of politics 1250-1600*, Cambridge: Cambridge University Press.

Waley, Daniel Philip / Dean, Trevor. 2010. *The Italian City Republics*. London and New York: Routledge.

Walther, Helmut G. 1976. *Imperiales Königtum, Konziliarismus und Volkssouveränität. Studien zu den Grenzen des Mittelalterlichen Souveränitätsgedankens*, München: Wilhelm Fink Verlag.

Walther, Helmut G. 1990. "Die Legitimität der Herrschaftsordnung bei Bartolus von Sassoferrato und Baldus de Ubaldis", in Erhard Mock/Georg Wieland(Hrsg.), *Rechts und Sozialphilosophie des Mittelalters*, Frankfurt am Main: Peter Lang.

Watt, J.A. 1988. "Spiritual and temporal powers", in *The Cambridge History of Medieval Political Thought*. c.350-c.1450, ed. J. H. Burns. Cambridge: Cambridge University Press.

Weber-Schäfer, Peter, 2000. "Community und koinonia. Versuch einer Begriffsklärung" in *Politik und Politeia, Festgabe für J. Gebhardt zum 65. Geburtstag, hrsg.* Wolfgang

Leidhold, Würzburg: Königshausen und Neumann.

Weinacht, Paul-Ludwig. 1968. *Staat. Studien zur Bedeutungsgeschichte des Wortes von den Anfängen bis ins 19. Jahrhundert*. Berlin: Duncker & Humblot.

Weintraub, Jeff. 1997. "The Theory and Politics of the Public/Private Distinction". J. Weintraub and K. Kumar.(ed) *Public and Private in Thought and Practice*. Chicago: University of Chicago Press.

Whitfield, J. H. 1943. "The Anatomy of Virtue," *The Modern Language Review* 38.

Witt, R. W. 1969. "Coluccio Salutati and the origins of the Florence", *Pensiero Politico*, vol. 2.

Witt. R. W. 1996. "The Crisis after Forty Years," *American Historical Review* 101, 1.

Wood, Neal. 1967. "Machiavelli's Concept of Virtù Reconsidered," *Political Studies* Vol. 15, No. 2.

Woolf, C. N. S. 1913. *Bartolus of Sassoferrato. His Position in the History of Medieval Political Thought*. Cambridge: Cambridge University Press.

Zorzi, Andrea. 2004. "Popolo", in John M. Najemy (eds), *Italy in the Age of the Renaissance*, Oxford: Oxford University Press.

# 인명 색인

겔라시우스 1세 Gelasius  114

구아다니 Guadagni, Bernardo  191

귀차르디니 Guicciardini, Giovanni  191

그레고리 11세 Gregory XI  179

그레고리우스 1세 Gregorius I  116

그레고리우스 7세 Gregorius VII  120-121

(뫼르베크의)기욤 Guillaume de Moerbeke
16, 87, 106, 258

(콩슈의)기욤 Guillaume de Conches  29

김병곤 金秉坤  83, 111

길버트 Gilbert, Felix  221


나비스 Navis  260

나제미 Najemy, J. M.  150, 168, 170-171,
181

네더먼 Nederman, Cary J.  31, 210


단테 Dante, Alighieri  17, 129-130, 132-
136, 165, 172-173, 284

도나티 Donati, Corso  173


레오 3세 Leo III  118

로스키 Loschi, Antonio  154-156

리누치니 Rinuccini, Cino  156


마이네케 Meinecke, Friedrich  235

마키아벨리 Machiavelli, Niccolo  13, 17,
19, 21-26, 107, 189-190, 210-211, 214-
222, 224-231, 234-257, 259-262, 264-
279, 282-285

막시무스 Maximus, Quintus Fabius  247
-248

만리우스 Manlius, Torquatus  272

만프레트 Manfred  169

맨스필드 Mansfield, Harvey C.  254-255,
261, 278

(로렌초 데)메디치 Lorenzo de Medici  189,
195-203, 244

(살베스트로 데)메디치 Salvestro de Medici
179

(조반니 디 비치 데)메디치 Giovanni di Bicci
de Medici  189-190

(줄리아노 데)메디치 Giuliano de Medici
200

(코시모 데)메디치 Cosimo de Medici  20,
189-195, 197-198, 205

(피에로 데)메디치 Piero de Medici  189,
194-195, 197


바론 Baron, Hans  18, 138, 153

(사소페라토의)바르톨루스 Bartolus de
Saxoferrato  14, 55, 58, 61-68, 70-71,
73-74, 78-80, 284

사도 바울 St. Paul  34-36, 209, 212

(우발디스의)발두스 Baldus de Ubaldis 55, 58, 68-70, 72-80, 284

발라 Valla, Lorenzo 117

발레리우스 Valerius, Corvinus 272

베르나르 드 세즈 Bernard de Saisset 126

베르나보 Bernabo, Visconti 152

베켓 Becket, Thomas 29

베토리 Vettori, Francesco 261

보니파키우스 8세 Bonifacius VIII 17, 125-126, 128, 130, 173

보테로 Botero, Giovanni 236

부르크하르트 Burckhardt, Jacob 17-18, 138-139, 254

브루니 Bruni, Leonardo 16, 18, 87, 106-107, 153, 157-162, 182, 186, 281

브루투스 Brutus 243

블랙 Black, Antony 88

비롤리 Viroli, Maurizio 236

(마테오)비스콘티 Visconti, Matteo 152

(오토네)비스콘티 Ottone Visconti 152

(잔갈레아초)비스콘티 Visconti, Giangaleazzo 150, 152

(조반니)비스콘티 Visconti, Giovanni 152

(필리포 마리아)비스콘티 Visconti, Filippo Maria 비스콘티 152

살루타티 Salutati, Coluccio 18, 153-157, 162, 182

살비아티 Salviati, Francesco 199

샤를마뉴 Charlemagne 48, 118-119, 123, 131, 133

세이빈 Sabine, George 55

(니콜로)소데리니 Soderini, Niccolo 194

(토마소)소데리니 Soderini, Tommaso 197-198

소영진 蘇永鎭 262

스키너 Skinner, Quintin 57

스키피오 Scipio Africanus, Publius Cornelius 248

스테파누스 2세 Stefanus II 116

(난니)스트로치 Nanni Strozzi 160-161

(팔라)스트로치 Strozzi, Palla 191

스포르차 Sforza, Francesco 138-139, 152

식스투스 4세 Sixtus IV 199

실베스테르 1세 Silvester I 117

아나스타시우스 1세 Anastasius I 114

아리스토텔레스 Aristoteles 15-16, 32-33, 46-47, 63, 65-66, 81-88, 90-91, 97-98, 100, 102, 104, 106-107, 209, 212, 214, 231-232, 255, 258-259, 281-282, 284

아벨라르 Abelard, Peter 29

아우구스티누스 Augustinus 30, 35, 81-84, 135, 284

아쿠르시우스 Accurcius 57-58

아퀴나스 Aquinas, Thomas 15-16, 81, 87-107, 134, 232, 258, 281-282, 284

알라누스 Alanus 123

알비치 Albizzi, Rinaldo degli 189-192

앙주 가의 샤를 Charles of Anjou 169

오토 1세 Otto I 119

우르반 4세 Urban IV 169

(브리엔의)월터 Walter of Brienne 175, 178

유스티니아누스 Justinianus 14, 55

이르네리우스 Irnerius 57-58

인노켄티우스 3세 Innocentius III 122-124

인노켄티우스 4세 Innocentius IV 123-124

임의영 林宜榮 262

(솔스베리의)존 John of Salisbury 13, 29-30, 37, 41, 48, 52-53, 281, 284

카시러 Cassirer, Ernst 254
카이사르 Caesar 155, 157-158, 162-163
콘스탄티누스 Constantinus 112, 116-117, 122, 124-125, 131, 133
클레멘스 5세 Clement V 128, 136, 47, 55-56
키케로 Cicero 8, 18, 33, 237, 263

테오발드 Theobald 29
(루카의)톨로메오 Tolomeo de Lucca 100

포스트 Post, Gaines 46
폰 프라이징 von Freising, Otto 141-142

푸비니 Fubini, Riccardo 184
프리드리히 1세 Friedrich I 122, 140
프리드리히 2세 Friedrich II 136
플라톤 Platon 32-33
피핀 Pippin 116, 118
필리프 4세 Philip IV 125

하인리히 4세 Heinrich IV 121
하인리히 7세 Heinrich VII 130
한니발 Hannibal 247
해일 Hale, David G 31
헥스터 Hexter, J. H. 252
헨리 2세 Henry II 30
(피사의)후구치오 Huguccio of Pisa 122